EXPÉRIENCES

SUR

LES SHRAPNELS

Lagny. — Imprimerie de GIROUX ET VIALAT.

EXPÉRIENCES

SUR

LES SHRAPNELS

FAITES CHEZ LA PLUPART DES PUISSANCES DE L'EUROPE

ACCOMPAGNÉES D'OBSERVATIONS SUR L'EMPLOI DE CE PROJECTILE,

PAR

DECKER

OUVRAGE TRADUIT DE L'ALLEMAND ET NOTABLEMENT AUGMENTÉ

PAR

TERQUEM

Professeur aux Écoles royales d'Artillerie, Bibliothécaire au dépôt central d'Artillerie,
Chevalier de la Légion-d'Honneur.

ET

FAVÉ

Capitaine d'Artillerie

Avec quatre planches.

PARIS

J. CORRÉARD, ÉDITEUR D'OUVRAGES MILITAIRES

RUE DE L'EST, 9

1847

AVANT-PROPOS.

Il y a plus de quarante ans que sir Henri Shrapnel inventa le projectile qui porte son nom dans plusieurs pays de l'Europe, et qui est le plus souvent appelé en France obus à balles.

L'idée de sir Henri Shrapnel est fort simple : elle consiste à placer dans une enveloppe sphérique en fonte, assez mince, les balles qui peuvent y être contenues et à y ajouter juste la quantité de poudre nécessaire pour briser l'enveloppe ; le projectile ainsi construit et muni d'une fusée est lancé par une bouche à feu, l'enveloppe se brise pendant le trajet ; alors les balles continuent à se mouvoir avec la vitesse dont le projectile était animé au moment de l'explosion ; elles se séparent dans l'air et forment une gerbe qui porte la mitraille à des distances beaucoup plus grandes que celles où le tir des boîtes à balles cesse d'être efficace. Henri Shrapnel a nommé son projectile *spherical case shot*, boîte à balles sphérique. L'idée que nous venons d'exposer peut sembler au premier abord facile à réaliser, mais il n'en est plus de même lorsqu'on examine la question de près et qu'on aborde les moyens d'exécution, on s'aperçoit bientôt que la question est d'une extrême complication.

On connaît peu en France les expériences faites sur ce projectile par les artilleries étrangères, et nous avons espéré faire une chose utile en les réunissant pour signaler les difficultés que l'on a rencontrées et les résultats auxquels on est parvenu. Cette tâche a été rendue beaucoup moins difficile par un ouvrage que Decker a publié en 1842. Dans ce livre qui a pour titre *les Shrapnels*, l'écrivain prussien a rapporté tous les résultats qu'il a pu connaître des expériences faites ailleurs qu'en Prusse.

Nous donnons d'abord la traduction de l'ouvrage de Decker. Ayant souvent abrégé pour éviter les répétitions, nous nous sommes attaché à rendre toujours fidèlement le sens du texte ; nous avons préféré mettre en note quelques observations sur des points qui nous ont paru erronés.

A la suite de la traduction, nous avons placé des détails circonstanciés sur les shrapnels employés en Angleterre, en Belgique et en Suède ; après quoi nous avons indiqué la marche que nous croyons convenable à suivre dans ce genre d'expériences.

Notre position nous faisant un devoir d'une discrétion particulière, nous avons pris le parti de passer sous silence les expériences qui ont été faites en France ; cependant comme ce silence pourrait induire en erreur sur notre opinion relative à une question que Decker a longuement traitée, celle de l'avantage qu'il peut y avoir, pour chaque pays, à cacher les expériences qu'on fait et les résultats qu'on obtient, nous en dirons quelques mots.

Lorsqu'une nouvelle invention paraît importante, la première idée qui se présente à l'esprit est de ne pas la publier, d'en faire au contraire un secret pour que notre pays jouisse des avantages que la découverte peut lui procurer. Cette idée est si naturelle, qu'elle s'est présentée à tous les esprits, et qu'elle a été mise en pratique dans tous les pays. Cependant elle a été de notre temps assez fortement attaquée pour en être ébranlée. On a dit que tout mystère tendait à entraver les progrès de la civilisation et était contraire à l'intérêt de l'humanité.

Cette maxime générale, très juste quand il s'agit d'un intérêt général, cesse d'être rigoureusement applicable lorsqu'il s'agit d'un intérêt particulier, et les inventions militaires intéressent particulièrement les pays où elles sont faites. Nous croyons que tout gouvernement a le droit, et c'est même un devoir, de s'opposer en ce genre à toute publicité; mais il s'agit de savoir dans quelles limites on a intérêt à le faire. Il ne faut pas pousser l'amour du mystère jusqu'à exclure de la connaissance de l'invention les gens du métier qui seraient appelés à s'en servir. Supposez, par exemple, qu'on parvienne à couvrir d'un voile impénétrable l'effet des shrapnels, croit-on qu'il sera possible d'en tirer parti à la guerre en le confiant à des canonniers qui n'en auront aucune idée? nous ne le pensons pas. Nous croyons que l'emploi des shrapnels, puisque nous l'avons pris pour exemple, exige, pour être efficace, que la connaissance du projectile ait été répandue. Il faut que les officiers en aient étudié les propriétés, le fort et le faible; que les sous-officiers aussi en aient pris des idées qui ne soient pas trop incomplètes, et qu'ils en sachent diriger le tir.

Nous avons dit les inconvénients du secret : voici maintenant les avantages de la conduite contraire. Si l'on fait bien connaître les résultats d'épreuves intéressantes, un grand nombre d'esprits s'en occupent, les comprennent, les controversent; tous augmentent ainsi leur instruction, étendent leurs idées, quelques-uns vont plus loin, et, en réfléchissant sur les résultats obtenus, perfectionnent l'invention; la controverse qui s'établit oblige à des efforts qui tournent au profit de l'invention même, en obligeant ceux qui la croient bonne à travailler pour en diminuer les inconvénients. Le corps tout entier s'instruit, acquiert sur l'invention des idées justes qui lui apprennent à en faire dans la pratique de la guerre, un emploi intelligent. Sans doute, en agissant ainsi, c'est-à-dire en publiant dans un pays toutes les expériences et leurs résultats, on ne peut pas espérer qu'ils restent inconnus aux étrangers; mais cet inconvénient est compensé par l'avance qu'on a sur les nations rivales, et cette avance est un avantage immense, car l'étude de l'histoire des arts montre combien les inventions sont lentes à se propager d'un pays à l'autre, surtout dans l'artillerie. Il ne faut pas croire que, parce que l'on connaît une innovation, on puisse immédiatement l'adopter : rien n'est au contraire moins facile, parce qu'il faut l'adapter à un état de choses différent de celui du pays auquel on l'emprunte. On rencontre mille entraves. Il faut encore, même après que l'on a introduit l'invention, en propager l'intelligence, ce qui n'est jamais ni simple ni facile.

Après cette digression nous revenons aux shrapnels pour faire un court historique de leur emploi pendant nos guerres de la Péninsule, et des idées erronées qui se sont propagées au sujet de cet emploi.

Ce fut, dit on, en 1800 que sir Shrapnel inventa son projectile et en 1803 qu'il fit à Mounht-Bay ses premières épreuves ; d'autres eurent lieu en 1805 à Woolvich. En 1808, les shrapnels étaient employés contre les Français à la bataille de Vimiera et, suivant les Anglais, concoururent beaucoup au gain de cette première bataille livrée dans la Péninsule, par sir Arthur Wellesley : les rapports des Français furent très divergents ; les uns n'attribuaient aucun effet au nouveau projectile, les autres le regardaient comme très meurtrier, mais personne n'en connaissait bien ni l'usage ni la construction. Cette divergence dans les opinions n'a rien d'extraordinaire lorsqu'il s'agit d'un tir dans lequel sont lancées des balles qu'on ne devait pas toujours distinguer des balles d'infanterie ; d'ailleurs, les obus shrapnels n'ont plus l'effet moral du boulet ou de l'obus, ils n'agissent plus que par leur effet réel. Ajoutons que les shrapnels ont des effets très différents d'un coup à l'autre : tantôt les balles conservent assez de force pour blesser ou tuer les hommes qu'elles rencontrent et tantôt elles peuvent arriver sans force et ne faire que de légères contusions. C'est, dit-on, ce qui avait lieu presque toujours pour les shrapnels que les Anglais tiraient de la mer, en 1810, contre les Français qui assiégeaient Cadix. En 1811, à la bataille d'Albuera, les Français prirent des pièces et des caissons dans lesquels il se trouvait des shrapnels, dont les Anglais vantaient toujours beaucoup les effets, et dont le mystère même agissait fortement sur les Espagnols insurgés. Une commission d'officiers français fit, en Espagne, des essais sur le tir des shrapnels dans une bouche à feu ; ces expériences assez mal dirigées, à cause de l'ignorance où l'on était du principe de ce tir, donnèrent des résultats fort médiocres. Le ministre de la guerre avait fait envoyer à Paris le dessin des obus, et l'Empereur voulut que le comité d'artillerie rédigeât un programme des expériences à exécuter pour connaître les effets d'un tir dont les Anglais faisaient tant de mystère. Ces expériences reçurent, en 1811, un commencement d'exécution, mais elles furent bientôt interrompues pour longtemps, car la guerre survint et ne cessa plus qu'après la chute de l'Empire.

Auparavant, en 1813, les nouveaux projectiles trouvèrent une occasion de signaler contre nous leur efficacité et leur importance : ce fut au siége de Saint-Sébastien. Avant de citer les rapports des officiers français, nous ferons observer que la défense de Saint-Sébastien est une des plus glorieuses parmi celles qui ornent les fastes de la France ; les deux tiers à peu près de la garnison étaient hors de combat, lorsque le fort, où s'étaient réfugiés les défenseurs après la prise de la place, capitula : ainsi, lorsqu'un homme comme le général Rey signale un nouveau projectile comme plus redoutable que ceux qui sont en usage, ses paroles ont une grande autorité.

Dans l'ouvrage de M. Belmas intitulé *Journaux des siéges faits ou soutenus par les Français dans la Péninsule*, on lit, tome IV, p. 622 :

« Au jour, les Anglais firent de toutes leurs batteries un feu terrible tant sur les brèches que sur la ville. Ils lancèrent une immense quantité de boulets creux, renfermant jusqu'à quatre cents balles. » L'auteur a ajouté en note :

L'adjudant-commandant de Songeon, chef de l'état-major de la place pendant le siége, fait dans ses rapports les remarques suivantes :

« Ces projectiles nous causèrent beaucoup de mal. Il serait à dési-
« rer qu'on s'occupât, dans nos arsenaux, d'en confectionner de sem-
« blables. Quand nos obus ou boulets creux ne peuvent contenir que
« soixante ou soixante-dix balles, il paraîtrait ridicule d'assurer que
« ceux de l'ennemi en contiennent jusqu'à quatre cent onze, si la vé-
« rification n'en avait été faite sur un obus de sept pouces quatre
« lignes. Mais cela ne surprendra pas, si l'on considère que l'épais-
« seur du nôtre est très grande, tandis que celle du boulet creux de
« l'ennemi n'est que de six lignes au plus. »

Page 634 du même ouvrage, on lit encore :

« Les batteries numéros 3, 5, 10 et 13 firent tomber dans nos ouvrages une grêle de bombes, d'obus et de boulets creux. Nous ne pûmes lutter longtemps contre une masse aussi formidable d'artillerie, et plusieurs de nos pièces furent réduites au silence. Nous ripostâmes aux boulets creux de l'ennemi par des bombes remplies de balles, mais elles firent peu d'effet.

L'écrivain anglais John Jones constate le même fait et dit (1) :

« A cette occasion nous pûmes nous convaincre plus tard que l'en-
« nemi avait perdu du monde, particulièrement par la mitraille sphé-
« rique, qu'il s'efforça d'imiter en tirant des bombes ordinaires rem-
« plies de petites balles qui éclataient au-dessus de la tête de nos
« troupes ; mais cela ne produisit pas l'effet qu'il s'en promettait.

Nous trouvons dans les pièces justificatives de l'ouvrage de M. Belmas quelques passages qui ont une importance particulière parce qu'ils se trouvent dans les lettres de l'intrépide général Rey.

Le général Rey au maréchal Soult duc de Dalmatie.

Saint-Sébastien, le 7 août 1813.

« Il serait bien à désirer, Monseigneur, que le gouvernement adoptât, comme moyen de défense, les boulets creux. Ce projectile que l'ennemi a trouvé le moyen de faire éclater à volonté nous fait beaucoup de mal ; n'en ayant pas, nous mettons dans nos obus une soixantaine de balles, ce qui nous réussit assez bien. »

Dans son *Histoire de la guerre dans la Péninsule*, le colonel Napier ne dit rien de l'effet produit par les obus shrapnels excepté dans

(1) Journaux des siéges entrepris par les alliés en Espagne, p. 301.

la relation du siége de Saint-Sébastien, où l'on trouve ce peu de mots :
« Au point du jour, le feu des assiégeants recommença avec beaucoup
de vivacité, notamment de la batterie des Chofres, et on crut s'apercevoir que les bombes à la Shrapnel produisaient un effet très meurtrier. Cependant le jet de ces projectiles était très incertain : ses balles tombeaient fréquemment dans la parallèle, au milieu des gardes de
tranchée, et l'une d'elles blessa l'officier de service. »

Le général Foy, en exposant l'organisation de l'artillerie anglaise,
a consacré quelques mots au projectile de Shrapnel, et nous devons
faire observer que, si la description qu'il en donne est fort inexacte,
cela n'ôte rien à l'autorité de ses paroles, en ce qui regarde l'effet de
ce projectile dans les batailles. Il dit (1) : « l'artillerie anglaise a em-
« ployé avec succès dans les batailles une grande quantité de boulets
« creux appelés *Shrapnell's spherical case shot*, du nom du colonel
« Shrapnel, leur inventeur.

Nous ajoutons ici la description peu claire et fort inexacte que le
général Foy a mise en note; nous devons cependant faire remarquer
que le livre du général Foy a été imprimé après sa mort sur un ma-
nuscrit inachevé.

« Les boulets creux sont des obus dont une moitié est massive, et
l'autre moitié creuse, contenant des balles ; à distance donnée, l'obus
éclate, la partie massive va toujours en avant, et reçoit par l'explosion
une impulsion additionnelle. Il est préférable aux boîtes à mitraille à
cause de la portée ; il y a le massif en outre. Les canonniers français
ont mis souvent boulet et boîte à mitraille ensemble.

« Le canon à obus shrapnel est plus facile à manœuvrer que l'o-
busier. »

Nous avons dit que les expériences commencées chez nous en 1811,
furent interrompues par la guerre : cette interruption a été de longue
durée ; on commença, peu de temps après la paix, la longue série
d'expériences, qui conduisit à la réforme de l'ancien matériel et à l'a-
doption de notre nouveau système : après ces changements introduits
dans le matériel vinrent ceux qu'eut à subir l'organisation du per-
sonnel et les shrapnels demeurèrent presque oubliés jusqu'en 1836,
époque à laquelle on recommença des épreuves qui n'ont pas été
abandonnées depuis.

En Angleterre, le général Shrapnel s'occupa activement de perfec-
tionner le tir de ces projectiles ; des expériences nombreuses exécutées de 1814 à 1819 amenèrent des modifications importantes et per-
mirent d'arrêter les bases du service à la guerre, qui fut beaucoup
simplifié. Les Anglais ont pu éprouver l'effet de leurs perfectionnements non-seulement dans leurs expériences de polygone, mais aussi
dans la guerre des Indes, et ils en sont si satisfaits que, pour mieux
assurer la conservation de leurs secrets ils s'abstiennent de tirer ces
projectiles dans les exercices d'école. Le passage suivant du *British
Gunner* donne une idée de l'importance qu'ils y attachent.

____

(1) *Histiore de la guerre de la Péninsule sous Napoléon*, tome I, p. 298.

« Je suis contraint (1) de ne rien dire au sujet de ces obus : cette
« réserve est due au désir fort naturel de ne point divulguer le secret
« d'un projectile aussi meurtrier.

« Ceux de nos officiers, qui sont au fait du secret, auront une preuve
« de l'influence salutaire de notre discrétion par l'ignorance complète
« où sont demeurés jusqu'ici les étrangers sur le mode de construc-
« tion de ces obus, ignorance dont fait foi l'extrait suivant d'un ou-
« vrage récemment publié sur l'artillerie. »

L'extrait dont il est ici question est un passage de la traduction du
traité élémentaire d'artillerie de Decker : l'auteur disait en parlant
des shrapnels : « Les Anglais prétendent devoir le gain de la bataille
« de Talavera à l'usage qu'ils y firent de cette espèce d'obus. »

Les traducteurs, MM. Ravichio de Petersdorf et Nancy ont ajouté en
note : « Cette assertion est loin d'être exacte, et ces projectiles ne
« peuvent pas être, à beaucoup près, aussi terribles qu'on les repré-
« sente. Les balles n'étant point serrées sur la petite quantité de pou-
« dre renfermée dans l'obus, celle-ci ne peut leur communiquer, par
« suite de l'explosion, une quantité de mouvement capable de les por-
« ter assez loin et avec assez de force pour les rendre vraiment
« meurtrières. Des expériences faites à Vincennes sont venues à
« l'appui de ce raisonnement et ont démontré que les *shrapenschels*
« étaient réellement de fort peu d'effet. Pour les rendre plus meur-
« triers, un officier français a proposé de les composer de deux en-
« veloppes concentriques en fer coulé, entre lesquelles seraient placées
« les balles, et dont celle de l'intérieur contiendrait la poudre. Il n'est
« pas douteux que, de cette manière, la force de l'explosion ne commu-
« niquât aux balles une quantité de mouvement beaucoup plus consi-
« dérable, et ne les rendît par conséquent beaucoup plus meurtrières,
« mais aussi la fabrication en deviendrait certainement beaucoup
« plus difficile et plus coûteuse. Il s'agirait donc de reconnaître, par
« des expériences, si l'effet produit dédommagerait des frais qu'on
« aurait été obligé de faire ; si, par exemple, ce projectile produisait
« deux fois plus d'effet qu'un obus ordinaire et qu'il coûtât trois fois
« plus, il n'y aurait plus d'avantage à l'adopter. »

Cette manière d'envisager l'effet des shrapnels était en effet erronée, mais il serait inexact d'en conclure que personne n'en ait eu
chez nous des idées justes. Sans juger la manière d'agir de ce projectile avec une entière exactitude, M. Charles Dupin avait dit en 1821,
dans la *Force navale de la Grande-Bretagne*, tome II, page 122 :
« L'explosion, d'ailleurs, ne change rien à la direction des balles qui
achèvent la trajectoire déjà commencée, ou, pour mieux dire, qui
parcourent une nouvelle trajectoire dirigée dans le prolongement de
la première. » L'auteur ajoutait cependant en note une assertion erronée ou mal exprimée, en disant : « l'expérience a prouvé que les balles,
au lieu de se disperser par l'explosion, tombaient ordinairement en
paquet dans un même point. »

Le *Spectateur militaire* du mois d'août 1834 contient un extrait du

____

(1) *British Gunner*. London. 1828, 2e édition.

cours d'artillerie de M. le capitaine Piobert, où le savant professeur a
énoncé des idées parfaitement justes sur la façon d'agir des balles des
shrapnels ; non-seulement l'auteur reconnaît et admet que les balles
se meuvent, après l'explosion, avec la vitesse qui restait au projectile.
mais il a même calculé, d'après cette vitesse restante, l'espace pendant
lequel les balles se mouvant dans l'air, pourraient agir avec efficacité :
et il a déterminé pour chaque calibre la plus grande distance à laquelle
les balles pouvaient, avec une charge donnée, produire un effet meurtrier.

Nous devons cependant ajouter que les deux célèbres écrivains que
nous venons de citer, ont été plus frappés des difficultés que des
avantages du nouveau projectile ; ils n'ont pas appelé sur lui l'attention, et n'ont pas cru que l'invention de Shrapnel fût destinée à
acquérir une grande importance.

Depuis cette époque, toutes les artilleries de l'Europe ont fait des
expériences sur les obus à balles ; toutes ont reconnu que le succès
était difficile et ne pouvait être obtenu qu'à force d'études et d'expériences. On a vu que la construction et le tir des shrapnels devaient
constituer un art tout entier ; néanmoins on est partout excité à s'en
occuper par la conviction que l'on peut arriver à des résultats importants.

Cette même conviction nous porte à croire que notre travail ne sera
pas sans quelque utilité.

La note suivante que donnons, d'après Decker, fait voir comment le
gouvernement anglais sait rémunérer les services rendus au pays.

ÉTAT DE SERVICES DU LIEUTENANT-GÉNÉRAL HENRI SHRAPNEL.

Lieutenant en second d'artillerie.	9 juillet	1779.
Premier lieutenant.	3 décembre	1781.
Capitaine	15 août	1793.
Major	1er novembre	1803.
Adjoint du 1er inspecteur de l'artillerie . .	10 février	1804.
Lieutenant-colonel	20 juillet	1804.
Colonel.	4 juin	1813.
Major-général	12 août	1819.
Lieutenant-général	10 janvier	1837.

Shrapnel a fait la campagne de Flandres sous le duc d'York et a assisté
au siége de Dunkerque en 1793. On dit que c'est peu après le siége de
Gibraltar qu'il eut la première idée de son projectile ; elle fut jugée si importante, que lors de son introduction (en 1803) dans l'arme, on accorda
à l'auteur, outre ses appointements, une pension viagère de 1200 liv. sterl.
(30,000 fr.). Il quitta le service actif le 29 juillet 1825 et fut nommé lieute-
nant-général après sa retraite ; il est mort le 12 mars 1842.

INTRODUCTION.

Les shrapnels, qui d'abord appartenaient exclusivement aux Anglais, commencent enfin à se répandre ; il n'y a presque pas d'artillerie sur le continent qui n'ait fait des essais avec cet admirable projectile dans les limites de ses facultés pécuniaires; car toutes les expériences de shrapnels sont extrêmement dispendieuses : le projectile étant détruit à chaque coup, ne peut pas servir une seconde fois, comme cela a lieu pour les autres projectiles d'artillerie.

Cette cherté des expériences a beaucoup contribué à ce qu'on les entourât partout de beaucoup de mystères, à quoi il ne peut y avoir rien à redire : car, qui voudrait donner gratis des expériences achetées très cher? Mais chaque chose, dans ce monde, a son temps, et le moment n'est peut-être pas loin où l'on verra que les expériences mystérieuses ne peuvent avoir que des avantages temporaires.

Quant à la théorie, il ne saurait être question d'en faire un mystère, et il serait absurde de la vouloir mettre en interdit; du reste, on connaît déjà trop de choses sur la nature des effets des schrapnels, et tout homme qui sait combiner des connaissances mathématiques et dynamiques, avec le simple bon sens, et qui a quelques notions des effets de la poudre, saura bientôt à quoi s'en tenir, et sur la trajectoire des shrapnels et sur leur mode d'action. Mais construire le projectile de manière à satisfaire aux prescriptions de la théorie, c'est là où est le secret; et ce secret existe même pour beaucoup de ceux qui, par état, devraient le connaître.

Quelques artilleries se sont élevées à cette hauteur de vue que la science pouvait beaucoup gagner par la communication des idées, et ils ont appliqué ce principe même à la question des shrapnels, toutefois, sans renoncer au secret spécial de la fabrication des fusées : telles sont les artilleries de la Norwège, de la Belgique. Et le major Blesson a tort de dire que « toutes les armées du monde ont encore la manie de croire que telle chose puisse rester dans le secret ; » mais il a parfaitement raison d'ajouter : « l'échange des idées opèrera toujours des progrès et épargnera bien des mécomptes désagréables. » Le commerce des idées est d'une importance fondamentale pour l'intelligence, et on trouvera toujours que les plus communicatifs seront finalement aussi les plus riches en résultats neufs et inattendus, parce que les esprits y étaient préparés.

Un autre avantage des efforts scientiques faits en commun, consiste en ce qu'il faut souvent plus de pénétration, plus de méditation pour découvrir et réfuter une seule erreur que n'en exige la démonstration de dix vérités : si des erreurs n'avaient pas été commises, bien des vérités, mises au jour dans la lutte, nous seraient encore inconnues.

Un second avantage est qu'un fait conduit toujours à un autre, parce que, dans les développements intellectuels, il n'y a point d'arrêt ; et souvent à l'occasion d'un fait, on vient à discuter des choses auxquelles personne n'aurait jamais pensé. C'est pour cela qu'on ne saurait trop méditer, trop parler, trop écrire sur la théorie des shrapnels, autant que les matériaux connus peuvent le permettre. L'idée est trop avancée pour qu'on puisse la retenir, et ceux qui en doutent, ressemblent à certains oiseaux qui ferment les yeux et croient, parce qu'ils ne voient plus le chasseur, que le chasseur ne les voit plus.

Voici un fait qui a beaucoup d'analogie avec ce qui précède :

je veux parler des mystères dont on entourait, avant l'année 1806, la carte de la Prusse orientale, dressée par Schröter ; pendant que le corps de Lestoc errait à l'aventure par défaut de carte, les Français s'emparèrent des planches et vendirent les épreuves, ce qui, après tout, était fort heureux. Je le répète, le principal secret est dans la fabrication des fusées, et c'est la seule chose qui puisse être cachée. La construction et la disposition intérieures du projectile sont maintenant suffisamment connues[*] ; pour l'empêcher, il aurait fallu agir avec l'ouvrier comme avec cet horloger auquel on creva les yeux pour qu'il ne pût pas trahir le secret du mécanisme. Cela même n'aurait servi à rien, parce qu'il suffirait d'examiner les éclats. Le major Blesson pense que le seul secret qu'il ne faille pas divulguer, c'est l'opportunité de l'application, mais cela est aussi une erreur : car il faut très peu de pénétration pour établir des règles : pour savoir quand il faut se servir des shrapnels et quand il ne faut pas s'en servir ; et, d'ailleurs, on a déjà publié là-dessus beaucoup de choses avec et sans exagération. En quoi une telle publication pourrait-elle nuire ? Certes, nous ne manquons pas de bons traités sur la tactique, cela empêche-t-il que nous n'ayons de mauvais tacticiens ? Qu'on remplisse d'instructions les deux poches d'un chef de batterie, qu'on le couvre de tables de tir, qu'on lui mette dans une main une machine à perspective, et dans l'autre une machine à mesurer les distances, si l'esprit lui manque pour faire en temps opportun un bon usage de ces belles choses, il n'en fera qu'une plus triste figure.

On met aussi beaucoup de réserve dans la communication des dimensions ; il paraît qu'on en donne même de fausses pour induire les gens en erreur : c'est du moins ce que portent à penser les grandes divergences dans les données d'origine anglaise. Ce serait là le comble du ridicule.

Heureusement toutes ces choses n'ont rien à démêler avec la

---

[*] Pas autant que l'auteur paraît le croire.

théorie, et c'est d'elle que nous allons principalement nous occuper

Certes, la théorie des shrapnels offre surtout le plus grand
intérêt pour l'officier d'artillerie qui est destiné à tirer un jour ces
shrapnels; mais les officiers des autres armes et de l'état-major
feraient bien d'en prendre aussi un peu de connaissance : car si
les progrès de ce projectile vont toujours en augmentant, comme
cela est probable, on pourra bientôt se trouver en face de ces
projectiles, et on serait désagréablement surpris si on n'y venait
pas préparé d'avance.

En général, il importe à chaque officier de se familiariser pendant la paix avec les dangers qu'il devra affronter pendant la
guerre, et les shrapnels prendront, sans aucun doute, un rang
dans le nombre de ces dangers. Or, c'est un fait connu qu'on
estime un danger d'autant plus considérable qu'on le connaît moins,
et qu'on l'apprécie d'une manière d'autant plus exacte, plus précise, qu'on se fait une idée plus juste des causes et des effets.
C'est pourquoi, la voie la plus sûre de se mettre en garde contre
les exagérations est d'instruire les subordonnés, qui sont toujours
tentés de croire qu'un projectile plus gros qu'une balle de fusil
est au moins un boulet de vingt-quatre. Maintenant, il n'existe
pas de projectiles sur lesquels on se forme des idées plus divergentes et plus exagérées que sur les shrapnels : les uns regardent
ce projectile comme infernal, comme pouvant amener un *Sauve
qui peut*; les autres le regardent comme le projectile le moins
efficace qu'on ait jamais inventé : ce sont deux erreurs.

Quelque divergentes que soient les idées que l'on se forme du
mérite de ce tir, on peut pourtant concevoir un point de réunion,
c'est dans l'étude approfondie de la théorie, aussi longtemps, du
moins, qu'il sera défendu aux officiers de prendre connaissance
des résultats des expériences, et d'y assister.

Il est vrai que la théorie seule est insuffisante pour apprécier
les effets du shrapnel devant l'ennemi, mais elle suffit pour mon-

trer quels sont les points essentiels : ce qui a déjà un grand prix.

Outre un coup-d'œil jeté sur l'histoire des shrapnels et sur leurs progrès comme projectiles, il faudra prendre connaissance de leur construction mécanique et de leurs propriétés : celles-ci conduiront à la connaissance des trajectoires et au moyen de les régler : on parviendra finalement ainsi à la théorie des effets. Celle-ci mise en parallèle avec les faits d'expérience, autant qu'ils sont ou seront connus, rendra possible d'arriver à des conséquences pour l'emploi à la guerre.

Telle est à-peu-près la marche que j'ai suivie dans ces recherches théoriques ; le chemin est long et pénible, doublement pénible, parce que nous manquerons toujours de guides sûrs, parce que nous devons traverser des déserts ; mais avec de la patience et de la persévérance, j'espère, du moins, avoir approché du but.

DECKER.

EXPÉRIENCES

SUR

LES SHRAPNELS.

HISTOIRE LITTÉRAIRE DES SHRAPNELS.

L'histoire littéraire est encore très récente et assez maigre. A juger par le nombre, j'ai là devant moi quantité de prétendus documents, mais peu d'entre eux peuvent avoir des prétentions à l'originalité : la plupart se sont copiés les uns les autres.

Je donne ici la notice de tous les documents dont je me suis servi et que je puis nommer publiquement; il serait indiscret de nommer ceux de mes amis qui m'ont donné des communications manuscrites.

Je me suis entretenu, sur la théorie des shrapnels, avec beaucoup d'hommes de mérite dont les conseils m'ont été utiles, je leur en témoigne ici ma reconnaissance, quoique j'évite de décliner des noms.

I. — *Journal militaire de Hanovre*, 1831, 1ᵉʳ cahier, pages 81 à 117, «*sur la construction et l'emploi des boîtes à balles sphériques « anglaises* par Glünder, premier lieutenant à un régiment d'ar-

« tillerie hanovrien. » OEuvre essentielle où tous les autres auteurs ont puisé avec plus ou moins de succès : c'est un excellent document pour l'histoire et pour l'état de la question d'alors en Angleterre, mais peu propre à baser une théorie du projectile. Ce mémoire est fondé sur un ouvrage publié en Angleterre, par l'inventeur même, le lieutenant-colonel Henri Shrapnel, en 1806, sous ce titre :

The gunners guide, or a pocket. — Companion for non. — Commissioned officers and privates in the artillery and marines.

Guide du Canonnier ou Livre de poche pour les sous-officiers et soldats de l'artillerie de la marine.

Ce petit écrit paraît ne traiter que du mérite et de l'emploi du nouveau projectile, sans entrer dans aucun détail, ni sur sa construction ni sur la théorie de ses effets.

Glünder mentionne ensuite, mais accessoirement, le nouveau *British-Gunner*, ayant pour auteur le capitaine anglais Spearman, qui a paru à Londres en 1828 : il cite également en passant le *Pocket-Gunner* opuscule qui a eu plusieurs éditions.

II. — *Journal pour l'artillerie, la science et l'histoire* de la guerre, Berlin 1835, vol. 34, p. 116 à 131, « organisation et matériel de l'artillerie norvégienne communiqué par le major prussien Duvignau ; » contient de petites notices tant sur l'armement de ladite artillerie des Shrapnels que sur quelques épreuves de tir faites en Norvège sur ce projectile.

III. — Même Journal pour 1835, vol. 34, p. 229 à 250, sur les cartouches à Shrapnel en Norvège, communiqué par le major prussien Duvignau. Ces précieuses communications sont fondées sur un mémoire du capitaine d'artillerie Helling, qui a publié, de 1827 à 1834, les expériences faites en Norvège, afin, dit-il, de propager les connaissances militaires : vue certainement très noble et qui s'élève au-dessus des préjugés vulgaires.

Le capitaine Helling s'appuye de son côté sur Glünder (I), et prête son appui à Borkenstein, dont nous allons parler :

IV. — Archives pour les officiers de l'artillerie et du génie prussiens, 1837, vol. 5, p. 127 à 148 : « Quelle utilité l'artillerie doit-elle attendre des obus à balles, combinés avec les projectiles en usage, etc., par le lieutenant-colonel Borkenstein » (*extrait des mémoires de l'Académie des sciences militaires de Suède* 1836, *tome* 3). C'est un travail d'un grand mérite scientifique, fondé sur les documents I et III ; il a été très utile pour les progrès de la théorie quoiqu'il ne soit pas entièrement exempt d'erreurs.

V. — *Archives*, etc., 1837, vol. 5, page 149 à 152, « les obus shrapnels anglais d'après un mémoire du capitaine anglais Straith, 1836, contient quelques tables intéressantes de portée, mais qui diffèrent sensiblement d'autres données.

VI. — *Archives*, etc., p. 153 à 155, expériences sur l'obus à balles de 15 cent., exécutées dans l'armée belge, par le capitaine Borman (*extrait du journal des armes spéciales,*) C'est un très petit extrait de ce que le capitaine Borman a publié là-dessus, voir nº VIII.

VII. — *Archives*... p. 156 à 157, *Notice sur l'histoire des shrapnels* par le capitaine prussien Meyer, apologie pour réclamer, en faveur du général Shrapnel, la priorité de son invention.

VIII. — *Journal pour l'art, la science et l'histoire de la guerre,* (voir II) Berlin, 1837, vol. 39, p. 118 à 152.

Considérations et expériences sur les shrapnels du capitaine d'artillerie Borman, traduit du Français par le major prussien Blesson avec une lithographie.

Le mémoire original se trouve dans le Journal des Sciences militaires par Corréard, 2ᵐᵉ série, tome 16, 1836, p. 273.

L'ouvrage même a paru en 1836 sous le titre : *Borman, Considérations et expériences sur le tir des obus à balles.*

Les expériences, à cause des résultats exagérés qui dépassent tout ce que l'on a entendu dire jusqu'ici des shrapnels, inspirent peu de confiance ; les considérations sur la théorie du projectile sont plus importantes, quoique non entièrement dépourvues d'erreurs sur lesquelles le traducteur a attiré l'attention par de précieuses observations. L'auteur a le mérite d'avoir donné naissance à une théorie des shrapnels qu'on peut regarder comme une base solide et sûre ; il est aussi le premier qui ait cherché à éclaircir ses idées par des dessins ; les documents I, III et IV ne sont pas restés inconnus à l'auteur ; il fait aussi mention d'un jugement du capitaine d'artillerie Thierry relativement aux shrapnels, jugement qu'on trouve dans son ouvrage sur l'application du fer aux constructions de l'artillerie.

L'écrit de Borman a été inséré dans plusieurs feuilles périodiques militaires.

IX. — *Description de la construction et de l'usage des obus à balles* connus sous le nom anglais *shrapnel-shells* ou *sperical-case-shot*. Leipsick, 1837, avec des lithographies.

L'auteur ne s'est pas nommé ; mais plus tard il s'est fait connaître comme étant M. Schlieper, lieutenant d'artillerie prussien. Il réunit tout ce qui a été écrit et publié sur les shrapnels jusqu'en 1837 et y ajoute ses propres idées ; l'écrit est rédigé avec beaucoup de sagacité, avec plus d'assurance que n'en permettait alors l'état de la théorie ; cependant on peut le regarder comme un document utile, surtout en s'en servant avec précaution : les expériences belges (VIII)* y subissent une critique amère mais juste ; l'auteur a cherché aussi à éclaircir ses propositions par des figures.

Le Journal militaire de Berlin, 1838, contient un compte-rendu dont le lecteur doit prendre connaissance pour avoir une idée juste du contenu de l'ouvrage.

X. — *Tortel, lieutenant-colonel, mémoires divers sur les obus à balles ou shrapnels*, Paris, 1839. Je n'ai pas pu me procurer cet

---

* Les documents mentionnés seront cités, dans tout l'ouvrage, par leur numéro.

ouvrage: on le dit traduit des archives pour les officiers d'artillerie et du génie prussiens.

XI. — *Journal général militaire*, 1839, n° 21 (jugement récent venu de France sur les fusées de guerre et les obus schrapnels).

Est extrait du *Journal des Armes spéciales* de 1838 et contient des observations du capitaine Mazé sur l'artillerie anglaise de campagne : l'auteur s'exprime avec convenance et sans préjugés sur les shrapnels et sur leur emploi à la guerre ; cette courte dissertation a de l'intérêt et du mérite.

XII. — *Archives pour les officiers de l'artillerie et du génie prussiens*, vol. 5, 1837 : fusée dont les temps de combustion sont réglés, à employer dans les projectiles creux. L'auteur qui a signé J. (Jacobi?) propose une nouvelle fusée qui sera difficilement adoptée, malgré la sagacité de l'inventeur, à cause de la complication de la construction.

XIII. — *Histoire des fusées de guerre et des shrapnels*, (*Journal des Armes spéciales*, tome VI.) Quoique je n'aie pas lu cet écrit, il y a lieu de croire qu'il ne doit pas contenir beaucoup de choses étrangères aux écrits précédents.

XIV. — *Projectiles creux*, munis de fusées de diverses espèces (*Journal des Sciences militaires*) tome XIX, p. 108. L'auteur est le baron Mallet de Trumilly ; il donne une description des fusées de Shrapnels à lui connues, sans en ajouter aucune.

XV. — Le 5ᵐᵉ cahier du *Journal militaire autrichien* pour 1837 doit contenir, d'après le document IX, une traduction du mémoire de Borman, on y rencontre aussi des erreurs dans la reproduction des dimensions.

XVI. — *Description du matériel et de l'organisation de l'artillerie Anglaise de campagne*, par le lieutenant prussien Jacobi, Mayence, 1838.

L'auteur n'a épargné certes aucune peine pour se procurer des renseignements sur la construction des shrapnels anglais, et ce n'est pas sa faute si sa notice est si maigre.

HISTOIRE DES SHRAPNELS, PROGRÈS, ÉPREUVES.

Si on retourne en arrière dans l'histoire de l'artillerie, on y trouve une grande richesse de projectiles singuliers, et même une variété plus grande que celle d'aujourd'hui: la raison en est simple. Alors l'artillerie était encore dans sa nouveauté, rien n'était plus naturel que de donner à l'emploi de la poudre la plus grande extension possible, la sagacité et peut-être aussi la vanité des artistes étaient sans cesse excitées. Le nombre des inventeurs allait toujours en augmentant, chacun voulait apporter son tribut au perfectionnement de l'idée principale, les inventions naissaient et disparaissaient comme des nuages fantasmagoriques, chaque année apportait quelque chose de nouveau sur le théâtre de l'artillerie, nos arsenaux en offrent les preuves: on y conserve des antiquailles qui peuvent servir à l'histoire des aberrations de l'esprit humain.

De semblables conceptions ne se présentent plus aujourd'hui que comme de rares exceptions: l'artillerie est devenue une science plus étendue, elle a pris de la maturité, elle a acquis une expérience solide; après avoir subi de longues épreuves, soit dans la guerre soit dans la paix, elle s'est en quelque sorte concentrée en faisant des efforts pour se simplifier et n'avoir que le nécessaire, en se bornant aux besoins de la guerre ; celui qui aujourd'hui ne peut se présenter qu'avec quelque chose de très extraordinaire ferait bien de garder ses inventions à part soi.

Quant à ce qui concerne les shrapnels, on rencontre bien dans l'ancienne artillerie quelque chose de semblable mais fondé sur un tout autre principe; ce qu'il ne faut pas confondre.

On s'est servi de cylindres remplis de charges explosives et de petites balles non pas probablement, d'après le principe des shrapnels, mais comme une sorte de pétards; toutefois, nous connaissons aussi peu l'usage spécial de ces projectiles que la matière des petites balles.

On dit qu'au siége de Rhodes, en 1522, les Turcs se sont servis de bombes remplies de grenades : c'est là l'exemple le plus ancien d'un projectile, qui a une affinité éloignée avec les schrapnels modernes (VIII, page 118).

Déjà le célèbre Furtenbach propose, en 1629, de placer sur les fusées un pétard ou une grenade, et de les remplir avec des balles de fer ou de plomb pour leur donner l'effet destructif d'un tir à mitraille (IX, page 1).

Dans l'année 1697, le colonel Geisler a tiré à Telle *, devant le ministre Louvois, des bombes remplies de balles de plomb ; et, dix ans plus tard, il s'est servi de bombes remplies avec des grenades à main.

En 1774, on rencontre dans l'artillerie prusienne, parmi les projectiles à obus, des *boulets explosifs*, qui contenaient de petites grenades ; on dit que ces grenades, après l'explosion du boulet, étaient lancées à 80 pas et faisaient explosion à leur tour (VIII, page 118).

Il est vraisemblable que ces projectiles étaient les mêmes que ceux qu'on a depuis nommés *perdreaux*. En l'année 1806, un grand nombre de ces projectiles tomba dans les mains des Français à Magdedourg, et en 1813, lorsque les munitions devinrent rares, ils nous ont canonnés avec, probablement sans en connaître la construction ; j'y étais, et j'ai souvent été interrogé par les camarades sur ce fait singulier.

Si on voulait se donner beaucoup de peine pour faire des recherches ultérieures , on rencontrerait probablement plusieurs faits qui rentreraient dans le domaine des shrapnels ; mais quelques expériences que l'on eût faites dans les temps passés avec des projectiles simulant des shrapnels, elles sont indifférentes pour

---

* Dans l'ouvrage de Geissler (*Curieuse und Velkommene artillerie*) de 1718, on lit, page 90, que Geissler a tiré ces bombes, le 20 novembre 1642, à la citadelle de Lille, en présence de Louvois et du Grand-Maître de Lude.

notre but ; il n'y a que l'expérience de Geisler qui puisse faire exception : mais qui en garantit l'authenticité? Tous les projectiles creux avaient cela de commun que leur effet devait dépendre de la charge explosive, et le colonel Shrapnels fut le premier qui s'attacha à la vitesse initiale du projectile, et la prit pour base des obus à balles. Cette seule circonstance suffit pour lui assurer la priorité de l'invention, et le mettre à l'abri de toute contestation.

« Tous les projectiles remplis de balles de plomb et de poudre, jusqu'au temps de Shrapnels, dit le capitaine Meyer (VII, page 156), ressemblaient aux shrapnels seulement dans leur composition générale, mais non dans leur composition spéciale, et moins encore dans leur but ; car tous les projectiles creux des temps anciens ne devaient avoir de l'effet qu'après avoir touché le sol, tandis que ce qu'il y a de caractéristique dans les shrapnels consiste dans l'explosion du projectile en avant de l'ennemi. Les anciens projectiles projetaient leurs balles par la force de la charge d'explosion, tandis que les shrapnels les projettent par la charge de la pièce ; les premiers ne sont que des projectiles creux dont le nombre des éclats est augmenté, et les derniers sont des balles devant agir au loin. L'effet des anciens projectiles de cette espèce devait être faible ; de là leur emploi rare. Avant que les fusées n'eussent atteint assez de perfection pour être réglées avec précision, à quoi l'on est parvenu seulement vers la fin du dernier siècle, il ne pouvait pas être question de produire l'effet que Shrapnel avait en vue ; et c'est là le mérite incontestable de Shrapnel d'avoir tiré parti du perfectionnement des fusées pour utiliser un effet de cartouches non connu jusque-là. »

Ce passage, dicté par l'amour de la justice, méritait d'autant plus d'être cité ici qu'il sert à fixer l'idée scientifique des effets des shrapnels.

Glunder dans son intéressant mémoire (1 p. 81) ne partage pas entièrement cette manière de voir, car il appelle les nouveaux projectiles une modification d'une construction ancienne et oubliée que le colonel Henri Shrapnel a donnée en 1803 comme une nouvelle invention. Quoi qu'il en soit, il est certain que toutes les expériences antérieures n'avaient amené aucun résultat décisif, puisque aucune artillerie, jusqu'à la fin du dernier siècle, n'avait admis des projectiles à double effet comme M. Borman les nomme (XVIII, p. 118), il pense qu'il en est autrement aujourd'hui, plusieurs puissances doivent avoir fait une série d'épreuves, et l'Angleterre qui a déjà employé des boulets creux à balles sur le champ de bataille, les a définitivement adoptés dans ses approvisionnements militaires. Les Français aussi en 1810 devant Cadix ont rempli leurs bombes avec des balles de plomb, et comme ils ne pouvaient pas manquer de trouver en Espagne des shrapnels non éclatés, il ont bien pu connaître leur construction intérieure. Mais il n'ont rien produit, ou du moins il n'ont rien publié à ce sujet (IX, p. 2). Shrapnel, devenu général depuis, fit ses premières expériences en 1803 à Mounth-Bay ; elles furent répétées deux années plus tard à Woolwich ; il en fit connaître les résultats mais en les exagérant beaucoup, et par là il a nui à la bonté de sa cause, en donnant prise aux attaques des écrivains militaires; de même encore les exagérations des résultats obtenus dans les expériences belges ont nui à la cause de ces projectiles, et donné des armes à leurs adversaires ; du reste, les schrapnels anglais ont été, dit-on, beaucoup perfectionnés dans les derniers temps ; mais ce qu'il y a de spécial n'a pas été publié ainsi que le croit Borkenstein (IV, p. 128), car sans cela le studieux Jacobi en aurait certainement fait mention.

Je dois dire ici que les shrapnels ont eu des dénominations bien diverses ; les uns les nomment *grenades à cartouches*, d'autres *cartouches à grenades* et d'autres encore, à tort, des *obus à balles sphériques*. L'inventeur lui même les a nommés *sphérical-case-shot*, boîtes à balles sphériques, par analogie avec les *case-shot* boîtes à balles ordinaires. Le capitaine Spearman qui a écrit en 1828 les a nommés d'après leur inventeur *shrapnel-shells-*

obus shrapnels et cette dénomination a été adoptée par plusieurs auteurs allemands ; pour abréger, nous les désignerons toujours simplement par le nom de *shrapnels*, à quoi on est d'autant plus autorisé qu'ils sont ainsi officiellement désignés dans les armées allemandes.

En Saxe, on connaît bien la construction des shrapnels adoptés en Angleterre, mais la difficulté du système de fusée anglais est peut être cause qu'on ne s'y soit pas occupé davantage de ce projectile : le principe une fois admis, les Saxons, vu leur aptitude reconnue pour la science et leur grande adresse dans la pyrotechnie, auraient sans doute obtenu un résultat favorable, s'ils n'avaient rencontré des obstacles d'un autre genre. Depuis 1828, on s'occupe en Saxe des shrapnels ; en 1835, des épreuves intéressantes eurent lieu près de Dresde sur un obusier de 8 livres (15 c, 2) et furent étendues plus tard à un canon de 12, nous en ferons connaître plus tard le résultat ; mais au total on ne sait pas jusqu'à quel point l'affaire est avancée en Saxe, (VIII, p. 121) peut-être qu'aux obstacles mentionnés ci-dessus, on doit ajouter la dépense, car il paraît qu'on s'est contenté d'étudier le principe de l'action et les autres propriétés générales des shrapnels ainsi qu'il était indispensable pour un corps d'officiers aussi scientifiquement cultivé, qu'on ne pouvait pas laisser dans l'ignorance sur un objet qui est devenu la propriété de la moitié du monde civilisé : c'est ce que n'aurait voulu admettre aucun gouvernement.

La connaissance des shrapnels passa des Saxons, chose assez singulière, aux Russes. Les premières expériences russes eurent lieu dans l'automne de 1835 près de Modlin, et il en sera question plus tard.

Excepté dans le royaume de Wurtemberg on ne sait pas qu'aucune épreuve ait été faite dans les autres États de la Confédération germanique (1) et il paraîtrait qu'on ne s'en est pas encore occupé

---

* On dit que les expériences sur les shrapnels doivent avoir lieu au printemps 1842, en Bavière D.

en Autriche du moins que nous sachions, cela est pourtant plus que douteux : ce qui est plus vraisemblable, c'est qu'on s'enveloppe, sur ce sujet, du même mystère que pour les fusées, et qu'il en sera des shrapnels comme de celles-ci, malgré la muraille chinoise de Raketendorf.

Le Wurtemberg a fait des épreuves très étendues, aussi bien avec les obusiers qu'avec les canons et elles durent encore ; il paraît qu'on a une tendance à adopter le système des fusées belges. En 1838, cette artillerie a fait des épreuves brillantes devant le roi, et a fait preuve d'une étude solide du principe des shrapnels ; toute petite qu'elle est , l'artillerie wurtembergeoise est au nombre des plus laborieuses, et son corps d'officiers est un des plus instruits de l'Europe. Plusieurs indications montrent qu'on s'occupe aussi en France des shrapnels , quoiqu'il paraisse qu'on n'en fasse pas grand cas, et l'expérience de la guerre contre les Anglais ne doit pas avoir contribué à changer la mauvaise opinion que les Français ont de ce projectile.

Le capitaine Borman rapporte l'opinion du capitaine d'artillerie Thierry qui se prononce décisivement pour les shrapnels, malgré les objections de plusieurs de ses camarades ; il trouve, et cette opinion est juste, que la principale difficulté consiste dans la construction des fusées, mais il croit que l'art de la pyrotechnie a fait, depuis quelques années, assez de progrès pour qu'on puisse espérer de surmonter cet obstacle. Jusqu'à l'année 1839, on n'en a pas beaucoup entendu parler, et la fusée, appelée fusée Parisot, la seule qu'on connaisse en France, est la plus mauvaise de toutes. [*]

Le capitaine Glünder parle aussi d'épreuves françaises qui ont eu lieu à Vincennes (avant 1831), et dont le résultat n'a pas été favorable. Il ne donne pas de renseignements détaillés, mais ajoute seulement qu'un officier français a proposé des modifica-

---

[*] Assertion très gratuite.

tions dans la construction et apporté des améliorations notables qui ne sont pas connues. D'après ces expériences, le général Gassendi, célèbre auteur de *l'Aide-Mémoire*, le colonel Marion, inspecteur des fonderies et divers autres officiers de distinction, se sont, déclarés adversaires des shrapnels.

En 1825, on ne savait pas en France grand'chose des shrapnels ; c'est de quoi je me suis assuré moi-même pendant mon séjour à Paris. On avait mis le feu à un shrapnel placé sur le sol dans un vieux blockhaus et on était étonné que les balles de plomb n'eussent pas été projetées tout autour; on a fait la même expérience ailleurs, et l'on s'est étonné comme à Paris : c'est ce dont j'ai été témoin oculaire. On n'est arrivé que plus tard à une idée juste de l'effet des shrapnels*. On ne peut rien écrire de plus niais là-dessus que ce que j'ai écrit moi-même en 1814, et le capitaine Glünder est assez honnête pour n'en pas rire: de quoi il avait pourtant bien sujet. Mais à cette époque je n'en savais pas plus, et il est probable que mon savant critique dans le *Journal de Littérature d'Iéna*, n'en savait pas davantage.

En Danemarck, on s'en est occupé depuis 1828, quelques-uns disent même depuis 1827 ; mais il n'est pas permis même aux officiers d'artillerie de prendre connaissance des résultats des expériences (IX, p. 4) : ce qui est méconnaître d'une manière déplorable son véritable intérêt.

En Norvège, la série des expériences commença aussi en 1827. On a déjà parlé avec éloge dans l'introduction de la publicité qu'on leur a donnée ; le capitaine Borman dit là-dessus (IV p. 128,) que l'artillerie de Norvège doit être nommée après l'ar-

---

* *Le Spectateur militaire de* 1834 renferme un extrait d'un mémoire fait en 1826 par le capitaine Piobert : on y trouve non-seulement une idée juste du mode d'action de ce projectile, mais les résultats de calculs qui déterminent les distances auxquelles on peut obtenir des effets efficaces ; nous y reviendrons. Dès 1821, M. Ch. Dupin avait décrit avec exactitude l'effet des shrapnels.

tillerie anglaise, comme celle qui la première a, par la voie pénible mais instructive des épreuves, acquis l'expérience indispensable pour une construction efficace des shrapnels : par ce moyen cette artillerie s'est mise en état de répondre à la question importante de savoir à quel point on pourrait compter sur l'effet de ces projectiles devant l'ennemi.

Le capitaine d'artillerie suédois *Helling* a fait un rapport très judicieux sur ces épreuves (1827 à 1834,) et a dit à cette occasion (III, p. 230) : « Après les Anglais, l'artillerie doit principalement aux Norvégiens un progrès notable par de bonnes épreuves sur les obus à balles, et si les Anglais n'ont laissé transpirer qu'avec réserve les progrès qu'ils ont obtenus comme ils l'ont fait pour les fusées, par contre, les Norvégiens ont communiqué avec désintéressement les intéressants résultats de leurs expériences ; cette publicité honore le personnage auguste qui est à la tête de l'artillerie de cette nation (le prince héréditaire.) et les officiers du corps.

Les premières expériences faites en Norvège en 1827 et 1828, ont eu lieu avec des obusiers courts : c'était seulement des essais préliminaires; en 1830, de nouvelles expériences furent exécutée sous la direction du prince, avec deux pièces nouvellement fondues, obusiers de 12 livres de 10 calibres de longueur (III, p. 235,) et comme cela arrive malheureusement trop souvent dans l'artillerie, on voulut atteindre plusieurs buts à la fois et l'on manqua le but principal. On voulait principalement étudier la confection de l'enveloppe en papier, de la fusée ; on y changea plusieurs choses : ce qui fait rarement bien ; les autres dispositions étaient très convenables, on s'était proposé de tirer jusqu'à ce que dix shrapnels eussent éclaté à une hauteur convenable ; pour l'observation des points d'éclatement, on avait planté sur la ligne de tir des pavillons de 50 en 50 pas et des officiers furent placés comme observateurs (III, p. 235.) Dans l'intervalle un obusier de 12 livres avec chambre conique, fut introduit dans l'artillerie norvégienne, et c'est avec cette pièce que furent continuées les expériences en 1831. On chercha à déterminer l'effet des projectiles à diverses distances; après cela, on procéda à la recherche des angles de tir en rapport avec les obus en usage.

En 1838, cette excellente artillerie fit aussi des épreuves avec les shrapnels de 6 livres au polygone d'Etterstad, où assista le prince héréditaire, mais elles n'amenèrent point de résultats satisfaisants: ce qui aurait été difficile pour un si petit calibre. Cependant on continua les expériences à Frédérikstad mais avec des charges encore plus faibles, et on procéda en 1834 à des expériences encore plus étendues.

Maintenant nous allons nous occuper des expériences belges faites près de Braschaet en octobre 1835, et dont le journal *Militaire Prussien* a eu de la peine à se procurer la communication (VIII, p. 148.). Nous avons déjà dit combien ces expériences sont suspectes et la pièce XI, page 59, dit là-dessus : «Toute vérité historique repose sur la confiance qu'on accorde à un témoignagne humain, mais celui qui rapporte de pareilles choses ou doit avoir renoncé à vouloir inspirer aucune confiance, ou doit avoir très mauvaise opinion de ses lecteurs.» L'auteur donne avec une précision mathématique, les preuves de cette dure assertion.

On s'est aussi occupé en Piémont des shrapnels sans qu'on sache à quoi l'on y est parvenu. Lorsque je fus à Turin, en 1839, on ne connaissait pas d'autre fusée que celle de Parisot, que j'ai dit être la plus mauvaise, et dont je donnerai plus loin une description détaillée. On a déjà mentionné (quoiqu'elles n'aient pas été publiées), les expériences faites à Dresde, en 1835, avec un obusier de 8 livres saxon et un canon de 12; mais pour ces dernières, on s'est servi, en guise de shrapnels, de vieux obus de 12, par économie.

Les expériences de Modlin eurent aussi lieu en 1835, dans des licornes de $\frac{1}{2}$ pond avec des obus réglés, et une de ces épreuves eut

lieu en présence de l'Empereur. Enfin, les épreuves les plus intéressantes et les plus instructives, parce qu'elles sont les plus ration-
nelles et les plus sûres, sont les expériences faites à Stuttgard *,
qu'on a exécutées avec des canons de 12 et des obus légers de
10, en 1838 : les épreuves eurent lieu devant le prince, chef de
l'armée. Ces expériences ont été continuées en 1839 et 1840, et
ne doivent pas être regardées comme entièrement terminées.

L'assertion suivante du capitaine Borman terminera convc-
nablement ce chapitre.

« L'obus shrapnel ne doit plus être considéré comme un projectile
seulement remarquable, mais comme un projectile qui atteint, dans
certaines circonstances, un tel degré d'efficacité qu'il faut le prendre
en grande considération. Il s'agit maintenant d'étudier les moyens
d'en tirer parti, c'est une recherche dont aucune artillerie ne
peut plus se dispenser, parce que plusieurs puissances ont approché très près du but, et l'ont peut-être même déjà atteint, de manière qu'elles auraient un avantage considérable sur celles qui
n'auraient pas cherché la solution du problème (VIII, p. 123).»
On aurait tort d'appliquer ces mots à l'artillerie prussienne.

---

* L'auteur, par motif de discrétion, désigne ce pays, dans tout le cours
de l'ouvrage, par deux astérisques.

CHAPITRE PREMIER.

Définitions. — Nomenclature.

1. Un shrapnel est un boulet en fer creux rempli, partie avec de la poudre, partie avec des balles de plomb, et muni d'une fusée.

Ce projectile se distingue encore des obus ordinaires, et même principalement en ceci, qu'il a pour destination, non pas d'éclater à sa chute ou après sa chute, mais d'éclater en l'air, par conséquent pendant son trajet. On saurait par expérience si la théorie ne l'avait pas déjà appris, que les éclats et les balles sont encore jetés en rayonnant en avant, pendant un trajet assez considérable, et c'est là l'effet caractéristique des shrapnels.

2. L'homme le moins clair-voyant comprendra qu'un shrapnel ne peut remplir sa destination que quand il éclate en avant du but, et qu'il ne doit, par conséquent, éclater ni au but ni derrière le but. En effet, s'il éclate au but, il n'a pas plus d'effet qu'un obus ordinaire, et si c'est derrière, sa destination est manquée.

3. Comme les éclats et les balles d'un schrapnel, ce que je nommerai d'un nom commun, *fragments*, partent d'un centre commun et sont poussés simultanément en avant, leur direction doit aller en rayonnant ; et comme tous ces rayons partent d'une sphère, les fragments formeront un cône que je nommerai *cône de dispersion*. Sans l'action de la pesanteur, ce cône, dont l'axe

est dirigé vers le but, aurait pour section un cercle. Le sommet de ce cône se trouverait au centre de l'explosion : admettons-le du moins comme hypothèse, et l'angle du cône sera *l'angle de dispersion.*

4. On peut se faire une idée nette de l'effet d'un shrapnel au moyen de la figure I.

A vue d'en haut.

B vue de profil.

C vue par devant.

Il faut noter les définitions suivantes :

FS est une partie de la trajectoire.

S est le *point d'explosion.*

ZZ est le but.

HH le sol.

JZ est la distance horizontale du point d'explosion au but : on l'obtient en projetant verticalement le point d'explosion ; nous l'appelerons la *coordonnée horizontale.*

SJ est la *hauteur* ou *coordonnée verticale* d'explosion.

Si le projectile éclate au but même ou verticalement au-dessus, la coordonnée horizontale est nulle ; s'il éclate derrière, elle est négative ; si le projectile éclate au point de chute, la hauteur est nulle ; si le projectile n'éclate pas, nous dirons qu'il a *raté* [*]. Enfin si la charge brûle sans faire éclater le projectile, on dit qu'il a *fusé.*

5. Relativement à la trajectoire, il faut encore remarquer que la droite FSX prolongée (figure I, B), qui doit rencontrer le milieu de la hauteur de la cible, se nomme la ligne *tangentielle.* L'angle sous lequel le projectile part s'appelle, comme on sait, l'angle de départ, l'angle d'élévation, l'angle de tir, etc. :

[*] Les Allemands disent qu'il a été à l'aveugle.

l'angle sous lequel le projectile arrive en x, c'est-à-dire celui que la direction fait avec l'horizon, s'appelle l'angle d'incidence ou l'*angle de chute*; l'angle sous lequel le projectile se relève après avoir ricoché, s'appelle l'*angle de réflexion*.

CHAPITRE II.

Conditions pour le bon effet. — Problèmes qui en résultent pour la théorie.

6. Si l'effet des shrapnels doit avoir un caractère d'efficacité, il faut nécessairement remplir certaines conditions qui doivent s'entr'aider, du moins ne pas se contrarier ou même s'entre-détruire. Ces conditions sont :

(*A*) Le shrapnel doit éclater en temps opportun, ni trop tôt ni trop tard, ni trop près, ni trop loin du but.

(*B*) Il doit aussi éclater à un point convenable relativement à sa hauteur verticale, c'est-à-dire pas trop haut, pas trop bas.

(*C*) Le projectile ne doit pas, du moins en règle générale, frapper le sol en avant du but.

(*D*) Il doit avoir une confection telle que, quand il arrive en temps opportun et au point convenable, il produise un effet utile.

(*E*) Enfin, dans les expériences, le but doit-être placé et conformé, de manière à figurer la position et la formation de l'ennemi, et il faut, si l'explosion du projectile est régulière, que les fragments produisent l'effet pratique que l'on avait en vue.

7. Ainsi la théorie aura à s'occuper des cinq questions posées ci-dessus ; si chacune d'elles était de nature simple le problème ne serait pas difficile, mais il n'en est pas ainsi : chaque question en particulier est au contraire d'une nature très compliquée et les conditions désirées peuvent être obtenues par des voies très diverses. Les divers éléments se pénètrent, engrainent les uns

dans les autres, s'entre-croisent et peuvent par le moindre hasard se détruire réciproquement, ce qui rend la théorie des shrapnels un des problèmes les plus compliqués de l'artillerie.

8. La solution de ce problème tel qu'il est posé ci-dessus doit paraître, j'en conviens, une entreprise chanceuse. Le problème devient encore bien plus difficile, en s'imposant comme je le fais, la condition de rester élémentaire et de ne pas rebuter le lecteur par des calculs de hautes mathématiques. Enfin je sais d'avance que, vu l'état actuel des choses, il n'est pas possible que je ne commette pas quelque erreur, mais de telles difficultés ne doivent pas empêcher les hommes de bonne volonté et de courage, de travailler au progrès de la science. Comme les erreurs de mes devanciers m'ont instruit, de même mes erreurs instruiront les autres. De plus éclairés, des penseurs plus profonds me corrigeront, ce que je désire de tout mon cœur: ce n'est qu'ainsi qu'il est possible d'approcher de plus en plus du but. Cet aveu sincère doit me valoir d'être jugé sans rigueur, avec équité et enfin j'espère, par cette confession publique, convaincre le lecteur que je suis exempt d'égoïsme et que je n'ai en vue que le bien du service.

CHAPITRE III

Calibres qui paraissent le mieux convenir aux Shrapnels.

9. D'après des renseignements qui datent de l'année 1831, les Anglais, se sont servis des shrapnels avec des calibres de toute espèce et de toute grandeur, depuis l'obusier de 8 et la caronade de 68 et jusqu'au canon de 3 en bronze et en fer; cependant leurs premières campagnes dans la Péninsule ont montré la nécessité d'une restriction dans les calibres des shrapnels, et les opinions des artilleurs anglais s'accordent à admettre que les pièces plus légères que le canon de 9 et l'obusier de $5\frac{1}{8}$ pouces ne doivent pas tirer des shrapnels si on veut en obtenir quelque efficacité, mais que les pièces de ces deux calibres et celles de calibres plus élevés peuvent, depuis la portée de but en blanc jusqu'à celle de 1,200 à 1,400 pas, jeter le désordre dans les colonnes ennemies ; car il ne saurait être question de s'en servir contre des lignes.

10. Maintenant si nous passons aux artilleries du continent, nous apprenons qu'elles ont aussi mis en essai les petits calibres, jusqu'à celui de 6, mais se sont peu à peu fixées à la pièce de 12 et aux obusiers de 5 l. $\frac{1}{2}$ et 6° ; je ne connais qu'une seule artillerie qui fasse exception.

11. La pièce de 12 peut donc être considérée comme la vraie pièce à shrapnel : c'est pour cela aussi que l'artillerie danoise a porté toute son attention sur l'obusier court de 12, dont le calibre à la bouche est de 3 pouces 83 (121 mm., 3) la longueur 10 ca-

libres. Cette pièce pèse à-peu-près autant que le 6 prussien, 800 livres ; le shrapnel rempli pèse 11 livres 20 loths, juste trois livres de plus que l'obus du même nom.

Des deux obusiers de 12 dont on s'est servi en Norvège, l'un était comme à l'ordinaire, sans chambre ; le second avait une chambre conique, terminée en arrière par une demi-sphère, et se raccordant avec l'âme (III, p. 235.)

La plupart des pièces en Norvège sont en fer.

12. Le capitaine Helling est d'avis qu'on peut se servir des shrapnels avec toutes les pièces, canons, obusiers et caronnades (III, p. 231.), et d'après ce qu'il a écrit on doit croire que la pièce de 6 est en usage en Norvège pour tirer les shrapnels. Cette pièce a de longueur d'âme 17 calibres (IV, p. 139). L'obus schrapnel a selon les uns 3 p. 39″, et selon d'autres 3 p. 45″, pour diamètre extérieur.

13. Les expériences de Dresde, en 1835, furent faites avec des obusiers de 8 livres (calibre 155 mm. 4), et des canons alongés de 12 (calibre 117 mm. 2). Le shrapnel de 8 avait 6,448 pouces de Dresde pour diamètre extérieur, mais on s'est servi de deux épaisseurs de métal ; l'un doit avoir contenu 190 et l'autre 295 balles de fusil de 0, 60″ (16 mm.) de diamètre ce qui paraît un peu exagéré. Pour le shrapnel de 12, on prit, par économie, de vieux boulets creux de ce calibre, qui pouvaient contenir de 70 à 80 balles de plomb.

Les expériences russes faites à Modlin et les épreuves préliminaires y relatives ont été faites avec des licornes de demi-poud (20 livres) ou de 155 m. I de diamètre d'âme. L'obus avait 5, 99″ de diamètre extérieur ; on ne sait pas quels sont les calibres que les Russes comptent employer pour leurs shrapnels. Dans une artillerie allemande que je dois m'abstenir de nommer, on ne pense pas que la pièce de 6 soit propre aux shrapnels, et tous les travaux sont concentrés depuis plusieurs années sur la pièce de 12 et l'obusier de 10 livres pour l'artillerie de campagne, et pour l'artillerie de siége et place, sur le canon en fer de 18.

14. Si on compare la pièce de 12 et celle de 6, l'avantage penche en faveur de la pièce de 12. Le canon de 12 est encore assez léger pour être maniable en campagne, et cependant suffisamment lourd pour donner à son obus l'impulsion nécessaire, ce qui manque à la pièce de 6.

15. Les shrapnels tirés dans les obusiers ne produisent jamais autant d'effet que tirés dans les canons. Les obusiers courts sont une pièce trop peu sûre, et là où les obusiers longs n'existent pas on ne voudra pas les introduire uniquement à cause des shrapnels. (*) Les obusiers courts avec leurs projectiles ordinaires n'ont de la

---

* En Allemagne, on a généralement conservé l'obusier court dont on envisage l'emploi en campagne sous un autre rapport que nous le faisons en France : on cherche à faire éclater l'obus à un point donné, de telle manière que l'obus porté, soit dans un retranchement de campagne, soit dans l'intérieur d'un carré d'infanterie, éclate au point de chute. On dit que les Prussiens sont arrivés à une extrême précision dans ce genre de tir qui rapproche beaucoup, comme on le voit, le rôle de l'obusier en campagne de celui du mortier dans la guerre de siege. Les Allemands sont donc restés fidèles à l'idée première de l'obusier qui ne parait avoir guère été, à l'origine, qu'un mortier placé sur un affût à roues. Nous n'avons emprunté qu'assez tard l'obusier aux Allemands et nous nous sommes, depuis ce temps, éloignés de plus en plus de l'idée qui lui avait donné naissance. Nous avons cherché à lancer les projectiles creux avec une grande vitesse pour augmenter la chance d'atteindre aux grandes distances. Nous n'entreprendrons pas ici de comparer les deux idées, cela nous entrainerait trop loin : nous dirons seulement que la direction suivie en France nous semble avoir été imprimée par la pratique, et qu'il nous parait vraisemblable que l'emploi des grandes charges devra aller en augmentant de plus en plus, pourvu que l'on s'occupe de la question pratique des fusées, pour arriver à ne plus avoir un aussi grand nombre d'obus qui n'éclatent pas dans le tir aux grandes charges.

justesse que lorsqu'ils sont réglés d'après la méthode saxonne, et d'avance, ce qui n'est pas possible avec les shrapnels.

On ne peut nier que, relativement au tir des shrapnels, toutes les artilleries qui ont des obusiers longs ou des canons obusiers aient un avantage marqué : telles sont les artilleries française, russe, norvégienne, et, à ce qu'on dit, celle des Anglais ; en Bavière aussi il est question d'introduire les obusiers longs, et on y a fait récemment d'importantes expériences à ce sujet ; mais les introduire uniquement pour les shrapnels, c'est agir comme celui qui, pour se préparer à fêter le dimanche, néglige tous les jours ouvriers. Tout ce qu'on gagne pour les shrapnels dans les obusiers longs sera compensé et au-delà par la perte sur le tir à obus.

Les Anglais paraissent mettre une grande confiance dans le feu des shrapnels avec les obusiers courts, car ils ont admis les shrapnels dans la proportion de 50 pour 100 dans leurs approvisionnements.

16. Si on s'est une fois décidé pour les obusiers, alors le calibre est assez indifférent, et même l'obusier de campagne, léger de 5° ½ ou 24, peut remplir le but. L'obusier de campagne long (de 6°), ou comme les Wurtembergeois et les Bavarois le nomment l'obusier de 10 livres, contient presque le double de balles de plomb, mais il ne les disperse pas autant ; or, on ne peut pas vouloir tuer un homme avec quatre balles, quand deux suffisent, et comme les obusiers lourds ne tirent pas leurs obus mieux que les obusiers légers, tandis qu'ils exigent deux ou trois fois autant de dépense en chevaux et en matériel, les shrapnels ne fournissent aucun motif de conserver cette embarrassante pièce dans une artillerie de campagne.

17. On ne peut pas émettre d'opinion sur l'effet des shrapnels dans les mortiers ni indiquer les calibres à employer ; car les expériences sur ce sujet manquent totalement, et autant qu'on sa-

che, aucune artillerie n'a fait encore des épreuves avec le mortier. Ce n'est un reproche pour personne, car il était juste de commencer les expériences avec les pièces de campagne, puisque c'était le besoin le plus urgent. Du reste, il est douteux qu'on obtienne jamais quelque chose d'efficace des shrapnels tirés dans les mortiers ; du moins, ce doute paraît justifié par la théorie.

18. Ce chapitre peut se résumer ainsi :

(*a*). Le canon de 12 est la pièce de campagne qui convient le mieux aux shrapnels.

(*b*). La pièce de 6 est très peu propre à ce tir.

(*c*). Un obusier d'un calibre plus lourd que celui de $5^\cdot \frac{1}{7}$ (24) peut être regardé comme superflu pour les shrapnels.

(*d*). Les obusiers longs ont un avantage marqué sur les obusiers courts.

Le lecteur trouvera la preuve de ces diverses assertions dans des considérations ultérieures.

CHAPITRE IV.

Disposition mécanique. — Forme intérieure des Shrapnels considérés sous le point de vue de leur effet théorique.

I. — *Formes extérieures et intérieures. — Poids. — Sabots.*

19. Les shrapnels étant dérivés des obus se présentent le plus ordinairement sous cette forme, c'est-à-dire comme des projectiles creux sphériques et concentriques. C'est sous cette forme que les Anglais nous ont appris à les connaître; seulement ils leur ont donné une moindre épaisseur qu'aux obus ordinaires, afin de gagner de l'espace intérieurement et de pouvoir y mettre plus de balles (I, p. 84).

20. Dans leur plus ancienne disposition, les shrapnels avaient en dedans, vis-à-vis de l'œil, un renforcement, c'est-à-dire un culot par lequel on croyait les rendre plus propres à résister à l'action de la charge; c'est sous cette forme qu'ils ont été employés par les Russes dans les épreuves de Modlin (voir fig. 2, A). Cette idée a été plus tard abandonnée probablement, parce qu'elle ne remplissait pas le but qu'on voulait atteindre (I, p. 84, — IX, p. 7).

21. Dans les shrapnels anglais, on a pratiqué un renforcement annulaire à l'intérieur, tout autour de l'œil, pour donner plus d'appui à la fusée et la mettre à l'abri de casser; chez les Anglais aussi le diamètre de l'œil n'est pas le même pour tous les calibres : ce qui entraîne l'inconvénient d'obliger à avoir plusieurs gros-

seurs de fusée (IV, p. 129). On devra adopter en principe que le cône formé par l'œil devra avoir la même dimension pour tous les schrapnels, ou que du moins, si les dimensions varient, le cône devra conserver la même inclinaison, afin de n'avoir besoin que d'une seule espèce de fusée, ce qui simplifie le matériel.

Au lieu de ce renfort annulaire dans l'intérieur de l'obus, ce qui, pour de petites fusées peut empêcher la communication du feu au chargement de l'obus, on pourrait adopter deux saillies vis-à-vis l'une de l'autre : elles mettraient également la fusée à l'abri de la cassure, rendraient sa position plus solide et ne pourraient pas nuire à l'action de la fusée.

22. L'artillerie de Norvège a adopté ce genre de renforcement pour les shrapnels de 12, mais extérieurement (fig. 2, C) ; pour empêcher la rotation de l'obus dans l'âme au cas où le sabot n'y suffirait pas, Borkenstein pense que cette saillie est absolument nécessaire autour des shrapnels sphériques, qui n'ont pas une fusée en métal vissée, afin que la fusée reste toujours en avant dans l'âme ; car dans le cas où le projectile se retournerait, le gaz de la poudre, pressant sur la fusée, ferait éclater l'obus. Mais l'honorable auteur paraît avoir oublié que si la fusée ne ferme pas hermétiquement l'œil, le gaz y entre de quelque manière que la fusée d'ailleurs soit placée dans l'âme *.

23. Dans l'artillerie wurtembergeoise, les renforcements de l'œil ont été essayés de diverses manières ; jusqu'en 1838, on a renforcé l'œil intérieurement, afin de mieux fermer l'œil avec la fusée ; mais,

* Sans vouloir préjuger la question du renforcement, nous devons dire que le raisonnement de Decker ne nous paraît pas concluant parce que les gaz de la poudre agiront avec bien plus de force sur la fusée si elle se trouve du côté du fond de l'âme que si elle est du côté de la bouche. La fusée et sa composition peuvent fermer hermétiquement le projectile et ne pas cependant pouvoir résister à une forte pression Tr.

soit que des difficultés inconnues se soient présentées ou qu'on voulût gagner de l'espace pour les balles, on finit par abandonner la
saillie intérieure, et on renforça l'œil extérieurement; c'est avec de
tels shrapnels qu'ont été faites les expériences dont il a déjà été
question dans l'introduction, dans les obusiers de 10 livres (16
centimètres) et pour les canons de 18; on s'est même servi de
schrapnels à double renforcement, à l'intérieur et à l'extérieur
(fig. **2**, D), parce que la fusée avait une tête. Plus tard, lorsqu'on
ne fit plus les fusées en bois, mais qu'on les coula en métal (plomb
et zinc), la tête dépassant le projectile, on craignit l'effet des battements : on eut bien l'idée de loger la tête dans le métal du projectile, mais par là on aurait perdu trop d'espace pour les balles:
cela conduisit à essayer un projectile de forme ovoïde (fig. **2**, E),
et par-là on augmenta la capacité intérieure. Les premières expériences ont été assez favorables à cette forme de projectile pour
qu'on prit, en 1837, le parti de faire des expériences en grand;
mais, plus tard, en 1841, on est revenu à la forme sphérique,
cherchant à en diminuer les inconvénients à l'aide de sabots; on
peut conclure de là qu'il s'est présenté des difficultés spéciales à
l'application des projectiles ovoïdes.

24. En Norvège, aussi l'on a essayé diverses formes, différentes
de la forme sphérique, d'abord un projectile ovale avec une saillie
extérieure d'un tiers de pouce autour de l'œil, puis un projectile
d'une forme ronde alongée comme celui de la (fig. **2**, E) avec un
renfort intérieur. Ces essais eurent à la fois pour but de préserver
de tout dommage la tête de la fusée, de lui donner une position
solide, de gagner plus d'espace à l'intérieur; et, enfin, la chose
essentielle, d'empêcher la rotation dans l'âme sans recourir à
l'emploi du sabot (III, p. 232).

Plusieurs écrivains ont aussi avancé que la forme ovale empêchait la rotation (IX, p. 26), ce qui n'est vrai que pour la rotation dans l'âme seulement.

25. Le shrapnel de 6 liv., d'après Borkenstein, est formé, en Norvège, d'une partie cylindrique terminée par deux hémisphères (fig. 2, F), et se tire sans sabot (IV, p 132). Les expériences de Frédérikstad ont dû donner des résultats très favorables; car on s'y décida entièrement pour la forme ovale, partie parce qu'elle n'exige point de sabot, partie parce qu'elle donne plus de capacité pour renfermer des balles (III, p. 246).

26. Le capitaine français Mazé (XI, p. 175) donne aussi en faveur de la forme elliptique les deux mêmes raisons et en ajoute une troisième ; il dit qu'on aurait tort d'augmenter l'espace intérieur aux dépens de l'épaisseur du métal et qu'il vaut mieux l'agrandir en abandonnant la forme sphérique ; il cite à l'appui de cette opinion diverses expériences faites sur ce sujet dans plusieurs pays ; du reste l'expérience paraît avoir démontré que les projectiles ovales dégradent l'âme plus que les ronds et qu'on ne pourrait s'en servir sans inconvénient que dans les pièces en fer employées en Norvège.

27. Une question importante est celle de savoir quelle épaisseur de fer il faut donner aux shrapnels ? — Toutes les artilleries s'accordent à donner aux shrapnels une épaisseur moindre qu'aux obus de même calibre, mais elles diffèrent dans les motifs.

Les Anglais donnent une épaisseur moindre pour gagner de l'espace intérieurement (I, p. 84).

Les Saxons, dans leurs expériences de 1835, cherchèrent avant tout à vérifier ce principe que plus l'enveloppe est mince, et plus l'effet sera avantageux ; parce que tout revient d'abord à se débarrasser de l'enveloppe au moyen de la charge et à donner la liberté aux balles de plomb. On fit à cet effet des expériences avec deux obus de 8 livres (152 mm.) dans l'un, le shrapnel avait une épaisseur de métal de $\frac{1}{10}$ du diamètre extérieur, dans l'autre seulement $\frac{1}{15}$ de ce diamètre ; je donnerai plus tard les résultats de ces expériences. D'autres sont d'opinion qu'en renforçant la charge d'explosion l'effet du projectile est notablement augmenté, d'où l'on doit conclure qu'ils demandent une plus forte épaisseur de métal, en tant que l'espace pour les balles ne soit pas trop restreint.

Je ne peux pas me ranger à cette dernière opinion, et je me déclare pour celle de l'artillerie saxonne, ce que je justifierai plus tard lorsqu'il sera question des forces qui se développent dans l'explosion des shrapnels.

28. Dans la plupart des artilleries l'épaisseur du métal des shrapnels a été fixée à $\frac{1}{10}$ du diamètre extérieur. Les Anglais et les Russes ont adopté ces dimensions.

Il n'y a que les Norvégiens qui, pour le calibre de 6 liv., s'en sont écartés et ont donné aux shrapnels une plus grande épaisseur de métal, peut-être parce qu'à cause de la petitesse du projectile on craignit sa destruction dans l'intérieur de l'âme. Le capitaine Mazé dit qu'une diminution de l'épaisseur du métal présente de grandes difficultés, parce qu'il y a à remplir deux conditions contradictoires ; et en effet, les balles de plomb rendent le projectile beaucoup plus lourd qu'un obus ordinaire ; par conséquent il oppose une plus grande résistance aux gaz de la poudre qui réagiraient d'autant plus fort contre le projectile et le détruiraient infailliblement dans la pièce si l'épaisseur du métal était trop faible. A l'appui de cette assertion, il cite ce fait, que les bombes de 32 cent. supportent une plus forte charge que les bombes de 37 cent. parce que celles-ci ayant un poids plus considérable ne présentent pas une résistance suffisante et se briseraient par l'effet seul de la charge si l'on voulait en obtenir des portées aussi grandes que celles de la bombe de 32 cent. Ceci explique pourquoi les obus qui résistent au tir ordinaire éclatent quand on augmente leur poids en ajoutant un certain nombre de balles, (IX, p. 175) ; d'un autre côté, ajoute M. le capitaine Mazé, en augmentant l'épaisseur de métal, on diminue d'une manière désavantageuse l'espace intérieur : ce sont là les contradictions mentionnées.

29. On ne peut pas, sans doute, donner avec avantage aux shrapnels une épaisseur de métal moindre que $\frac{1}{10}$, sans quoi les artilleries des grandes puissances qui ont fait des expériences étendues l'auraient fait, car l'avantage est évident, : les expériences faites à Dresde avec des épaisseurs moindres ne prouvent rien parce qu'elles sont insignifiantes.

30. Quelque épaisseur de métal que l'on adopte, il est clair que le fer des shrapnels doit être de la meilleure qualité, puisqu'en augmentant de poids, ils doivent résister à l'action de la charge : quoique celle-ci soit en général moindre que la charge de guerre ordinaire. Ainsi dans la réception des shrapnels il faut être encore plus sévère que pour les obus ordinaires ; et dans quelques artilleries, on a adopté pour les shrapnels un mode particulier de réception. Les shrapnels dont on s'est servi dans les expériences de Norvège étaient, quant au métal et à la fusion, d'une qualité supérieure (IX, p. 7).

31. Quant au poids, on admet généralement que le poids d'un shrapnel vide doit être la moitié du poids d'un boulet plein de même calibre, il en est ainsi du moins chez les Anglais et les Norvégiens (IV, p. 129, 132).

32. Dans une artillerie allemande on a essayé deux poids différents avec le même calibre, celui du canon de 12. Le shrapnel léger rempli pesant 10 liv. 4 loth et le lourd 10 liv. 21 loth ; vides, ils avaient le même poids, savoir 5 liv. de 21 à 22 loth ; [*] on ne sait pas lequel des deux a eu l'avantage.

---

[*] La livre prussienne est de 32 loth et vaut 0k,4655.

33. Il est de la plus grande importance de fixer le poids d'une manière précise, le nombre des balles de plomb doit être subordonné à ce poids (IX, p. 8). Pour avoir plus de régularité dans les trajectoires, il me paraît donc nécessaire de réduire au même poids les shrapnels de même calibre (de les tarer), comme c'est d'usage dans l'artillerie wurtembergeoise : de cette manière les deux projectiles contiennent rarement le même nombre de balles, mais cela importe beaucoup moins que si les poids différaient de plusieurs loth *.

34. L'intérieur des shrapnels a la forme sphérique seulement dans les artilleries où l'on jette la charge explosive entre les balles : mais on ne manque ni de projets ni d'expériences pour isoler cette charge. Un officier français a proposé de mettre l'un dans l'autre deux obus concentrés, de placer la charge dans l'obus intérieur, et de mettre les balles dans l'intervalle (fig. 2, G.). On pouvait également se servir d'un cylindre pour isoler la charge ; on a aussi mis en question s'il ne serait pas avantageux d'adopter une cloison explosive en fer-blanc mince (fig. 2, H.). Dans le petit segment se trouveront la fusée et la charge, et dans le grand segment toutes les balles (IX, p. 26). On se propose par-là de donner à la charge plus d'action sur les balles, ce qui en effet serait avantageux si, au moment de l'explosion, la fusée était en arrière des balles ; mais si par hasard elle était en avant, ce

---

* Nous ne partageons pas l'avis de Decker, et nous pensons qu'il ne faut pas admettre avant que l'expérience l'ait démontré, qu'il y ait plus d'inconvénient à la variation de poids des projectiles qu'au vide laissé dans leur intérieur. Ce vide peut présenter deux inconvénients : celui d'amener une déformation plus grande des balles par l'action de la charge sur le projectile, et celui de donner une plus grande irrégularité à la trajectoire ; car si le projectile n'est pas bien rempli il est possible que les balles éprouvent pendant le trajet des déplacements qui, faisant varier le centre de gravité du projectile, influent sur son mouvement de rotation et par suite sur la régularité de sa marche dans l'air. Tr.

qui peut arriver par la rotation dans l'air, on aurait précisément l'effet contraire, c'est-à-dire que la charge entraverait la marche des balles : on ne peut donc approuver cette proposition. D'après la même manière de voir, mais qu'on peut aussi combattre par les mêmes raisons, l'effet des projectiles de forme ovale serait avantageux parce qu'on peut placer la charge derrière les balles.

35. Le diamètre de l'œil dans l'artillerie anglaise est plus grand pour les petits calibres, que dans les obus de même nom ; l'œil est, en outre, muni d'un taraudage, afin de consolider la fusée qui est d'un bois tendre, et de n'avoir pas besoin de l'enfoncer très fortement. Mais cette disposition paraît hasardée ; il est vrai que dans plusieurs artilleries l'œil a un taraudage, mais c'est pour visser la fusée quand elle est de métal. Il est de la plus grande importance que la fusée n'ait pas le moindre jeu dans l'œil, ainsi ne pouvons-nous nullement approuver la méthode adoptée par les Anglais.

36. Dans quelques artilleries les balles sont introduites par l'œil ; chez d'autres, en Norvège, par exemple, l'obus a une ouverture particulière (trou de remplissage). Cette ouverture est placée de côté, et a seulement la grandeur nécessaire pour que les balles puissent y entrer une à une. Après que la fusée est solidement fixée dans l'œil, on fait entrer d'abord les balles de plomb, puis la charge, par le trou de remplissage (IV, p. 132), et ensuite on ferme le trou avec un tampon de bois de bouleau (III, p. 134) ; une vis en fer serait préférable, mais le mieux est encore de se passer tout-à-fait de cette ouverture, car il faut ôter au gaz de la poudre toute voie de pénétration dans l'intérieur du projectile qui puisse le faire éclater dans la pièce.

37. Pour plusieurs raisons, il y a avantage à munir le shrapnel d'un sabot, sa position dans l'âme devient plus sûre, l'inser-

tion de la fusée devient plus facile *, le projectile est plus commode à manier, et dans les pièces en bronze l'âme est plus ménagée ; dans l'artillerie wurtembergeoise les schrapnels pour canon et obus ont un sabot qui n'y est pas attaché par des bandelettes en fer-blanc mais, à meilleur marché, par des bandes de toile qui se croisent et sont collés dessus. L'axe de l'œil reçoit une position latérale de 35 à 40°, peut-être par deux raisons : la première pour que la mèche soit plus près des parois de l'âme, et prenne plus facilement feu, et la seconde pour que le refouloir n'endommage pas la fusée.

38. Autant que possible, le projectile doit être attaché à la charge, ce qui simplifie le service.

39. Le vent, et je considère cela comme une chose très importante, doit être porté au minimum, pour empêcher, autant que possible, les battements dans l'âme qui font briser le projectile.

II. *Nombre et poids des balles de plomb.*

40. Chez les uns, les balles de plomb pour les shrapnels étaient anciennement de 22 à la livre prusienne (22^{gr}·15,) et leur diamètre était de 0,6 pouce (15^{mm}.2) (I., p. 84.) Mais plus tard on s'est servi des balles de fusil de 14 à la livre (calibre 17^{mm}.3, poids 31^{gr}· 3) (IX., p. 8.) Dans les expériences de Dresde en 1835, on s'est servi de balles de 0^{po}·54 de diamètre, ce qui fait 20 à 22 à la livre (diamètre de la balle 16^{mm}.0, poids 24^{gr}·5).

A Modlin, en 1835, on s'est servi de balles de fusil russe, de

* Dans plusieurs artilleries la fusée n'est placée, comme nous le verrons, qu'au moment du tir.

Opo.71, (16^{mm}.5, poids 27 grammes.) Un shrapnel de $\frac{1}{2}$ poud, (obus de 20 livres en contenait 85. C'est au grand poids du projectile qu'on doit attribuer les portées extraordinaires qu'ils ont fournis.

Dans l'artillerie wurtembergeoise on s'est servi aussi en 1838 de balles de 18 à la livre; dans les expériences belges de 1835 une balle pesait 1,8 loth il y avait 17 à 18 balles à la livre. En Norvège on s'est servi de balles de 19 et de 20 à la livre. (III, p. 232) un peu plus grosses et plus pesantes que les balles anglaises (IV, p. 135).

41. En général les grosses balles de plomb ont des avantages décisifs sur les petites. Borkenstein dit qu'à de grandes distances le nombre des balles qui frappent seulement sans traverser augmente si notablement qu'il n'est pas possible de se servir de balles plus petites que celles du fusil (IV, p. 142).

De toutes ces assertions, on peut conclure que les principes sur la grosseur et le poids des balles ne sont pas encore solidement établis.

42. Le nombre des balles se règle d'abord sur la grandeur de l'espace intérieur mais n'est pas toujours le même pour le même calibre (I, p. 87), surtout lors qu'on se propose de porter au même poids tous les projectiles, ce qui paraît indispensable pour éviter des inégalités dans le temps du trajet, inégalités qui même sans cela se présentent encore. Et même si on ne pouvait égaliser ce poids qu'en coupant des balles, il faudrait le faire, car c'est un principe essentiel au bon résultat du tir des shrapnels de rendre les éléments aussi homogènes que possible, car nonobstant cette précaution, il se présente encore assez d'anomalies [*].

43. On croit avoir remarqué que la forme ronde des balles est

---

[*] Nous avons dit plus haut pourquoi nous ne partageons pas, à cet égard, l'opinion de Decker.

altérée non-seulement en tombant sur le sol et sur des objets durs, mais aussi pendant le trajet, la pression violente que la charge explosive leur donne, les déforme.

On peut expliquer ceci parce que les balles à cause de leur plus grande pesanteur spécifique cherchent à devancer l'enveloppe en fer, et comme cela n'est pas possible, alors elles se pressent contre la partie antérieure de l'obus. On croit même avoir remarqué qu'elles s'agglomèrent, et plus la charge est forte et plus cette action doit être violente. On assure même que les balles dans la rotation du projectile dans l'air conservent leur position dans le globe creux comme s'ils y roulaient, ce qui peut être exact théoriquement, mais a quelque chose d'invraisemblable dans la pratique.

En général, non-seulement les vues mais aussi les expériences sur ce sujet, sont très diverses. Dans les expériences de Dresde avec les obusiers de 8 livres, les balles n'avaient nullement changé de forme, ce qu'on a constaté par les balles retrouvées. Il est vrai que la charge de la pièce n'était que d'une livre et demie.

III. *Charge d'explosion, son but.*

44. Quelques artilleurs prétendent qu'il est indifférent que la poudre grenée qui sert à l'explosion soit ou ne soit pas réduite en poussier par le transport puisqu'il en reste la même quantité dans le schrapnel (I, p. 86) ; d'autres sont d'un avis opposé et demandent que la charge d'explosion pour avoir son entier effet ne soit mise dans le projectile qu'à l'instant même où on l'emploie, parce que la poudre, si elle est pulvérisée par les balles, peut ne plus conserver la force suffisante (V, p. 139).

En Saxe on suit la première pratique parce que la charge de la poudre grenée réduite en poussier ne nuit nullement.

45. Dans les expériences intéressantes de l'artillerie wurtembergeoise en 1838, la charge d'explosion était uniquement formée de poussier pur, la poudre grenée se réduisait dans le transport en poussier ; mais cette artillerie a fait une expérience remarquable d'une autre espèce, et reconnu que le frottement entre les balles de plomb, produit par la violente impulsion donnée par la charge de la pièce, pouvait enflammer la charge d'explosion, et faire éclater le projectile dans l'âme, ce qui est effectivement arrivé. On se vit ainsi forcé d'employer pour la charge du projectile une poudre tout-à-fait particulière et dont la composition n'est pas encore connue. Je reviendrai plus tard sur cet étrange phénomène.

46. Un officier d'artillerie français a proposé d'isoler la poudre dans une capsule au lieu de la répandre entre les balles de plomb pour donner plus de force d'impulsion aux balles (I, p. 93). Cette proposition, du moins la première, a été essayée dans plusieurs pays, notamment dans l'artillerie wurtembergeoise, mais n'a pas eu un bon résultat : de sorte que l'on est revenu à l'ancienne méthode. D'autres artilleries se sont définitivement prononcées pour l'isolement de la poudre ; d'où l'on pourrait être porté à conclure que la chose n'est pas aussi essentielle qu'on pourrait le croire.

47. Une question plus importante est celle de savoir quelle part prend la charge d'explosion à l'effet des shrapnels, et par suite qu'elle doit être sa force ? Ici les opinions se divisent et prennent des directions opposées.

Les uns prétendent qu'il faut rendre la charge d'explosion la plus grande possible pour porter les balles le plus loin possible : c'est l'opinion de l'officier français, précédemment cité ; d'autres pensent que la charge d'explosion doit être faible et suffisante seulement pour rompre l'enveloppe en fer, parce qu'elle n'a de bonne influence sur les balles qu'au centre ; qu'au contraire, plus elle est forte et plus elle entrave leur effet. Ainsi, il y a une quantité relative et une quantité absolue : la quantité absolue est déterminée par le minimum nécessaire pour rompre la paroi en fer, la quantité relative par un maximum pour porter les bàlles le plus loin possible.

48. En Wurtemberg, on donna aux shrapnels de 12 liv. une charge de 5 loth, suffisante pour rompre l'enveloppe, qui éclata moyennement en 16 ou 18 morceaux. Aux shrapnels de 10 liv., on donna 11 loth, ce qui opéra 30 à 40 éclats ; il paraît d'après cela qu'on y a égard seulement à la quantité absolue et nullement à la quantité relative.

Cela ressort aussi de ce que, plus tard, pour les shrapnels de 12 liv., on ajouta encore un peu plus d'un loth, parce que plusieurs obus étaient tombés sans avoir éclaté ; ainsi, on voulait seulement produire ce résultat. On peut attacher quelque importance à l'opinion de cette artillerie, qui a étudié la question des shrapnels d'une manière très approfondie.

49. L'artillerie norvégienne paraît aussi adopter cette manière de voir; car il est dit (III, p. 233) qu'il faut prendre au moins 7 loth de poudre pour faire éclater le shrapnel de 6 liv., et à cause de cela on a même retiré quelques balles, peu de projectiles éclatant quand ils étaient remplis entièrement de balles avec une charge de 5 loth. Dans quelques projectiles une partie des balles fut projetée hors de l'œil et de l'ouverture de remplissage, sans que l'obus eût éclaté.

50. Dans les épreuves de Belgique, en 1835, on a cherché la charge minimum et non la charge maximum ; car pour déterminer ce minimum, on mit dans le shrapnel de 15°, $7\frac{1}{2}$ loth de poudre et un égal volume de sciure de bois, et on ajouta encore depuis $\frac{6}{10}$ jusqu'à $1\frac{3}{10}$ loth de poudre : on tira de cette manière 18 coups, et dans 8 de ces coups, la fusée fut seulement jetée

dehors, dans 10 l'obus éclata On alla jusqu'à 13 ½ loth, ce qui, dans les autres coups, fut suffisant, et les projectiles éclatèrent l'un dans l'autre en 17 morceaux : ainsi, en tout avec 130 balles et une fusée, on obtint 148 éclats (VI, p. 145).

51. Le colonel saxon B..., qui a beaucoup médité là-dessus , dit d'une manière bien positive : la charge d'explosion n'a point d'autre but que de faire éclater le projectile ; car l'expérience a appris que lorsque les balles deviennent libres, elles sont portées en avant par la vitesse du projectile.

Un autre auteur a posé la question : si l'augmentation de la charge ne serait pas avantageuse, chose que l'expérience seule pourrait décider, mais l'expérience n'a pas été faite, parce qu'elle semble contraire à la théorie (IX, p. 2) ; et le même auteur dit qu'on ne peut admettre comme démontré que la charge ait seulement pour but de déchirer l'enveloppe, sans en avoir donné une preuve positive. De plus, il ajoute qu'on munisse un obus, qui n'a pas éclaté , d'une nouvelle fusée ; qu'on le pousse plusieurs fois et le plus fort possible contre un objet solide, et ensuite qu'on y mette le feu, au milieu d'une caisse. Les balles n'iront pas comme dans un obus nouvellement chargé dans toutes les directions, mais dans une seule ; et, dans le cas décrit, vers le bas et avec une force qui diffère singulièrement de celle qu'on a vu dans les expériences précédentes (IX, p. 26). Cette assertion est digne d'être expérimentée.

52. On ne peut pas nier le fait que des balles de plomb conservent encore à 300 pas du point d'explosion de l'obus, autant de force qu'une balle de fusil ; mais cette balle a, comme chacun sait, une plus grande vitesse initiale que celle d'un obus, d'où l'on peut conclure qu'une influence avantageuse de la charge d'explosion sur les balles est au moins très vraisemblable (IX, p. 50).

53. J'ai rapporté tout ce qui a été dit et écrit sur la matière ; on me permettra maintenant d'y joindre ma propre opinion.

Il y a là deux questions :

(*a*). Dans les expériences faites jusqu'ici, la charge de poudre a-t-elle eu une influence sur l'effet des shrapnels ?

(*b*) Est-il avantageux d'augmenter encore la charge d'explosion?

Quant à la première, je la nie entièrement : la charge ne peut exercer rationnellement aucune influence sur les balles. Le gaz qui se forme, se trouvant dans un état de tension, cherche une issue qu'il ne peut trouver qu'en déchirant l'enveloppe de fer : il est obligé de pénétrer par mille et mille détours entre les balles, et ne peut pas agir sur elles tant que les balles ne sont pas libres. Mais quand le gaz a atteint la paroi et la déchire, alors les balles sont derrière lui, et il pourrait tout au plus les pousser vers l'intérieur du projectile*. Ainsi, en fait, on ne peut pas bien comprendre d'où viendrait l'action de la charge sur les balles de plomb.

Mais, s'il y a plus, la charge de poudre ne peut pas donner aux éclats une vitesse notable, comme le démontrent les expériences instructives de l'artillerie wurtembergeoise, faites en 1838 sur les shrapnels de 12, et dont je veux donner ici quelques extraits.

De 39 schrapnels, tirés à quatre distances différentes, 5 ont éclaté entre les cibles (qui étaient à cinquante pas les uns des

---

* Cette analyse du phénomène de l'explosion ne nous paraît pas exacte. Avant que le projectile éclate, le gaz s'est répandu en effet autour des balles et occupe tous les interstices qui se trouvent dans l'intérieur du projectile, mais au moment où l'enveloppe se brise tout le gaz n'est pas concentré près de l'enveloppe, et quand il peut se répandre dans l'air, la pression diminuant de proche en proche, l'action s'exerce toujours du dedans au dehors, et l'explosion tend à pousser les balles du centre à la circonférence. Cette analyse du phénomène ne s'applique toutefois qu'à l'état de repos, elle serait beaucoup plus compliquée dans le cas du mouvement, et nous ne pensons pas pouvoir la donner dans ce cas. Tr.

autres ; de sorte que la cible n° 4 était à 150 pas de la cible n° 1).

Dans la figure 3, les numéros 1, 2, 3, 4 représentent les cibles ;

Les nombres écrits au-dessous des n°s 1, représentent les portées en pas ;

Les nombres écrits au-dessous de 2, indiquent les nombres de coups qui ont porté ;

Ceux qui sont avant le signe + indiquent les coups qui ont traversé la cible ;

Ceux qui sont après, indiquent les coups qui n'ont fait qu'une empreinte ;

Le petit cercle indique l'endroit ou l'obus a éclaté ;

Le shrapnel n° 4 a traversé la cible 1, et a éclaté à 925 pas et a porté :

1 éclat à travers 2 à 25 pas ;

1 éclat à travers 3 à 75 pas ;

Le n° 5 a aussi traversé la cible n° 1, et a éclaté derrière à 915 pas.

6 ont traversé la cible ⎱ II à 35 pas ;
2 ont frappé ⎰

1 a traversé la cible III à 85 pas ;

2 ont traversé la cible ⎱ IV à 135 pas ;
2 ont frappé ⎰

Le shrapnel n° 13 a passé à travers la cible I, a éclaté à 1240 pas, à 10 pas en avant de la cible II, de ses fragments ;

2 ont traversé la cible II à 10 pas ;

Le shrapnel n° 20 a passé par-dessus les calibres I et II, a éclaté très près et en avant de III à 1295 pas de distance, et a porté 20 fragments dans III.

Le shrapnel n° 36 est tombé devant la cible I et très près, s'est relevé, a traversé les cibles I et II, et a éclaté à 725 pas de distance à une hauteur de 15 pieds, de ses fragments.

2 ont traversé la cible ⎱ III à 25 pas ;
1 a frappé ⎰

1 a traversé IV à 75 pas.

Si on admettait maintenant ce que plusieurs officiers avancent, que la vitesse initiale a déjà beaucoup diminué, surtout à de grandes distances, on ne peut attribuer qu'à la charge d'explosion la vitesse des balles qui traversent à 135 pas une planche d'un pouce d'épaisseur : ce qui n'est guère possible avec une charge de 6 loth seulement. Il faudrait aussi admettre, dans cette hypothèse, que, l'explosion partant du centre du projectile et la charge agissant dans toutes les directions, la même force qui a poussé avec tant d'intensité quelques balles en avant aurait dû pousser aussi quelques fragments en arrière et comme les projectiles ont éclaté entre les cibles, quelques balles auraient dû frapper les cibles en arrière. Par exemple pour le shrapnel le n° 5 qui n'a éclaté qu'à 15 pas de la partie postérieure de la cible n° 1 ; mais jamais on n'a vu qu'une balle d'un projectile éclaté entre deux cible ait frappé et traversé une des cible par derrière, si l'on répondait que la force d'explosion était dépassée par la vitesse du projectile de manière qu'il ne pourrait pas y avoir d'effet rétrograde : alors on accorde tout ce qui est contesté, savoir que la force projective était encore assez forte pour produire les phénomènes ci-dessus rapportés, quoiqu'elle eût porté déjà le projectile environ 1200 pas à travers l'air.

54. Il est si clair qu'un projectile éclatant dans l'air ne peut lancer un fragment en arrière sans que la force explosive soit plus grande que la force projective qu'il n'est pas besoin d'en fournir d'autre preuve : * ainsi l'auteur du docume IX a grandement raison de dire, p. 18 : qu'il n'y a pas de motif pour que les fragments ne soient pas lancés en arrière quand on emploie de fortes charges d'explosion : un obus de 10 rempli de 1 liv. de

---

* La force d'explosion n'est pas la seule qui puisse lancer des balles ou des éclats en arrière; nous verrons plus loin que la force centrifuge, résultant du mouvement de rotation, peut aussi produire ce résultat. Tr.

poudre porte ses fragments à 800 pas : ce qui ne serait pas possible si la charge d'explosion ne communiquait pas une vitesse assez considérable aux fragments ; mais lorsque le major Blesson soutient (VIII p. 134) que l'œil se trouve toujours dans la partie postérieure, on n'en voit pas la raison ; car, par l'effet de la rotation, l'œil se trouve tantôt derrière tantôt devant.

55 Les expériences rapportées ci-desus me donnent la conviction que si l'on ne peut absolument nier que la charge d'explosion n'ait quelqu'influence sur le trajet des éclats, cette influence est cependant très faible et beaucoup moindre que celle de la charge de projection. Je traiterai ce sujet plus tard, d'une manière plus explicite, lorsqu'il sera question de la charge de la pièce et des forces qu'elle développe dans le tir des shrapnels.

56. La seconde question, savoir s'il faut augmenter la charge d'explosion, n'est plus un fait à décider ; la chose est tellement essentielle qu'elle n'aurait échappé à aucune artillerie, si cette augmentation eût présenté, quelque avantage c'est ce qui n'a pas eu lieu. Voici les poids en loth de toutes les charges d'explosion dont j'ai eu connaissance.

Calibres.	Canons de				Obusiers de		
	6	12	18	24	5 $\circ$ $\frac{1}{2}$	8 liv.	6°
Angleterre.	4 $\frac{3}{4}$	8 $\frac{1}{2}$	10	12	11 $\frac{1}{2}$	"	13 $\frac{1}{2}$ [1]
Norwège.	7	8 $\frac{1}{2}$	"	"	"	"	"
Belgique.	"	"	"	"	13 $\frac{1}{2}$	"	"
Saxe.	"	8	"	"	lourd } 20 court } 17		"
Russie.	"	"	1	"	"	"	8 $\frac{2}{8}$
Wurtemberg.	1	6	8	"	"	"	20
Les charges pour les obus or-dinaires en loth.	8	12	16	24	24	28	32

(1) Nous laissons ces poids exprimés en loth, parce qu'ils rendent la comparaison plus facile : il faut seulement se rappelerque le loth estle1₁32 de la livre de Prusse et par conséquent de 0k.,0146.

Des charges aussi fortes n'ont jamais été employées, dans aucune artillerie, pour des shrapnels.

57. En considérant donc la chose sous le point de vue théorique, une forte charge d'explosion produirait plus d'inconvénients que d'avantages; au lieu d'augmenter la vitesse des balles, elle l'entraverait, les pousserait les unes contre les autres, et par la réaction, elles se répandraient dans une sphère plus étendue qu'il n'est utile au bon effet. Les balles, après l'explosion, ne doivent ni trop s'agglomérer, ni trop diverger. Lorsque l'enveloppe est brisée, les balles se touchent, mais l'air qui, pendant leur mouvement, est comprimé dans leurs intervalles, les sépare et donne à leurs mou-

vements une direction conique convenable, sans qu'il soit besoin d'introduire un nouvel élément pour agrandir le cône de dispersion.

58. En résumant, je maintiens :

(*a*) Que la charge d'explosion ne doit pas avoir d'autre but que de rompre l'enveloppe et de mettre en liberté les balles.

(*b*) Qu'il faut tendre à réduire la charge d'explosion à un minimum, en évitant toutefois le risque de faire sauter la fusée sans faire éclater le projectile.

(*c*) Que par la même raison ce serait une faute que d'employer une trop forte charge, qui ne peut avoir d'autre effet que de disperser les balles plus qu'il convient, et de diminuer ainsi l'effet du projectile.

IV. *Fusées. Leur construction. Manière de les régler.*

59. Il est presque inutile de dire que la fusée est la partie la plus importante dans la disposition des shrapnels. Une fusée mal réglée ou mal construite annulerait tout l'effet, et rendrait le shrapnel inférieur à l'obus ordinaire. Il vaudrait mieux que le projectile n'eût pas de fusée que d'en avoir une mauvaise, parce qu'alors on aurait moins la ressource de tirer le projectile comme boulet plein, ce qui n'est plus possible quand l'explosion doit avoir lieu en un moment inopportun.

60. La question des fusées a vivement occupé les artilleurs et excité leur génie inventif. La bonne solution est encore à trouver; car même chez ceux qui croient la posséder, il se présente toujours ou des ratés ou des explosions qui se font trop tôt ou trop tard

61. La fusée doit se conserver, pouvoir résister contre les influences atmosphériques, et remplir encore les conditions suivantes :

(*a*) Elle doit être réglée uniformément jusqu'aux tierces.

(*b*) Elle ne doit pas brûler trop lentement, sans quoi, pour de petites portées, les fusées seraient trop courtes ; elle ne doit pas brûler non plus trop vite, car pour de grandes distances il faudrait employer une trop grande longueur : ce qui diminuerait la capacité du projectile.

(*c*) L'œil doit être fermé hermétiquement ; sans cela, l'éclatement dans l'âme est inévitable.

(*d*) La fusée doit pouvoir être réglée, à volonté, d'une manière sûre, l'opération doit pouvoir se faire facilement et promptement même pendant le combat, et à toutes les températures ; la fusée elle-même, et les opérations qu'elle nécessite, ne doivent pas être trop compliquées ; il importe qu'elles soient les plus simples possibles.

L'importance du sujet exige impérieusement qu'on le traite d'une manière complète et détaillée ; il faut étudier toutes les dispositions connues, afin qu'on sache ce qui existe, et quel est le champ d'amélioration qui est encore devant nous.

62. D'après le document XII p. 159), Miethen est le premier qui ait d'écrit l'art de régler les fusées, c'est-à-dire de varier les longueurs de composition d'après les portées ; il conseille de percer des trous à la partie inférieure plutôt que de couper.

63. Nous allons d'abord parler des fusées anglaises parce qu'elles sont les plus anciennes, et que leur construction provient probablement de l'inventeur du projectile. Les premières fusées

anglaises étaient des tubes en bois tournés coniquement d'après la forme de l'œil, et sans tête ; à leur extrémité supérieure elles avaient un creux hémisphérique suivant les uns (XVI, p. 38), et suivant les autres, de forme conique? dont le plus grand diamètre était vers le bas là où commençait la composition, pour que le feu s'y mît plus facilement (I, p. 89); la composition était immédiatement battue dans le tube sans enveloppe de papier, et pour qu'elle s'y fixât plus solidement, le canal avait des incisions annulaires opérées au moyen d'un instrument particulier ; aux deux extrémités de la composition étaient deux de ces incisions, et il y en avait de pareilles distantes l'une de l'autre de $\frac{2}{10}$ de pouces.

64. Les nouvelles fusées anglaises pour l'artillerie de campagne ne sont plus confectionnées en bois, mais faites de papier, (*British Gunner*, p. 228) ; toutefois on parle aussi d'autres fusées en bois revêtues intérieurement en papier rude et gros, qui maintient mieux la composition que du papier uni et fin (IV, p.135).

65. Autrefois les Anglais transportaient 6 espèces de fusées déjà taillées pour 6 portées diverses et elles étaient diversement coloriées pour les distinguer ; on a abandonné cela ; on les gradue maintenant au moyen d'une tarière de construction particulière qui porte le nom de vrille à fusée (*fuze auger*) ; on les gradue aussi bien d'en haut que d'en bas. On dit que c'est l'invention d'un officier saxon (XII, p. 159). A cette fin les fusées sont graduées extérieurement de dixième en dixième de pouce, les graduations portent des lettres depuis A jusqu'à Q et encore plus loin : ce qui devient compliqué ; la plus longue fusée va jusqu'à la lettre R et est disposée pour une longueur de 1.7 pouces. Plus tard on a aussi abandonné les lettres et on s'est borné à trois espèces de fusée ayant des longueurs de 0,4, 0,6, 0,8 pouces enfermés en autant de boîtes de fer-blanc de couleurs blanches, bleues

et noires ; pour les distances intermédiaires on a recours à la méthode du percement.

66. On ne sait pas au juste comment les Anglais s'y prennent pour mettre leurs enveloppes de papier dans le tube en bois ; on croit savoir que la partie supérieure de ce tube est munie d'un pas de vis qui reçoit un cylindre métallique dans lequel on enfonce l'enveloppe de papier. Les fusées en bois avec des enveloppes de papier seront, dit-on, réservées pour la guerre de siège dans laquelle on n'a pas besoin de diminuer autant la place occupée dans le transport. Il paraît du moins résulter du *British Gunner*, p. 8 et 9, que ces fusées ne sont plus en usage dans l'artillerie de campagne ; l'enveloppe de papier dont les Anglais se servent peut être motivé sur l'inconvénient que présente le bois de s'égrener quand on le creuse.

67. L'artillerie de Norwège se sert d'une espèce de fusée connue sous le nom de fusée de Helvig ; mais ces fusées étaient déjà connues au dernier siècle dans l'artillerie saxonne, de là elle ont passé en Prusse où le général de Blumenstein les a perfectionnées ; on dit que les Danois ont aussi adopté ces fusées (IX, p. 13).

La fusée dite Helvig est tournée en bois (fig. 4, *A*) (*AB*) ; mais le canal ne le traverse pas entièrement, le feu est communiqué par deux petits canaux latéraux G, G. Comme la composition est pressée dans une enveloppe de papier de carton au moment de se servir du projectile, on coupe cette enveloppe et on l'introduit dans le tube en bois placé à l'avance dans le projectile, afin que cette enveloppe de papier ne s'enfonce pas trop et ne bouche pas les canaux latéraux : le canal principal a un rétrécissement à la partie inférieure ; pour éviter que la poudre du projectile ne sorte dans le transport par les canaux latéraux, on ferme la partie supérieure par un bouchon de bois (**IV, p. 131**).

68. Les Norwégiens ont aussi des fusées taillées et non taillées, en outre ils ont encore recours à la méthode des percements ; les fusées coupées renfermées dans des boîtes de diverses couleurs sont graduées d'avance pour les distances de 700, 900, 1200 aunes, * les fusées non coupées doivent servir et sont calculées pour les distances de 1400, 1600, 1800 et 2000 aunes et ont à cet effet des lignes de graduation correspondant à ces distances (III, 234). — Comme les dernières fusées sont disposées pour des distances paires, il paraît en résulter qu'on a recours au percement pour les distances impaires ; les fusées de Helvig passent pour éminemment pratiques (IX, p. 14).

69. Le diamètre de la composition n'a pas besoin d'être plus grand que $\frac{3}{10}$ de pouce (IV, p. 138), au-dessus on met une amorce ordinaire, formée de pulvérin et d'eau-de-vie (III, p. 233), mais point de mèche (IV, p. 135) ; d'après Borkenstein l'amorce ne doit pas être du pulvérin, mais de la composition même pulvérisée que l'on rend adhérente au tube au moyen de la térébenthine épaissie ; l'amorce doit aussi former à la partie supérieure de la composition une surface inclinée, de manière que quand l'amorce est allumée la composition prenne feu aussi (IV, p. 155). Cette description est un peu obscure ; du reste on dit que l'amorce décrite ci-dessus est très solidement fixée (IV, 135) ; la mèche ordinaire en coton dont les Anglais se servent paraît avoir lentement communiqué son feu dans les expériences de Norwège.

70. Les fusées proposées par Borkenstein sont autrement disposées ; le tube en bois est placé dans l'œil comme à l'ordinaire ; mais au-dessus de l'enveloppe en papier est placé un petit anneau

---

* L'aune équivaut à 0 m. 6649.

en bois qui la maintient et qui ne peut pas être chassé parce que le projectile ne peut pas tourner dans l'âme (il est ovale comme nous savons). L'anneau en bois à 0,30 pouces de hauteur (7^{mm}, 8) et 0,20 pouces d'épaisseur (5^{mm}, 2); on peut le remplacer, comme il est d'usage dans l'artillerie norwégienne, par une bande de papier collé, on peut aussi donner la forme conique à la fusée en papier, mais il faut que la composition reste toujours cylindrique.

71. La fusée de Borman est celle dont la description est la plus incomplète et il paraît que cela a été fait à dessein ; on voulut éviter de se servir d'un tube en bois qui ne peut recevoir une grande longueur sans avoir une trop grande saillie au dehors, ou sans rétrécir la capacité intérieure de telle sorte que même pour des compositions très rapides, on n'obtient que des subdivisions très petites qui ont besoin d'être réglées avec une extrême précision : mais l'inconvénient subsiste toujours de ne pouvoir pas placer la fusée avant de connaître la portée (IV, p. 154,) mais ce n'est pas là qu'est le mal, car l'insertion peut considérablement se simplifier.

Le capitaine Borman s'est donc servi d'une fusée en métal, sans en faire connaître l'alliage (probablement de plomb et de zinc).

Cette fusée ferme l'œil complètement, et son tube prismatique (?) est posé extérieurement en rond autour de l'œil, ou plutôt il pose dans la fermeture métallique même : par là il obtient cet avantage que l'anneau circulaire s'alonge et peut être chargé avec une composition rapide par lequel les degrés de graduation deviennent plus grands et par conséquent moins sensibles. Le shrapnel ainsi construit peut être mené en campagne, et la graduation s'opère sur le projectile même; la composition est aussi mise à l'abri de toute influence atmosphérique (VIII, 137), — une telle fusée pèse 13 loths et ne donne qu'un seul éclat, et on dit qu'elle n'est pas plus chère qu'une fusée en bois (VI, 154) *, dans les expériences faites en 1835 (près de Braschaet), avec 51 fusées à la Borman : 5 n'ont pas éclaté, 3 brûlèrent trop rapidement en tombant au point de chute, ainsi sur 51,9 ont manqué, presque la 5me partie : ce qui n'est pas une grande recommandation pour une invention qu'on a prônée avec beaucoup d'emphase.

72. La fusée peut sortir du projectile même avant le point de chute, ce que j'ai éprouvé moi-même, et ce qui détruit complètement une assertion énoncée (IX, p. 14).

73. Le plus grand avantage que la fusée Borman, d'après son idée fondamentale, puisse procurer, consiste à n'avoir pas besoin de mener avec soi aucun approvisionnement de fusées graduées ; car si on mène avec soi de ces fusées graduées de $\frac{1}{10}$ en $\frac{1}{10}$ de pouce, elles formeront déjà le $\frac{1}{5}$ ou le $\frac{1}{6}$ de tout l'approvisionnement. Il peut arriver que quelques espèces même restent inutiles pendant toute une campagne; ce qui d'ailleurs, si les fusées n'étaient pas trop volumineuses, ne serait pas un grand malheur.

74. En 1835, dans les expériences de Dresde, les fusées saxonnes étaient au commencement des fusées d'obus ordinaires en bois (B, fig. 4). La forme extérieure était modelée sur celle de l'œil, la hauteur entière était 1p.$\frac{44}{100}$ de pouce, la tête avait 0,22 de pouce de profondeur ; par conséquent la composition avait 1po22 de hauteur, et avait 0,27 de pouce de diamètre, et celui de la tête était de 0,72 pouces. On dit que cette fusée a mis 18" à brûler ; mais dans les expériences ces fusées se sont si mal comportées qu'on a adopté une autre construction qui de là est passée chez les Russes.

75. Ce nouveau tube (C, fig. 4) était comme le précédent tourné

---

* Quelque imparfaits que soient tous ces renseignements, le lecteur verra plus tard que la sagacité d'un officier d'artillerie allemande, a trouvé le sens de tout ceci, évidemment caché à dessein.

en bois, il s'adaptait exactement dans l'œil, mais le canal fut élargi jusqu'à 0,30 pouces (7^{mm}8), avec un rétrécissement de 0,10 pouces (2^{m}60) vers le bas ; on forma ainsi une lumière pour la charge explosive, et en même temps le petit canal empêchait le tube, renfermant la composition, de tomber ; ce tube *mn* était de papier proprement roulé, ayant en haut un étranglement de la forme d'un petit serpenteau ; toute la hauteur était de 2,40 pouces (35^{mm}5), la tête avait 0,18 pouces (4^{mm}6), le diamètre extérieur 0,30 pouces (1^{mm}8), le diamètre intérieur 0,22 pouces (5^{mm}7), et l'épaisseur du papier 0,04 pouces (0^{mm}9). La fusée portait à l'extérieure une échelle de onze divisions dont chacune répondait à 1″ de temps de combustion ; on espérait avec 1″ suffire aux plus grandes portées ; pour conduire le feu dans la fusée on employait une mèche passée en croix au travers de la tête, on se servait pour cela d'une forte aiguille à coudre ; chaque mèche consistait en quatre fils de coton fin ; car on a reconnu, par l'expérience, que ces fils gardent mieux le feu que ceux de chanvre.

La fusée en bois était solidement placée dans l'œil. La fusée en papier était réglée en la coupant avec un couteau tranchant : ce qu'on peut faire facilement et sûrement même dans la batterie. La fusée ainsi réglée était enfoncée dans le tube en bois qui avait été jusqu'ici bouché avec de l'étouppe et il était comprimé au moyen d'un tampon terminé en bas par un petit bouton rond, jusqu'à ce que la tête fût de niveau avec la surface du bois.

76. Les premières expériences faites avec ces fusées donnèrent des résultats extrêmement étranges. Quelques-unes brûlèrent si promptement que 0,80 de pouce (2^{mm}08) de composition ne durèrent que 6″ de temps (ainsi 0,13 pouces pour 1″). D'autres de 1 pouce brûlèrent également en 6″, une troisième de 1^p·20 ne mirent que 5″, et dans le premier coup le projectile éclata à 800 aunes, c'est-à-dire en l'air, et devant le but, et dans les coups suivants il éclata 200 pas plus près du but ; on ne se laissa pas rebuter, et on changea le dosage de la composition (n° 2 de la table, paragraphe 85). On prétend avoir obtenu avec cette nouvelle composition des temps bien réglés, mais on peut mettre en doute que la petite longueur de $\frac{1}{10}$ de pouce ait mis 1" entière à brûler.

77. Les fusées employées par les Russes aux expériences de Modlin, en 1835, étaient imitées des fusées saxonnes (peut-être confectionnées à Dresde même), longues de 1ᵖ·26, ont mis 14" à brûler, ainsi à chaque seconde correspond une longueur de 0,07 pouces (2ᵐᵐ4); si cela est vrai, la composition était extrêmement paresseuse.

78. L'artillerie wurtembergeoise a employé jusqu'en 1838 des fusées en bois de même grandeur pour tous les calibres, ce qu'on doit regarder comme très convenable ; elles avaient 1,53 pouces de longueur et avaient en haut une mèche de 5 pouces de longueur. On s'est servi de quatre diverses espèces de fusées.

N°		de		lignes sur		
1	de	4	lignes sur	900	800	pas.
2		6		1,100	1,000	
3		8		1,300	1,200	
4		10		1,500	1,400	

Ces fusées ont servi aux expériences qui seront décrites ultérieurement d'une manière détaillée, et se sont en général bien comportées. Cependant on crut remarquer que le bois n'était pas une matière assez solide, parce qu'il est sujet à se déjeter et à se fendre : alors on essaya de fondre des fusées en plomb, de les tarauder et de les visser dans l'œil. Mais l'épreuve n'eut pas un heureux résultat, de manière qu'une seule de ces fusées fut employée dans ces expériences (au coup n° 7).

79. Alors parut l'écrit de Borman qui donna à la question des

fusées en Wurtemberg une direction toute nouvelle; quelque imparfaite que fût la description de la fusée belge, elle suffit pourtant à la sagacité d'un officier instruit, pour qu'il parvînt à imiter
ces fusées. Comme elles n'ont encore été nulle part décrites
avec précision, et encore moins rendues sensibles par le dessin,
c'est peut-être rendre service à la science que de remplir ici cette
lacune.

Le métal consiste dans une composition de plomb et de zinc en
parties égales, il est coulé dans un moule de laiton. La fig. 5, A
montre la fusée de profil ; elle pose sur l'obus par le plan ab ; la
partie conique qui est plus bas se loge dans l'entonnoir de l'œil
quand on visse la fusée dans le taraudage de l'œil ; la saillie supérieure f sert à recevoir la composition comme nous allons le voir
tout à l'heure : la fig. 5, B montre la fusée par en haut, et la fig.
C est une courbe passant par la ligne P E; on y voit, sur cette
dernière, deux anneaux concentriques qui forment un creux circulaire i où la composition est tassée dans le cylindre intérieur y,
on met ensuite l'amorce, et à un endroit des parois annulaires se
trouve une lumière qui communique avec un canal incliné, à
travers lequel le feu est mis à la composition ; tout près de la lumière l'anneau creux i est interrompu par une plaque n par lequel
la composition est forcée de brûler en cercle jusqu'à la lumière, et
pour que le feu puisse passer plus facilement, le canal oblique est
rempli de poudre de chasse à la manière des étoupilles.

80. La compression de la composition dans l'anneau i ne présente point de difficulté ; les tampons sont des anneaux en fer,
et la presse est une presse semblable à celles des monnaies ; en
dessus, on place un disque métallique très mince qui couvre la
composition et ferme hermétiquement. Enfin on colle dessus un
disque de papier, comme échelle (elle peut aussi être de zinc
mince), qui est partagé en plusieurs parties, à chacune desquelles
répond une seconde de combustion. Afin que le gaz de la poudre

ne puisse pas pénétrer entre les pas de la vis, on y visse en même temps un disque de cuir qui opère la fermeture hermétique de l'œil ; pour graduer, le disque est coupé par un ciseau tranchant à l'endroit désigné, ce qui se fait très promptement et avec sûreté. On n'a pas remarqué qu'avec ces fusées, il y ait eu plus de ratés qu'avec d'autres, elles se sont bien comportées dans les expériences ultérieures de 1839.

81. La fusée Parisot est représentée fig. 6, **A.** Les Piémontais l'ont employée dans leurs expériences........ *.

82. Pour la composition, on emploie le poussier pur que l'on bat au mouton par petites portions égales; le mouton est en bois et tombe chaque fois juste de la même hauteur. Pendant cette opération, les trous sont bouchés avec de petits bouchons en plomb que l'on retire plus tard. Afin d'avoir toujours dans le chargement des portions égales. On s'est servi d'un instrument ingénieux.

Pour la graduation, on tire l'un des quatre fils de laiton avec un crochet, alors l'une des lumières devient libre tandis

---

* La description que fait **Decker** de la fusée Parisot est trop peu exacte pour que nous la rapportions. Voici en quoi consiste cette fusée, dont on trouvera le dessin dans la dernière planche :

Elle diffère des fusées ordinairement employées en France, en ce que son canal n'est pas percé d'outre en outre, mais laisse un massif à sa partie inférieure ; ce massif, qui est terminé par une demi-sphère, est entouré d'une double lame de fer-blanc destinée à l'empêcher d'être déchiré quand on l'enfonce avec force au milieu des balles. La partie supérieure de la fusée est consolidée par une virole de cuivre qui doit joindre parfaitement avec les parois de l'œil. L'idée particulière à cette fusée consiste dans le moyen employé pour permettre de communiquer le feu à volonté à plusieurs distances. pour cela, **M. Parisot** a imaginé de percer plusieurs trous latéraux communiquant du canal de la fusée à l'intérieur de l'obus : ces trous, percés à diverses distances de l'extrémité, ne se trouvent pas sur une même génératrice ; tous, à l'exception de celui qui, étant le plus éloigné, correspond à la plus grande distance, ont une fermeture qui, pouvant s'ôter à volonté, permet de communiquer le feu par le trou, et par conséquent à la distance que

que les trois autres restent fermées : outre l'inconvénient
de ne varier le tir que pour quatre distances, cette fusée en présente encore d'autres qui sautent aux yeux. Si par mégarde on
avait tiré le fil qu'il ne fallait pas, il n'y aurait plus moyen d'y
remédier.

83. La fusée de Meyer est ainsi décrite * : dans l'axe de
la composition se trouve un fil uni qui peut être retiré à volonté ;
lorsque la composition a brûlé jusqu'à ce point alors le reste part
comme une fusée ordinaire; il ne peut y avoir rien de plus impar-
fait; le moindre choc contre le fil changera de suite toute la graduation.

84. L'auteur de l'écrit (n° XII, signé J.) propose une fusée
extrêmement ingénieuse, mais sur laquelle nous ne nous arrêterons pas parce qu'elle est trop délicate pour la pratique ; la
graduation s'opère par une clef de la même manière que pour
monter une montre.

---

l'on veut. Pour ne pas trop compliquer ce service, le colonel Parisot avait
réduit les ouvertures à trois; et la dernière, restant libre, les deux autres
étaient fermées de la manière suivante : un fil de laiton , muni d'un peu de
cire, était introduit par sa pointe dans le trou, de manière à le boucher bien
exactement, sans pénétrer jusqu'à la composition; puis le reste du fil était ra-
battu sur une des génératrices du cylindre de la fusée. Pour éviter qu'il fût
en saillie, on creusait une petite rainure dans laquelle il était logé, en la fer-
mant hermétiquement, du moins dans la partie supérieure serrée par la virole de cuivre dont nous avons parlé. Quand on voulait ouvrir une des ouvertures, on le faisait au moyen du dégorgeoir ; celui-ci portait à la partie antérieure de sa douille une lame de fer saillante à laquelle était pratiquée une
fente : le fil de laiton, introduit dans cette fente, y était arrêté par une saillie
pratiquée à son extrémité tordue : la main avait ainsi beaucoup de force en
appuyant le dégorgeoir sur la fusée pour le faire tourner et déboucher le trou,
sans cependant enlever entièrement le fil de laiton. Cette précaution était
nécessaire, sans quoi la rainure aurait laissé passage au gaz de la charge.

* *Technologie de l'artillerie*, t. I, p. 458.

85. Il y en a beaucoup qui pensent que le secret des shrapnels consiste dans la composition, mais ils sont dans l'erreur: j'ai réuni ici dans une table tout ce qui a été publié là-dessus ; la dernière colonne donne la hauteur de composition qui met une seconde à brûler; chaque mélange est rapporté à 100.

	Poids proportionnels				
	salpêtre.	soufre.	pulvérin	charbon	hauteur de combustion en pouces.	hauteur en millimètres.
Angleterre.	46.4	14.3	39.3	"	0.24	6.2
Britich-Gunner. . .	"	"	100.0	"	?	?
Norwège.	15.8	10.5	73.7	"	0.48	12.4
Belgique.	"	"	100.0	"	?	?
France.	"	"	100.0	"	?	?
Saxe. . . { 1. . . .	61.5	15.4	15.4	7.7	0.68	17.6
Saxe. . . { 2. . . .	"	38.5	46.1	15.4	0.10	2.6
Russie.	"	38.5	46.1	15.4	0.09	2.3
Wurtemberg.	40.0	20.0	40.0	"	?	"
Suède.	15.8	10.5	73.7	"	0.48	12.4

86. J'ai déjà dit plus haut qu'il n'est pas avantageux de rendre la composition trop rapide (IV, 135), quoique cela rende les fusées moins courtes pour les tirs aux petites distances ; parce qu'elles seraient trop longues aux grandes. Ainsi les Anglais se sont vus forcés en plusieurs circonstances de retirer des balles de plomb pour placer la fusée, ce qui peut être, sur le champ de bataille, une opération assez embarrassante. C'est pour cela que beaucoup d'officiers proposent d'éviter cet inconvénient en renforçant l'œil intérieurement et extérieurement pour obtenir la profondeur nécessaire à la fusée, (IV, p. 36,). Le capitaine Straith pense qu'aucune fusée, pour être solide, ne doit avoir moins de 1 pouce (26^{mm} 1) ; si on a besoin que la composition soit plus courte il faut en enlever une partie, (V, p. 145).

87. En Norwège, quand on a besoin d'une grande longueur de composition, on laisse saillir la fusée de quelques lignes sur l'obus, ce qui cependant ne peut pas être regardé comme exempt d'inconvénient même lorsque le projectile est ensaboté ou qu'il ne peut pas tourner dans l'âme à cause de sa figure ovale ; il est vrai qu'on obtient par là des fusées qui brûlent pendant 8" tandis que si la fusée était coupée à hauteur de l'œil, elle ne durerait que 5" $\frac{1}{2}$ (III, 234).

88. On a proposé de se servir pour les shrapnels de la composition en usage pour les fusées des obus afin d'obtenir une simplification, mais nous ne pensons pas que cela soit avantageux : un autre but exige d'autres moyens, et quand on veut trop généraliser ce qu'on croit avoir gagné est ensuite perdu au double par d'autres inconvénients.

89. Borkenstein pense aussi qu'avec des petites fusées, il est à craindre que les gaz de la charge n'occasionent l'éclatement du projectile dans l'âme ; et que, même une saillie autour de l'œil ne serait pas un remède efficace, (IV, 132,) la chose essentielle est toujours, comme on l'a déjà remarqué, que l'œil soit fermé hermétiquement.

90. C'est pour la confection des fusées, je le répète, que chacun garde le secret qu'il croit posséder : aussi tout ce que j'ai pu

ramasser par-ci par-là sur ce sujet reste-t-il toujours un peu problé-
matique ; la manière même de mélanger les ingrédients exerce
sur la bonté des fusées et sur la régularité de la combustion une
très grande influence.

Chaque artillerie a là-dessus son procédé particulier, et chacun
croit être dans la meilleure voie : * plus le mélange est intime
mieux il vaut ; les uns chargent la fusée par le battage les autres
par le moyen de presser.

91. Les Saxons sont les premiers qui ont essayé de comprimer
la composition dans les tubes, au moyen d'une presse, ce qui ne
réussissait pas d'abord, jusqu'à ce qu'on eût inventé une presse
particulière et ingénieuse qui remplit bien le but. L'artillerie
wurtembergeoise se sert aussi avec avantage d'une presse. Les fusées dont on s'est servi à Modlin étaient aussi faites par la presse
qui est même employée en Autriche pour les fusées des obus ordinaires. Les Français et les Piémontais battent leurs fusées, d'autres nations se servent de la presse hydraulique.

92. Il reste encore à parler de la graduation : tout ce que la
théorie peut dire là-dessus est exprimé dans ces mots du colonel
saxon B. que nous allons rapporter.

« Comme la longueur des trajectoires dépend de la distance du
but que l'on veut atteindre, et qu'il est important de faire éclater
le projectile à un point donné de la trajectoire pour obtenir le
plus grand effet possible, il s'en suit que la longueur de la fusée
doit être dans un certain rapport avec la distance du point où elle
éclate au point de départ, et que par conséquent les longueurs
des fusées doivent varier. Si on veut avoir des fusées aussi longues

---

* Il est à remarquer que dans l'artillerie wurtembergeoise, le mélange de la
composition s'opère dans un tonneau, avec un certain nombre de balles de
plomb, et non pas de bronze.

qu'il est nécessaire pour la plus grande portée (1,900 à 2,000 pas), alors, pour des distances plus petites, il faut raccourcir la fusée, ce qui évidemment ne peut se faire que dans la batterie, et dans l'instant où l'on veut tirer le shrapnel ; il devient pour cela nécessaire de transporter les fusées à part, mais le procédé, pour les porter à la longueur convenable, est aisé (?)[*]. Dès que la distance est connue, on enlève par en bas autant de composition qu'il le faut pour atteindre jusqu'au point d'éclatement, et ces diverses mesures doivent être marquées sur la partie extérieure du tube. »

Tout ceci paraît étonnamment aisé et plausible, au premier abord ; mais dans l'exécution il se présente des difficultés moins faciles à surmonter qu'il ne le semble à l'écrivain, dans son cabinet.

93. La graduation des fusées peut s'opérer de plusieurs manières.

(*a*) Ou bien, on coupe la fusée avec un couteau très tranchant, comme le font les Saxons ; on peut aussi se servir avantageusement de ciseau de certaine forme (IX, p. 13). Les Russes emploient pour cela un couteau très tranchant, courbe comme une faucille ; dans tous les cas il faut que leur enveloppe à couper soit en papier.

(*b*) Ou bien on ôte la composition avec une vrille, soit par en bas, soit par en haut ; mais cela ne peut se faire que pour des tubes en bois, comme ceux de l'artillerie anglaise.

(*c*) Ou bien on abat, avec un ciseau, les parois annulaires qui entourent la composition, c'est ce que font les Belges qui ont été imités en cela par une artillerie allemande.

[*] Les Allemands et les Italiens emploient ce signe pour exprimer le doute ; nous l'adoptons.

94. Qu'il me soit permis à cette occasion de dire que le forage des fusées peut être bien chanceux, même en faisant abstraction de l'égrénement qui peut s'y opérer ; il est vrai, le foret peut y être introduit de manière à être arrêté, au moyen d'une vis, à une longueur voulue, ou être arrangé de telle sorte qu'une saillie l'empêche de pénétrer plus avant qu'il ne faut ; mais toute pointe d'acier quelle que soit sa forme est de nature délicate, sujette à se rouiller, à s'endommager, de manière que dans le cours d'une campagne, elle peut bien ne plus conserver sa longueur normale, et les changements entraînent toujours une perte de temps. Ajoutez à cela que les fusées des shrapnels doivent être graduées avec beaucoup de précision, car déjà la centième partie d'un pouce suffit pour changer le temps de la combustion plus qu'il ne convient à la trajectoire qu'on veut obtenir ; ainsi le foret doit donc être réglé avec une précision extraordinaire, et conserver toujours cette précision. Ainsi tout forage apporte donc un nouvel élément d'incertitude dans une affaire qui exige déjà sans cela assez de précision, et toutes les opérations délicates ne conviennent point pour le service en campagne.

95. Tout bien considéré, il sera plus avantageux de transporter des fusées déjà graduées, déjà coupées ; on évitera mieux par-là les erreurs et les accidents. Pour aucun calibre on n'a besoin de s'approvisionner que pour six portées, et comme les fusées des shrapnels n'ont qu'un petit volume, on peut en emmener de grandes quantités sans qu'il en résulte de graves difficultés de transport.

Mais l'action de couper, c'est-à-dire de graduer les fusées exige de grands soins ; ce qu'il y a de mieux, c'est de les faire sur un banc à tour, à l'aide d'un moteur ; il n'est pas convenable de couper les surfaces tout-à-fait planes parce que ces surfaces planes prennent plus difficilement feu ; il vaut mieux rendre la fusée un peu plus longue qu'il ne faut pour le trajet, et après cela creuser sur la surface supérieure un petit cône et un autre semblable en bas mais plus profond ; le cône supérieur hâtera la prise du feu, et le cône inférieur servira à faciliter l'explosion et enflammera plutôt la charge (IX, p. 12).

96. Entre ces deux méthodes des fusées qu'on transporte coupées et des fusées qu'on fore dans la batterie, la méthode belge tient le milieu. Le document (n° VI, p. 153) dit à ce sujet, qu'il est de la plus grande importance de régler le temps de combution des fusées avec le plus de précision possible, et il serait à désirer d'après la manière de voir du capitaine Borman que la graduation pût s'opérer sur la fusée même placée dans l'œil ; mais on doit regarder ceci seulement comme un moyen extrême à employer au cas seulement où on ne peut pas avoir des fusées graduées d'avance : ce qui est pourtant le plus sûr dans toutes les circonstances ; l'insertion de telles fusées au moment du besoin ne peut pas présenter de difficultés et il y a beaucoup de moyens propres à éviter les méprises. Pour les fusées construites sous forme annulaire, il n'est pas possible de transporter les fusées graduées d'avance : c'est un motif pour que cette méthode trouve difficilement une approbation générale.

CHAPITRE V.

Des forces qui se développent dans le tir des Shrapnels. — Des circonstances qui limitent leurs effets.

97. En considérant les forces qui se développent dans le tir des shrapnels, nous en voyons deux principales qui doivent attirer tout d'abord notre attention.

1. La première est due aux gaz qui se développent par l'inflammation de la charge de poudre.

2. La seconde est la force d'explosion; ces forces fondamentales déterminent :

3. Les portées;

4. Les intervalles et les hauteurs d'explosion ; outre cela il faut encore mentionner comme exerçant des influences particulières :

5. Le terrein entre la pièce et le but ;

6. La forme du but : ce n'est qu'après avoir examiné tout cela que l'on pourra en venir aux conditions à remplir pour l'usage pratique du projectile et arriver à en tirer les conséquences relativement aux effets qu'il pourra produire devant l'ennemi.

98. Les articles 1 et 2 sont considérés isolément pour en déduire un nouvel article auquel on pourra donner le nom de *Théorie de l'effet* ; et ce n'est qu'alors, lorsque les idées sur ce sujet seront bien ordonnées et bien arrêtées, qu'on pourra passer aux articles 3 et 4 sans trop précipiter la marche des considérations et les articles 5 et 6 se déduiront alors de ceux-ci comme des corollaires naturels.

Voici la marche que nous suivrons dans nos recherches.

I. — *De la charge de la pièce et des forces qu'elle développe.*

99. La charge de la pièce agit de deux manières dans le tir des shrapnels: d'abord la force de la poudre porte le projectile jusqu'au point ou il éclate dans l'air, et puis elle porte les éclats jusqu'au but : on ne peut pas imaginer une idée plus simple.

Il est clair qu'il est à désirer de rendre la plus énergique possible, l'action des fragments après l'explosion, et rien n'est plus turel que de rendre la charge aussi forte que les circonstances peuvent le permettre ; la charge de guerre est la limite supérieure.

100. Tout ceci n'a pas pu rester inconnu à l'inventeur, et on a lieu d'être étonné que les Anglais dans la première période de la question, n'aient employé à ce tir que de très faibles charges. Dans les premières expériences (à Wcolich 1803) la pièce de 12 tirait avec 1 loth, et la pièce de 6 seulement avec 24 loth de poudre ; et ce n'est que plus tard qu'on a employé en Angleterre avec des canons en bronze la charge de $\frac{1}{6}$, et avec des canons en fer celle de $\frac{1}{8}$ du poids du boulet (I, p. 88). Dans ces derniers temps on a dû se servir en Angleterre de la charge habituelle de guerre : ainsi l'on peut conclure que la liaison de la fusée avec l'obus est très solide et qu'on n'y a plus à craindre l'inflammation de la charge du projectile dans la pièce même (IV, p. 136). On pourrait encore conclure de là que le fer des shrapnels anglais doit être d'une ténacité et d'une bonté extraordinaires si avec une épaisseur de $\frac{1}{10}$ du diamètre ils ont pu réellement résister à la pleine charge ; les tables du capitaine Strait (V. p. 150) parlent aussi de pleine charge pour les canons (pour ceux en fonte seulement $\frac{1}{4}$ du poids du boulet) et l'obus de 5 $\frac{1}{2}$ reçoit même 2 livres ; dans les expériences de Braschaëts, l'obusier belge de

15 e. (qui approche beaucoup de l'obusier de 7 bis) a reçu aussi les mêmes charges ; et c'est probablement après la licorne russe (voir plus bas) la plus forte charge qu'on ait encore donnée à un shrapnel.

101. En Norvège, on donne à l'obusier de 12 liv. seulement 1 liv. $\frac{1}{4}$ (II, p. 125,) et on croit que $\frac{1}{6}$ du poid du projectile pour les canons et $\frac{1}{8}$ pour les pièces courtes (obusier?) sont les charges les plus convenables (III, p. 231). On a donné 1 liv. de charge aux shrapnels de 6 liv. (IV, p. 139), et on a obtenu des portées de 800 à 2000 aunes (de 500 à 1250 mètres).

102. Dans les expériences de Modlin en 1835 on donna à la licorne de $\frac{1}{2}$ pied (20 livres) * diverses charges depuis 1" jusqu'à 4 livres ; les plus fortes charges se comportèrent mieux que les faibles, car elles donnèrent aux projectiles une force notable sans les briser dans l'âme.

On prit pour 1460 pas 2 $\frac{1}{4}$ livres.
1840 — 2 $\frac{1}{2}$
1960 — 2 $\frac{3}{4}$
2300 — 2 jusqu'à $\frac{1}{3}$

On a même tiré avec 4 livres de poudre, mais on ne se hasarda pas à munir les obus de fusées et de charges d'explosion, quoiqu'ils eussent résisté sans être brisés ; ils avaient $\frac{1}{17}$ de diamètre pour l'épaisseur de métal.

103. Dans l'artillerie wurtembergeoise, aux expériences de 1838. on donna à la pièce de 12, ayant 16 $\frac{1}{2}$ calibres de longueur, la charge de $\frac{1}{6}$ du poids du boulet, par conséquent 2 livres.

* Le calibre est de 15 centimètres.

Dans les épreuves de Mayence, en 1828, on se hasarda plus d'une fois à donner plus de 2" $\frac{1}{2}$ de charge de poudre aussi bien aux pièces de 24 courtes qu'aux longues.

104. Les artilleries du continent n'ont pas réussi à employer la pleine charge des pièces pour les shrapnels parce qu'elles brisent les projectiles dans l'âme ; déjà, dans le tir ordinaire des obus dans les pièces longues, on emploie au plus $\frac{1}{9}$ du poids du projectile, quoique les obus aient habituellement plus d'épaisseur que les shrapnels. En conservant pour ceux-ci l'épaisseur de $\frac{1}{11}$ du diamètre qui est maintenant généralement adoptée, il faut déjà une très bonne fonte pour que les shrapnels de 12 li. supportent une charge de 2 $\frac{1}{2}$ et les pièces de 6 une charge de 1 liv. $\frac{1}{2}$ charge. Personne n'a encore osé donner aux shrapnels un tiers du poids du boulet, pas même les anglais ; dans les obusiers on peut en employer une plus grande que dans les canons parce que les shrapnels supportent, dans les pièces courtes, une plus forte charge que dans les pièces longues.

105. On pense généralement que plus la charge est forte proportionnellement et plus l'efficacité des shrapnels doit augmenter (VI, p. 153), et qu'on peut arriver à leur donner une vitesse qui approche beaucoup de celle des boulets pleins (V, p. 149) : quelques personnes contestent l'utilité des fortes charges à cause de l'avantage que présente une faible charge pour tirer contre un but caché (IX, p. 75) ; mais on peut répondre à cela que le tir élevé et les feux verticaux ne sont que d'un emploi secondaire, tandis que le tir direct contre des objets découverts (des troupes) est l'objet principal du tir des shrapnels.

106. Ceci nous conduit à examiner cette question : est-il convenable d'employer au tir des shrapnels plus d'une charge ?

Le colonel baron B... est de cet avis, et pense qu'il faut mettre la charge en relation avec la distance et la hauteur du but ; mais il paraît n'avoir pas fait assez attention que plus on introduit d'éléments divers dans l'emploi des shrapnels, plus cet emploi devient compliqué et plus le résultat en devient douteux.

D'autres, qui désirent aussi plusieurs charges (IX, p. 75), s'appuient sur l'exemple des obus ; mais on ne peut établir aucune comparaison ; d'ailleurs, la conséquence serait que pour la même portée, il faudrait avoir deux espèces de fusée, ce qui amènerait une extrême complication. L'auteur du document IX veut que l'on tire les shrapnels avec une charge de 800 à 1,000 pas, et au-delà avec une charge plus forte ; il veut cependant que l'on conserve la même fusée, mais cela donne encore lieu à un problème très difficile. Or l'emploi des shrapnels est malheureusement déjà assez compliqué pour qu'il ne soit pas encore besoin d'y apporter de nouvelles complications.

107. Dans les shrapnels, il faut partir d'une base déterminée ; et ce qui paraît le plus naturel, c'est de prendre la charge de la pièce pour cette base. Lorsque celle-ci est fixée, on ne peut plus y beaucoup changer, il faut agir sur la fusée (VI, p. 133).

108. De quelque manière qu'on détermine la charge de la pièce, elle devra toujours être *assez forte* pour donner aux balles de plomb et aux éclats une force suffisante. Pour que les balles puissent avoir une action meurtrière, il faut qu'elles conservent au moins la même vitesse qui reste à la balle de fusil à 300 pas de portée. On estime une telle vitesse à 518 pieds : la balle avec une charge de $\frac{2}{3}$ de loth pénètre encore à 300 pas dans une planche de bouleau de 3 pouces d'épaisseur, et n'a pas besoin de plus de force.

109. Il existe des expériences diverses, qui montrent que la charge de $\frac{1}{6}$ du poids du boulet, dans de longs canons, donne aux

balles du shrapnel une force suffisante. Je donne ici communication d'un extrait des épreuves faites par l'artillerie wurtembergeoise en 1818; elles ont été faites avec une pièce de 12 et deux livres de charge ; il y avait 4 cibles à 50 pas de distance l'une de l'autre, et chaque cible était formée de planches d'un pouce d'épaisseur. (Voyez aux planches, les tableaux A, B, C, D.)

Au coup n° 22, tiré à 1500 pas de la première cible, le shrapnel était déjà à 1350 pas de distance lorsque l'explosion eut lieu, et la dernière cible a encore été traversée par une balle qui, par conséquent, a encore fait un trajet de 300 pas depuis le point d'explosion jusqu'à la cible, et a ainsi porté à une distance totale de 1650 : ainsi cette balle ne peut pas avoir eu une vitesse moindre de 800 pieds.

Au coup n° 25, tiré à 1500 pas, l'explosion eut lieu à 20 pas en avant de la première cible, et 9 balles traversèrent la dernière cible à 170 pas.

Au coup n° 12, tiré à 1200 pas, le projectile tomba à 1135 pas et éclata ; malgré cela, la dernière cible fut traversée par quatre balles, qui ont ainsi été portées à travers l'air à 215 pas du point de chute du projectile.

Le coup n° 13 donne un résultat semblable : le projectile tomba à 1150 pas de la pièce, passa à travers la première cible, éclata à 10 pas devant la seconde et porta 22 fragments jusqu'à la quatrième cible dont 15 traversèrent, et 7 n'y firent que des empreintes.

Le coup n° 27 éclata à 1440 pas et porta 5 balles, qui traversèrent à 210 pas la cible 4 ; outre cela 9 autres balles frappèrent en outre cette cible.

Le coup n° 37, tiré à 700 pas, éclata à 200 pas devant la première cible, y fit 64 trous, 29 dans la seconde, 10 dans la troisième et 2 dans la quatrième : sans compter les balles qui n'ont fait que des empreintes.

Faut-il plus de preuves pour montrer la **force énorme des balles** de plomb même avec une charge moitié de la charge ordinaire de guerre? Les pas mentionnés sont en outre au pas prussien, comme 10 est à 9, de sorte que les distances doivent être encore augmentées de $\frac{1}{9}$. On est donc autorisé à admettre légitimement que tous ces projectiles à l'instant de l'explosion avaient encore une vitesse qui ne cédait pas à celle que conserve la balle de fusil à 300 pas de distance.

110. On peut mettre, certes, en doute, qu'avec une charge moindre que $\frac{1}{6}$ du poids du boulet et à de grandes distances, les balles tirées conservent encore après l'explosion une force suffisante pour produire un effet meurtrier, principalement lorsqu'on veut considérer que dans les boîtes à balles, tirées à pleines charges, il y a plus de la moitié des balles qui deviennent inefficaces après quelques centaines de pas. Ce n'est donc pas sans raison qu'on soutient que les shrapnels pour produire leur effet maximum, doivent partir avec une grande vitesse initiale (VI, p. 153).

111. La force que la charge de la pièce développe dans la combustion a donné lieu à une controverse sur la question de savoir si la violence de l'impulsion ne produit pas un changement dans l'intérieur de l'obus, en comprimant les balles et en altérant leur forme; le capitaine Borman, qui s'étend assez longuement sur la théorie de l'action des shrapnels, passe cette question entièrement sous silence; le document n° IX s'exprime là-dessus avec plus de détails, mais sans la clarté nécessaire ni la science suffisante : voilà ce qu'on soutient (IX, p. 21).

(*a*). Par la violence du choc de la charge, les balles sont comprimées les unes contre les autres, et s'agglomèrent.

(*b*). Par-là, il se forme dans l'intérieur de l'obus un vide qui n'existait pas auparavant.

(*c*). Ce vide se forme dans la partie postérieure (à l'opposite de l'œil).

(*d*). Ce vide reste dans la partie postérieure, et pendant le trajet et même encore lorsque le projectile tourne dans l'air.

(*e*). Dans ce vide se réunit toute la charge explosive, et comme elle est maintenue en arrière des balles, elle aide à les porter en avant.

Le faux de toutes ces assertions a déjà été démontré par un mathématicien consommé (*Journal de Littérature Militaire*, 1838, p. 141), de manière qu'il serait superflu d'en faire une nouvelle réfutation. Toutefois, en Saxe, à l'occasion d'une expérience avec des shrapnels de 8 livres sur laquelle je reviendrai plus tard (voir le paragraphe 125), on a acquis la conviction pratique que les balles lorsqu'elles sont une fois poussées vers les parois de l'obus y restent même dans la rotation. Le critique mentionné fait, du reste, observer à l'auteur qu'il a tout-à-fait omis dans son calcul l'élasticité de l'obus.

112. La différence des pesanteurs spécifiques du plomb et du fer a donné lieu aussi à une polémique ; on a avancé ceci :

(*a*). Dès que l'obus se met en mouvement dans l'âme, les balles de plomb plus lourdes restent en arrière, se placent près de la paroi postérieure, et laissent un vide au-devant.

(*b*). Mais dès que toute la vitesse est développée, les balles obéissent à la loi qui assigne aux matières plus lourdes une plus grande vitesse ; elles s'avancent donc de nouveau dans le trajet, vers le devant, et restent là, n'importe ce que devient le projectile.

(*c*) Lorsque les balles deviennent libres après l'explosion, alors leur vitesse, d'abord liée à celle de l'enveloppe de fer qui les retient, reprend sa liberté première ; elles volent vers le but avec une vitesse plus grande que celle qu'avait le shrapnel à l'instant de l'explosion. Par-là on peut expliquer la vitesse extrême avec laquelle s'élancent les balles de plomb, vitesse que n'auraient pu leur donner ni la charge de poudre ni la charge explosive.

Ces assertions paraissent aussi hasardées que les précédentes, et il serait aussi long qu'inutile de les réfuter; c'est un sujet sur lequel l'expérience est bien plus sûre que toute théorie.

113. D'après la manière de voir du capitaine Helling, les balles possèdent, à l'instant de l'explosion, la même vitesse que le shrapnel même; mais comme leur position, dans l'intérieur du projectile, n'est pas la même; elles doivent nécessairement se porter en avant avec des vitesses inégales dont les limites seront la somme et la différence de la vitesse du tir et de la vitesse d'explosion. (III, p. 231.)

Le capitaine Borman dit que les limites fixées par la théorie pour l'action de l'explosion ne sont pas exactes dans la pratique. Il pense que, très vraisemblablement, la partie antérieure, où est la fusée, et la partie qui lui est opposée peuvent prendre des vitesses différentes qui ne sont pas susceptibles de règle générale. Il ne paraît pas faire aucune attention à la rotation, quoique ce mouvement influe sur la question.

114. De ces considérations sur les charges de tir, on peut déduire pour la pratique les propositions suivantes :

(*a*) La charge de tir doit être regardée comme le principe moteur des balles du shrapnel.

(*b*) Il est bien à désirer de la rendre aussi forte que possible ; mais l'expérience a appris que les charges actuellement en usage du sixième du poids du boulet pour les canons et de un cinquième pour l'obusier, donnent au projectile et aux balles des vitesses suffisantes pour agir encore, aux plus grandes distances, avec une force supérieure à celle d'une balle de fusil tirée de 300 pas.

(*c*) Qu'il suffit, pour l'effet des shrapnels, que la charge de tir donne au projectile, au moment où il arrive au point d'explosion, ou plutôt le mette en état de conserver encore une vitesse d'environ 800 pieds.

On peut ajouter que des vitesses moyennes donnent l'avantage, en cas de nécessité , de permettre de plus grandes élévations de tir , ce dont nous parlerons en temps opportun.

II. — *De la charge d'explosion et des forces qu'elle développe.*

115. Une simple grenade dont le diamètre n'atteint pas celui d'un boulet de 12 , reçoit 8 loth de chargement; une grenade de 5 pouces $\frac{1}{2}$ reçoit $\frac{3}{4}$ de livre, et une grenade de 6° 1 livre , tandis qu'un shrapnel de 12 livres reçoit de 5 à 6 loth , un de 5 pouces $\frac{1}{2}$ reçoit 7 à 8 loth et de 6° 10 à 12 loth *.

Lorsque la charge de poudre est isolée (I, p. 94) , ces quantités diminuent d'un peu plus de moitié. Si ces quantités ont été fixées par l'expérience , il faut reconnaître qu'on n'a pas eu en vue d'augmenter l'impulsion des balles par le chargement, mais qu'il n'est destiné qu'à briser l'enveloppe de l'obus et à mettre les balles en liberté.

On est encore confirmé dans cette manière de voir par d'autres faits, puisque quelques artilleries ne jugent pas seulement nécessaire d'employer de la poudre grenée, mais la remplacent par du pulvérin. Une artillerie emploie même une poudre affaiblie (§ 45) dont je parlerai plus tard.

---

* Les Anglais se servent, dit-on, d'un chargement plus fort, donnant aux shrapnels de 6 livres 5 loth ; à celui de 12 li. 9 loth, et à celui de 5° 1/2 12 loth : mais qui peut garantir ces données? D.

Le loth est, comme on sait, un trente-deuxième de livre.

Dans la pratique, on ne compte donc nullement sur la force du chargement mais sur la force du tir pour agir sur les balles ; il faut, cependant, tenir compte de l'influence de la force explosive, si faible qu'elle soit.

117. Il a déjà été dit précédemment que la position variable des balles dans les shrapnels produisait des perturbations dans l'effet explosif : le chargement si faible est mêlé irrégulièrement avec les balles, on ne peut pas compter sur une explosion excentrique régulière avec une vitesse notable, comme cela a lieu pour les éclats des bombes ; bien plus, il faut se garantir contre une telle dispersion afin que les balles suivent le trajet dans sa direction primitive et avec la vitesse du tir (I, p. 93). Tout homme sans préjugé se réunira à cette manière de voir et n'approuvera pas les auteurs qui attachent une trop grande importance à la force d'explosion. Parmi eux, il faut compter l'inventeur lui-même qui demande une forte charge d'explosion afin que les éclats puissent exercer un grand effet contre un but caché, comme cela a lieu pour les bombes et obus ordinaires (I, p. 110).

118. Un trop fort chargement du projectile peut même devenir nuisible ; il pourra bien augmenter la force des fragments antérieurs, mais il affaiblira d'autant la force des fragments postérieurs et dispersera ceux du milieu inutilement.

119. Le capitaine Borman se range aussi à l'opinion (VIII, p. 132) que, dans l'explosion, c'est la force du tir qui agit seule sur les balles.

En contradiction avec cette idée et s'appuyant sur le vide formé derrière les balles (ce dont il a été question), l'auteur du document (IX, p. 23) en conclut que la force d'explosion doit encore augmenter la vitesse des balles. « Ce n'est que par l'existence et la position du vide, dit-il, qu'on peut expliquer pourquoi les balles

partent avec plus de vitesse que n'en a l'obus au moment où il
éclate. » L'inexactitude des prémisses sur lesquelles repose ce
raisonnement a déjà été démontrée dans la section précédente, et
on doit porter de nouveau l'attention du lecteur sur la critique insérée dans le *Journal Militaire de* 1838.

120. Des expériences spéciales seraient ce qu'il y aurait de
mieux pour lever tous les doutes. Comme elles n'ont été entreprises nulle part, cela paraît démontrer qu'on est parfaitement per-
suadé du contraire : ainsi on peut adopter légitimement l'opinion
générale que le chargement n'a d'autre objet que de briser l'enveloppe, jusqu'à ce que des faits aient démontré le contraire.

121. On ne connaît jusqu'ici aucune mesure effective ou même
approchée de la force explosive et de la vitesse des éclats. On peut
même douter qu'une telle mesure soit possible.

On sait que des obus qui éclatent en repos portent des éclats à
300, 400, 800 pas et même plus, mais le temps du trajet n'a encore été observé par personne et ne servirait même à rien pour en
conclure la vitesse, parce que la résistance de l'air pour des corps
aussi irréguliers que des éclats d'obus, échappe à tout calcul.

122. Il ne paraît pas hors de propos, à cette occasion, de mentionner une circonstance qui a donné lieu à diverses controverses ;
plusieurs artilleurs et entre autres le capitaine Borman (VIII,
p. 134) soutiennent que lorsqu'une bombe éclate à la bouche du
mortier, aucun des éclats ne peut retomber sur la batterie. Ici, le
lieu de l'explosion paraît avoir donné matière à une erreur. Moi-
même, dans mon ouvrage, *Artillerie pour toutes les Armes*,
(nouvelle édition, première partie, 548,) j'ai avancé qu'un obus,
éclatant dans l'air, n'a jamais jeté un éclat en arrière, et je suis
encore aujourd'hui de cette opinion dans laquelle me confirme
encore davantage la théorie des shrapnels ; mais la chose est toute

différente pour de *faibles vitesses,* telles qu'en ont généralement les bombes, et tandis qu'elles ont un très *fort chargement.* J'ai assisté à une expérience que voici : des bombes incendiaires * furent lancées par un mortier de 50 livres ; plusieurs d'entre elles éclatèrent près de la bouche du mortier, et projetèrent leurs éclats jusqu'à 300 pas en arrière de la batterie sur une division d'infanterie qu'il fallut retirer pour que les soldats ne fussent pas blessés.

Le shrapnel ne lance jamais ses fragments en arrière de la pièce, à quelque endroit qu'il éclate, parce que la force explosive est trop petite relativement à la force de tir ; dans aucune des artilleries où l'on a fait des expériences sur les shrapnels, il n'est arrivé, bien que les projectiles aient par-ci par-là éclaté à une petite distance de la bouche, qu'aucun fragment ait été jeté en arrière ; car une circonstance si remarquable n'aurait pas été passée sous silence.

123. Lorsque le document (IX, p. 18) avance que même pour des obus ordinaires, à la fin de leur course, la force explosive pourrait être plus grande que la force de tir, et que par conséquent, il n'y a aucun motif pour que des éclats ne puissent aussi être jetés en arrière, il a certainement raison ; mais il ne s'en suit nullement que ce qu'il dit soit applicable au cas où l'obus éclate près de la bouche ; car la vitesse initiale est trop grande pour les obus, tandis qu'il n'en est pas de même pour les bombes.

124. Avant d'aller plus loin dans ces recherches sur l'effet théorique, il est nécessaire de parler de quelques circonstances, qui ne sont pas sans influence : savoir la force des éclats et la rotation du projectile.

---

* C'est-à-dire des bombes avec une enveloppe sphérique remplies intérieurement d'une matière incendiaire, et non pas seulement des balles à feu, où la composition est mise dans une carcasse en fer.

III. — Force des fragments.

125. La force avec laquelle les balles et les éclats atteignent les cibles est en effet énorme : on en a déjà parlé à l'occasion des charges de la pièce ; j'ai relevé à …. une balle de plomb qui avait frappé à la cible contre un clou et qui s'était, non-seulement aplatie, mais même à moitié roulée ; et la chaux qui s'était attachée, provenant du contact avec la cible, montrait que cette déformation n'avait pas eu lieu dans l'intérieur du projectile ; cette balle avait fait avec le projectile un trajet de 700 pas, et 200 pas ensuite jusqu'à la cible.

Les faits suivants donnent encore une autre preuve de la force des shrapnels : dans une expérience faite à Dresde en 1835, on se servait de nouvelles fusées qui brûlaient trop promptement : au premier coup, avec l'obusier de 8 livres (15°,12), le projectile éclata en l'air à une grande hauteur, à 800 pas en avant de la cible. Le segment inférieur de l'obus resta intact ; il contenait encore 37 balles, et fut porté jusqu'auprès de la 4e cible, ainsi encore à 860 aunes après l'explosion. Les 37 balles n'avaient pas changé de position dans le segment; au coup n° 2 et 3, le projectile éclata à 600 pas devant le but ; malgré cela quelques balles atteignirent les cibles, il y en eut même qui traversèrent au 3e coup.

126. Dans la section précédente, j'ai déjà donné un extrait assez étendu des expériences wurtembergeoises, et je vais les compléter ici au moyen d'une table, qui jetera beaucoup de jour sur ce point intéressant. Le pas est de 2 pieds 6 pouces, mesures de Prusse (0m.78).

Numéros.	Trajet jusqu'au point d'explosion.	Fragments les plus éloignés				Trajet total.	
		balles.		éclats.		balles.	éclats.
		Nombre.	Distance après explosion.	Nombre.	Distance après explosion.		
28 *a*	1500	1	150	//	//	1650	.
25	1480	9	170	1	120	1650	1600
27	1440	5	210	1	110	1650	1550
31	1425	1	175	//	//	1650	//
24	1420	5	230	1	80	1650	1500
23	1400	2	200	2	100	1600	1500
30	1355	2	245	1	145	1600	1300
22	1350	1	300	/	//	1650	//
19 .	1150	1	200	1	50	1350	1200
18	1140	3	160	1	60	1300	1200
12 .	1135	4	215	1	65	1350	1200
21	1120	5	230	1	80	1350	1200
15	1120	1	230	1	80	1350	1200
14	1080	3	220	/	//	1300	.
17	1070	6	280	//	//	1350	//
16	1040	1	310	//	//	1350	//
5	915	11	135	2	135	1050	1050
6	895	3	155	1	55	1050	950
11	890	3	160	1	110	1050	1000
9	825	12	225	1	175	1050	100
3 .	810	5	240	//	//	1050	//
8 .	690	5	350	1	300	1050	1000
2	780	3	270	1	220	1050	1000
33	635	16	195	2	45	850	700
32	530	1	320	//	//	850	//
37	500	2	350	//	//	850	//
39	600	4	250	1	200	850	800
38 *b*	0	(1)	700	(1)	700	700	700

OBSERVATIONS.

(1). Toutes les balles et tous les fragments comptés ont traversé la cible, on n'a pas mentionné ceux qui n'ont que frappé.

(2). Les coups marqués d'un astérisque sont ceux où l'explosion a eu lieu au point de chute ou très près.

(3). Le coup n° 28, marqué d'un *a*, passa par-dessus la première cible, rejeta sa fusée, et porta une balle jusqu'à travers la 4ᵉ cible.

(4). Le coup n° 38, marqué *b*, éclata dans l'âme, et porta une balle qui frappa la cible, ainsi qu'un éclat.

(5). Les coups sont marqués dans l'ordre de leurs distances parcourues après l'explosion.

Cette table donne lieu à plusieurs considérations.

(*a*). Le coup qui a donné la plus grande vitesse absolue est le n° 22 ; car la longueur du trajet jusqu'au point d'explosion est 1350, et la balle qui traversa la cible a encore parcouru 300 pas.

(*b*). La plus grande vitesse après l'explosion fut donnée par le coup n° 8, car 5 balles de plomb et 1 fragment traversèrent la cible à 300 pas du point d'explosion ; le projectile avait parcouru 690 pas, et de plus avait touché terre avant l'explosion.

(*c*). On peut dire quelque chose de semblable du n° 37, dont la force est extraordinaire ; car 2 de ses balles traversèrent la cible à 350 pas.

(*d*). En général, les fragments ont été portés beaucoup moins loin que les balles, ce qu'on ne peut pas attribuer uniquement à l'inégale résistance de l'air. On est porté à en conclure ce qui suit :

(1). La force explosive du gaz, comprimée par la paroi de l'obus, agit principalement sur elle, et les éclats poussés dans des directions divergentes ne peuvent pas être portés aussi loin, par

la force du tir, que les balles sur lesquelles la force explosive n'a
pas d'action *;

(2). Que les balles (spécifiquement plus lourdes) ne sont poussées que par le reste de la vitesse de tir dans la direction de la
trajectoire.

(e). Le coup nₒ 38 a éclaté dans l'âme. Sans balles et tiré comme
l'obus ordinaire, il aurait vraisemblablement porté plus de deux
éclats dans la cible. L'explosion intempestive a produit moins
d'effet que celui de l'obus ordinaire, car il n'y a qu'une balle et
un fragment qui aient atteint, et encore avec peu de force, la première cible.

(f). Il est à remarquer que les 4 coups, qui ont touché le
sol (nᵒˢ 19, 12, 3 et 8), semblent n'avoir rien perdu de leur
force.

127. En réfléchissant sur ces effets monstrueux, on peut difficilement s'empêcher de penser qu'il est impossible que la faible
charge de tir les ait produits *seule*, et que, par conséquent, il y a en
jeu d'autres forces que celles qu'on a indiquées. Le faible chargement du shrapnel ne peut les avoir produits ; non plus que la
différence de pesanteur spécifique entre le plomb et le fer. Il doit
donc encore exister une troisième cause, qui jusqu'ici n'a par encore été trouvée, et on ne doit en vouloir à personne de faire ici
des hypothèses, soutenables ou non : l'attrait vers la recherche de
l'inconnu est trop irrésistible.

---

* Ce motif devrait faire aller au moins un des éclats plus loin que les
balles, puisque la force de tir et la force d'explosion agissent pour lui dans le
même sens ; mais les éclats ayant moins de densité, et, à cause de leur
forme irrégulière, offrant beaucoup plus de prise que les balles à la résistance
de l'air, il n'est pas étonnant qu'ils aillent beaucoup moins loin. Tr.

128. Ce qu'il y a de plus surprenant, c'est que les shrapnels, qui ont touché terre avant l'explosion, n'aient rien perdu de leur effet.

Ainsi dans le tableau C, le coup n° 12, le projectile a frappé terre à 1.135 pas de la pièce, a éclaté tout de suite après, a percé de 38 trous la première cible, de 3 trous à 115 pas la seconde, de 2 trous à 165 pas la troisième ; et, enfin, de 4 trous à 215 pas la quatrième.

Le coup n° 4, tableau B, fait une chute à 890 pas, passe à travers la première cible, éclate derrière, perce de 68 trous la seconde, de 40 trous la troisième, et de 6 trous la quatrième, éloignée de 160 pas du point de chute et de 120 pas du point d'explosion. N'est-on pas presque forcé de conjecturer qu'ici une force inconnue donne aux balles un pouvoir qu'elles ne peuvent avoir apporté au point d'explosion : ainsi, bien que l'auteur du document IX ait commis des erreurs, il faut pourtant être de son avis, quand il dit que ce phénomène est très important, et que c'est dans son explication qu'est caché le plus grand progrès dont le projectile soit susceptible [*].

129. L'inventeur des shrapnels soutient que quand le projectile éclate à un intervalle de 60 pas et à une hauteur d'explosion de

---

[*] Nous pensons que Decker attache une importance beaucoup trop grande à l'explication des faits qu'il signale. Le mouvement de rotation dont le projectile est animé dans l'air suffit à en rendre compte.

Imaginons en effet que le projectile soit, comme il arrive toujours, animé, au moment de l'explosion, du mouvement de translation et du mouvement de rotation. La direction et la vitesse de chacun des fragments, balles et éclats, résulteront de trois forces : la vitesse de translation, dont le projectile est animé, la vitesse résultant du mouvement de rotation, et la vitesse produite par la force d'explosion. Les deux dernières forces varient en direction et en intensité pour les balles et les éclats, suivant leur position. Ainsi, il y en a pour lesquelles la vitesse provenant de la rotation s'ajoute à la vitesse de projection, et d'autres pour lesquelles elle s'en retranche. Il n'est donc pas étonnant que l'expérience montre qu'un certain nombre de balles, mais non pas toutes, sont animées d'une vitesse plus grande que celle qui peut pro-

18 pieds, les balles (?) possèdent encore la force nécessaire pour traverser une planche de sapin de deux pouces d'épaisseur, mais il oublie de marquer les distances auxquelles ces effets peuvent encore avoir lieu; toutefois, comme l'expérience nous apprend que les portées ont une influence bien plus faible sur les effets des shrapnels que sur les balles de fusil, on n'est pas autorisé à révoquer en doute, sans examen, les faits ci-dessus énoncés, ainsi que l'ont fait quelques auteurs.

IV. — *Rotation dans l'âme et dans l'air.*

130. On tient pour absolument nécessaire de confectionner le projectile de manière qu'il n'ait pas de rotation, au moins dans l'âme, et qu'il ne puisse ni chasser la fusée ni l'endommager. L'esprit d'invention a produit plusieurs propositions que nous avons fait connaître dans la section où nous avons traité de la construction mécanique du projectile. Ces propositions sont : la forme ovale des shrapnels de 12 livres essayés en Norvège, la forme cylindro-sphérique pour la pièce de 6, le renforcement autour de l'œil, et enfin l'ensabottage du projectile. De toutes ces propositions, c'est

venir de la translation et de l'explosion. Certains éclats du projectile pourraient se mouvoir avec la somme des deux vitesses résultant de l'impulsion et de la rotation, si la force d'explosion n'agissait pas sur eux avec assez d'énergie pour influer notablement sur la direction qui est la résultante des trois forces.

Disons aussi, puisque l'occasion s'en présente, qu'il doit arriver quelquefois qu'un boulet, animé d'un mouvement de rotation et d'un mouvement de translation, touchant le sol, se relève avec une vitesse de translation plus grande que celle qu'il avait avant la chute. C'est un des *effets* que l'on produit souvent au jeu de billard, quand une bille, animée d'un faible mouvement de translation, et d'un mouvement de rotation considérable, touche une bande, et repart avec une vitesse de translation beaucoup plus grande : la vitesse de rotation s'est transformée en vitesse de translation. Ces divers effets ne sont peut-être pas sans application possible dans l'artillerie. Tr le sabot qui pourrait être le moyen le plus simple d'empêcher la rotation dans l'âme, mais il est douteux que ce but soit entièrement atteint dans les pièces longues.

131. La réduction du vent à un minimum pourrait détruire le mal dans sa source, et en y ajoutant encore le sabot, il n'y aurait plus aucune rotation à craindre.

132. Mais lors même que le projectile quitterait la bouche sans tourner, la rotation ne manquerait pas de se produire plus tard, lors même, ce qui est à peine admissible, que le centre de gravité se retrouverait en avant. La position du centre de gravité détermine l'axe de la rotation. Si ce centre se trouve dans le plan vertical d'impulsion, l'axe de rotation est aussi dans ce plan vertical *, et on n'a pas à craindre de déviation latérale ; mais si le centre de gravité est placé latéralement, il y a alors des déviations, et la trajectoire devient une courbe à double courbure. Enfin, si comme précédemment le centre de gravité est dans le plan vertical d'impulsion, mais en bas ou en haut du centre de figure, alors on obtient dans le premier cas des courbes aplaties et de moindre portée, et dans le second cas des courbes plus élevées et de plus grandes portées (nous admettons que les angles de tir sont moindres que 30 à 40 degrés).

133. Plus les charges sont faibles et moins la rotation exerce d'influence sur la trajectoire, plus les angles de tir sont élevés, et plus cette influence est grande Or, *les déviations en hauteur ont dans le tir des shrapnels plus d'importance que les déviations latérales.*

D'après cela, on peut expliquer pourquoi il arrive fréquemment que des projectiles tombent avant d'éclater, et que d'autres éclatent à une hauteur qu'on ne pouvait pas présumer d'après

---

* Il est au contraire perpendiculaire à ce plan. Tr.

l'angle de tir, et de là suit que c'est *la rotation qui nuit le plus à la rectitude du tir des shrapnels* ; il n'est malheureusement pas en notre pouvoir de dominer cette importante influence et de la soumettre à une loi comme cela a réussi pour les obus ordinaires.

134. On peut au moins conclure de toutes ces considérations que l'on a tort de changer de suite l'angle de tir lorsque le projectile a éclaté ou trop haut, ou après avoir frappé le sol.

135. Beaucoup d'écrivains ont voulu encore introduire dans la théorie des shrapnels une nouvelle force, savoir la force centrifuge, dans l'opinion que celle-ci avait sur le shrapnel une influence analogue à celle de la pierre dans la fronde, mais cette idée est erronée ; car le shrapnel n'est pas, comme la pierre dans la fronde, attaché à un fil, mais il se meut librement dans l'air. Les choses peut-être se passent de la manière suivante :

Au moment de l'explosion d'un shrapnel qui tourne, chaque molécule a une tendance à se mouvoir suivant une certaine courbe ; considérons chaque balle comme une molécule : celle-ci tendra donc, un instant après l'explosion, à s'échapper suivant la tangente à sa trajectoire ; mais d'après des motifs faciles à concevoir, le calcul de ces courbes est impossible, car elles dépendent de toutes les forces élémentaires qui existent au moment de l'explosion : la force de tir, la direction, la force d'explosion, la résistance de l'air, la pesanteur, etc. Quelle que soit pour chaque balle la forme de sa courbe, suivant que les tangentes à ces courbes seront dirigées vers l'horizon ou en sens inverse, elles détermineront la marche ultérieure de chaque balle.

La seule consolation que nous ayons dans cette théorie désespérante est que même, si on parvenait à établir le calcul de chaque courbe de la manière la plus complète, on ne pourrait en attendre aucune utilité pratique, parce qu'il n'en serait pas moins complètement impossible de connaître toutes les forces agissantes au moment de l'explosion et encore moins de les dominer.

136. Maintenant nous sommes assez avancés dans les idées élémentaires pour pouvoir passer sans difficulté à la théorie des effets ; toutefois, auparavant, il sera nécessaire d'énoncer quelques considérations sur la construction des trajectoires des shrapnels.

CHAPITRE VI.

De la construction des trajectoires des Shrapnels. — Coordonnées du point
d'explosion.

137. En considérant le shrapnel comme un boulet plein, et faisant abstraction de l'explosion devant le but, la trajectoire peut se construire, comme celle de tout autre boulet (fig. 7), dont le point initial est à la bouche de la pièce m et dont le point final doit être regardé comme en w, demi-hauteur de la cible ; pour simplifier, nous admettons que les points m et w sont à même hauteur : ainsi la droite mw est horizontale.

138. Il est convenable de donner quelques définitions qui, certes, ne paraîtront pas nécessaires à l'officier d'artillerie et qu'on n'aurait pas données, si ce livre était exclusivement destiné aux officiers de cette arme, qui d'ailleurs pourront passer cet endroit :

Je nomme portée, la distance mw de la bouche au milieu de la hauteur de la cible.

Le point M désigne la position des roues, et le point, V le pied de la cible, tous deux sont environ 4 pieds plus bas que m et w.

La ligne MV indique le sol, l'angle en m est l'angle de départ, et l'angle en w est l'angle de chute.

La courbe $m\,T\,e\,S\,w$ représente la trajectoire ; la ligne $e\,c$ la hauteur du sommet au-dessus de la ligne de tir ; et la ligne $c\,H$ la hauteur au-dessus du sol ; le point e est le sommet de la trajectoire.

139. On sait que la trajectoire d'un boulet dans l'air est déterminée par les circonstances suivantes :

(*a*). L'angle de tir en *m* détermine le commencement de la courbe, et la direction *m d* est une tangente à la courbe.

(*b*). La charge communique au boulet sa vitesse initiale et selon la direction *m d*.

(*c*). La pesanteur fait descendre le boulet hors de sa direction vers la terre, sans quoi il s'en irait suivant la droite *m d x*.

(*d*). La résistance de l'air agit sur la balle en chaque point de sa trajectoire, sans cela elle aurait toujours la même vitesse [*].

(*a*). L'angle de tir est connu, on peut le mesurer.

(*b*). La vitesse initiale n'est pas bien connue, car on n'a pas trouvé le moyen de la mesurer avec exactitude.

(*c*). La pesanteur est connue, on sait que la chute de la balle (dans le vide), est

Dans la première seconde	g 15,625 pieds.
Dans la deuxième —	3 g 46,875
Dans la troisième —	5 g 78,125

Et les espaces parcourus croissent comme les carrés des temps, ce sont :

Après une seconde	15,625 pieds.
Après deux secondes	62,500
Après trois secondes	140,625

(*d*). La résistance de l'air n'est pas connue exactement; on

---

[*] Ceci est inexact : la vitesse initiale n'est pas seulement modifiée par la résistance de l'air, mais par la pesanteur. Tr.

sait seulement que pour de grandes vitesses elle est beaucoup
plus grande que pour de petites, que pour des vitesses moyennes
elle croît dans le rapport des carrés de ces vitesses : toutes les circonstances restant les mêmes; on sait de plus qu'elle a plus
d'influence sur les petites balles que sur les grosses de même
matière, parce que la pression est proportionnelle à la surface.
Enfin, que des balles lourdes éprouvent moins la résistance de
l'air que des balles légères de même grosseur, etc.

On s'explique donc facilement pourquoi la trajectoire est une
courbe et non pas une droite, pourquoi la branche descendante
est plus raide que la branche ascendante ; et pourquoi le sommet
est plus rapproché du point de chute que du point de départ.

140. Ce n'est que pour des charges fortes et un tir élevé que
la branche ascendante est notablement plus longue et la branche descendante plus raide ; mais pour des charges faibles et pour
le tir sous de petits angles que l'on employe pour les shrapnels,
on peut admettre, sans grande erreur, que les deux branches ont
la même grandeur, savoir : (fig. 7.)

$$m\,c = c\,w$$
$$m\,d = d\,w$$

Et de là aussi l'angle m égale l'angle d.

Ceci rendra plus simple et plus facile la construction des trajectoires des shrapnels *. Je fais un pas de plus, je suppose la hauteur $c\,e$ égale à $c\,d$; pour justifier ce procédé, en apparence si
grossier, il suffit de faire le calcul avec des nombres connus, ainsi
qu'il suit :

---

* Je ne veux forcer personne à adopter ces données : on pourra prendre l'angle de chute égal à 1 1/2 ou même deux fois l'angle de départ ; ceci
changera peu le résultat, et rendra le calcul plus compliqué. D.

Soit $m\,c = 500$ pas (c'est-à-dire 1166 pieds), l'angle en m ou en n de 5° (des angles plus élevés ne doivent pas se présenter dans le tir des shrapnels), alors $c\,d$ sera égal à la tangente de l'angle de 5° pour le rayon $m\,c$, et $c\,e$ au sinus pour le rayon $m\,c$, qu'on peut aussi prendre égal à $m\,c$, et, en faisant le calcul, on trouve :

$$c\,d = 0,1020118$$
$$c\,e = 0,1016235$$
$$\text{la différence}\quad e\,d = 0003883$$

C'est-à-dire la trois millième partie de 1166 pieds ou environ 4 pouces ; ce qui ne vaut pas la peine d'en tenir compte.

141. Maintenant il sera facile de calculer la hauteur d'ascension pour chaque portée et chaque angle de tir, d'après la formule $cd = mc$ tang. m, auquel il faut encore ajouter 4 pieds (ou $c\,H$) pour avoir la véritable hauteur au-dessus du sol, ainsi très généralement :

La hauteur d'ascension est égale à la moitié de la portée multipliée par la tangente de l'angle de tir, plus 4, tout étant exprimé en pieds. — Nous verrons bientôt que cette formule est d'une grande utilité pour le calcul des hauteurs d'explosion.

142. Toutefois, le shrapnel n'a pas pour objet, comme nous le savons, de parcourir toute la trajectoire ; mais seulement *une partie*, jusqu'au point *S*, où il doit éclater.

Le point d'explosion *S* est, ou plutôt, doit être sur la branche descendante de la trajectoire ; car si ce point était dans la branche ascendante, par exemple, en *T*, tout le principe du tir shrapnel serait détruit dans son idée fondamentale; il est bien vrai que, dans la pratique, des explosions aussi anormales se présentent, mais alors le coup reste sans effet.

143. La théorie n'a à s'occuper que de la seconde branche de la trajectoire *eSw*, et en adoptant la simplification, il n'y a à s'occuper que du triangle *cedw*, auquel il faut encore ajouter le rectangle *cHWw*.

144. D'après la théorie, à chaque portée ne peut correspondre qu'un seul intervalle normal (par exemple *JW*) et une seule hauteur d'explosion *SJ*. Ces deux grandeurs déterminent la position normale du point *S*, celle qui doit produire l'effet maximum. S'il fallait, dans la pratique, que le projectile éclatât juste à ce point, le tir des shrapnels serait impossible ; car sur mille cas, pas un n'éclaterait au point normal. Heureusement la pratique n'est pas aussi rigoureuse ; mais, en ce moment, nous ne nous occupons que de la théorie.

145. La figure 8 représente trois trajectoires, *AW*, *BW*, *CW*, partant de trois points différents pour aboutir au même point *w*; la charge restant la même, il faudrait donner un plus grand angle de tir en *B* qu'en *A*, et en *C* qu'en *B*, d'où il va, sans dire, que les trois sommets auront trois hauteurs différentes, la trajectoire *C* sera la plus élevée et *A* la moins élevée. Et comme chaque point d'explosion normal correspondra sur chaque trajectoire, à des distances différentes du point de départi, on aura le point

AS et sa projection *AJ* pour la portée *AW*
BS — *BJ* — *BW*
CS — *CJ* — *CW*

On ne peut pas réunir les trois projections en une seule, parce que chaque point ne pourrait plus être le point normal d'explosion ; de là, il suit :

Que les coordonnées du point d'explosion dépendent de la portée et doivent varier avec elle, ainsi l'exige la théorie ; mais je dois dire encore que si ces exigences de la théorie n'étaient pas moins rigoureuses, dans la pratique, il faudrait renoncer au tir des shrapnels, devenu impossible.

146. Quels doivent être, pour chaque portée, les coordonnées du point d'explosion? La théorie ne peut pas donner la solution de cette question, parce qu'elle n'a pas les prémisses nécessaires; il faut alors recourir à la pratique, comme il arrive toujours lorsque la théorie est impuissante; mais l'objet est si important, que je lui ai consacré une section spéciale (voir *Coordonnées* du point d'explosion), dont je donnerai ici ce résultat que, d'après toutes les expériences, l'intervalle ne doit pas être moindre que 50 pas, et pas plus grand que 200 pas, quelle que soit la portée.

Ces limites sont donc entre 50 et 200 pas, et une fois qu'on a trouvé la coordonnée horizontale, on peut en déduire facilement, par le calcul, la hauteur normale correspondante.

147. Ceci m'a donné l'idée d'une *échelle de distance* représentée fig. 9.

(1). La ligne inférieure horizontale représente le sol, et à 4 pieds au-dessus est menée la parallèle *mf*, qui passe par le milieu de la hauteur de la cible.

(2). *f* désigne ce point milieu de la hauteur de la cible auquel se réunissent toutes les branches descendantes des trajectoires que nous supposons des lignes droites, comme on a vu que nous pouvions le faire.

(3). On porte sur *la base* et d'après une échelle quelconque les 5 coordonnées horizontales les plus importantes, 50, 75, 100, 150, 200 pas, et sur la perpendiculaire, aussi d'après une échelle à volonté, on porte les tangentes des angles, depuis 1° jusqu'à 8° (ce serait suffisant jusqu'à 5°).

(4). L'angle de chute en *f* est toujours égal à l'angle de tir.

(5). On a calculé les hauteurs d'explosion (en pieds) d'après ces divers éléments, et on les a écrits en nombres, et cela d'après la formule connue $S = J$ tang. f.

Cependant, pour obtenir les *vraies* hauteurs au-dessus du sol, on a toujours ajouté 4 pieds, savoir la hauteur mJ.

148. Cette échelle donne chaque hauteur d'explosion normale pour une abscisse et un angle de tir déterminés.

Par exemple, pour l'abscisse de 50 pas à 1° de tir, la hauteur d'élévation est 6. Pour l'abscisse de 75, pour un angle de 5°, la hauteur est 20, et pour 6° c'est 25.

Comme toutes ces figures sont des triangles semblables, on peut facilement calculer les hauteurs intermédiaires.

149. Ce qui suivra rendra plus visible l'usage de cet instrument et son utilité qui consiste à pouvoir plus facilement apprécier les résultats du tir des shrapnels et appuyer dessus des considérations scientifiques ou en déduire des conséquences pratiques. Je vais expliquer ce procédé par un exemple.

On a les trois coups suivants (résultats d'expériences) :

Coups.	37	22	39
Portée en pas.	700	1500	700
Angle de tir en degrés.	2	5	2
Coordonnées horizontales en pas.	200	150	100
Hauteur d'explosion en pieds	15	40	15

L'appréciation de ces trois coups (dont l'observation est supposée juste) peut se faire, à l'aide de l'échelle, de la manière suivante :

Coup n° 37, 2° de tir.

$J = 200$. On cherche ce nombre sur la base, on monte verti-

calement jusqu'à 2ᵒ, on trouve 20 ¼ : ainsi le projectile aurait dû éclater non pas à 15 pieds de hauteur, mais à 20 pieds ½ ; par conséquent il a éclaté à 4 pieds ½ trop bas. Si 15 pieds avaient été la hauteur normale, l'ordonnée horizontale aurait dû être d'environ 150 pas.

Coup nᵒ 22, 5ᵒ d'élévation.

$J = 150$. On trouve, d'après l'échelle, une hauteur d'explosion de 35 ½ ; mais le projectile ayant éclaté à 40, cela fait quatre pieds ½ trop haut.

Coup nᵒ 39, 2ᵒ d'élévation.

$J = 100$. L'échelle donne 12 pour sa hauteur d'explosion, mais elle a été réellement de 15 pieds ; par conséquent, 3 pieds trop haut : cette hauteur de 15 pieds appartient à un angle de 2ᵒ ½, le coup a donc été très près de la hauteur normale.

Examinons maintenant les effets :

(1) Nᵒ 37 (tableau A) a éclaté ou à 4 ½ trop bas ou à 50 pas trop loin, a fait 64 trous dans la première cible.

(2) Nᵒ 22 (tableau D) a éclaté à 4 pieds ½ trop haut ou à 25 pas trop près, n'a fait que 3 trous dans la première cible ; ainsi avoir éclaté trop haut avec un petit intervalle a beaucoup plus nui que dans le coup précédent d'avoir éclaté trop bas avec un trop grand intervalle.

(3) Nᵒ 39 (tableau A) un coup presque normal, a fait 58 trous dans la première cible.

150. De cette manière, on peut, à l'aide de l'échelle et avec quelque réflexion, se rendre compte des rapports qui existent pour chaque coup, entre les coordonnées, pourvu que J et S aient été bien observés. Les coordonnées J et S s'accorderont rarement

autant que l'exigerait l'échelle (fig. 9 ; alors il faudra bien se contenter d'une certaine approximation. Ceci nous conduit à parler des *limites* de tolérance dans les déviations.

Usage de l'échelle, fig. 9.

(1) On cherche le J observé sur la base et on monte verticalement jusqu'à ce qu'on rencontre un nombre qui approche le plus possible de l'S observé.

(2) Si ce nombre est sur la ligne oblique qui répond à l'angle de tir ou si l'angle de cette ligne n'en diffère que de 1°, on peut admettre la justesse du coup.

(3) Mais si S est plus éloigné que de 1° il faut le regarder comme ne correspondant pas à J, et par conséquent il doit être rejeté.

(4) Dans ce dernier cas, on peut expliquer pourquoi l'effet n'était pas satisfaisant, ainsi qu'il arrivera toujours pour des relations irrégulières d'explosion, et c'est dans cette explication que consiste l'avantage de l'échelle sans laquelle il faudrait ou marcher à l'aveugle ou bien recourir à des calculs compliqués.

Premier exemple.

Coup n° 9 (tableau B) $J = 75$, $S = 35$, angle de tir 3°.

Le nombre le plus élevé de l'échelle montre, au-dessus de 75, le nombre $29 = S$, mais comme S a été égal à 35, ce qui répond à un angle de plus de 8°, tandis qu'il n'a été que de 3°, les relations d'explosion doivent être regardées comme fautives ; ou 35 est trop haut relativement à 75 ou 75 est trop petit relativement à S.

Deuxième exemple.

Coup N° 31 (tableau D) $J = 75$, $S = 20$, angle de tir 6°.

L'échelle montre que $20 = S$, au-dessus de 75 ou J, répond à un angle de 5° : ainsi de 1° seulement de moins que l'angle employé, le rapport doit être regardé comme juste.

Le nombre de coups qui ont atteint, ont confirmé ces deux résultats; car le coup n° 9 n'a mis qu'une balle dans la première cible, tandis que le coup 31 en a mis 47; parmi lesquels 18, il est vrai, n'ont fait que frapper, ce qui ne provient pas des rapports d'explosion mais seulement de la grande portée (1500 pas).

Maintenant si l'échelle montre une solution fautive et que le coup ait donné un bon effet ou *vice versa*, alors il n'y a que deux cas possibles.

(a). Ou J et S, ou tous les deux ont été mal observés, ou (b), il faut regarder le coup comme une anomalie : ce qui ne manque malheureusement pas dans le tir des shrapnels.

Je dois seulement répéter que mon échelle doit être considérée comme un moyen d'approximation pour juger les éléments des shrapnels, et qu'il ne serait pas juste d'exiger une précision mathématique dans des choses purement pratiques; quant à celui qui ne voudrait pas s'en contenter, je ne puis que lui conseiller d'inventer une autre échelle plus exacte.

CHAPITRE VII.

Théorie de l'effet.

151. L'inventeur même des shrapnels a, certes, le plus de droit à expliquer la théorie de l'effet de son projectile ; or, il dit que le shrapnel donne sa propre vitesse aux balles qu'il contient, et que conformément aux lois mécaniques, les balles devenues libres continuent leur trajet en décrivant un cône, et que les éclats de l'obus se meuvent aussi d'après la même loi.

Pour ne rien négliger, j'ai disserté sur ces objets avec plusieurs hommes savants, qui ont fait de la physique et des hautes mathématiques l'occupation de leur vie, et qui possèdent nécessairement un jugement plus exact, plus pénétrant et plus compétent que le simple bon sens des amateurs ; mais il s'est trouvé malheureusement que les savants n'étaient pas d'accord entre eux, comme il arrive bien quelquefois.

Les uns pensent que si dans un shrapnel en mouvement l'enveloppe était détruite subitement par des causes extérieures (non pas par des forces intérieures,) les balles resteraient agglomérées et continueraient en masse leur trajectoire, parce qu'il n'y a en action aucune force qui puisse les séparer. Les autres sont d'avis opposés, pensent que même, sans force étrangère, les balles ne peuvent pas rester ensemble, mais sont forcées de se séparer, parce que les inférieures sont pressées par les supérieures ; et, par conséquent, doivent tomber plus promptement * que celles-ci. D'après la première opinion, toutes les balles viendraient tomber au même endroit à terre, les unes au-dessus des autres, et les courbes qu'elles décrivent seraient parallèles entre elles ; d'après

* Une telle opinion ne peut être celle d'un savant. *(Trad.)*

la seconde opinion, chaque balle aurait sa courbe particulière ;
les courbes ne seraient pas parallèles entre elles, et les balles tom-
beraient à côté les unes des autres, et non pas au même endroit.
Toutes ces hypothèses, toutefois, ne se rapportent qu'au vide, et
on ne peut rien dire de précis sur la marche des balles dans l'air,
parce que la loi de la résistance des corps qui tombent ou qui se
meuvent dans l'air n'est pas connue avec précision. Dans de telles
circonstances, même avec la meilleure volonté, il n'est pas possible d'établir une théorie définitive pour l'orbite des balles, et
je puis seulement exprimer ici mes propres idées sans vouloir
forcer personne de les accepter.

152. Ce qu'il y a de bien évident, c'est que les balles réunies
en masse dans l'intérieur de l'obus resteraient ensemble et continueraient à se mouvoir en masse, s'il ne se produisait pas des
forces qui produisent la dispersion. Quelles sont ces forces ? Je
crois pouvoir en indiquer *deux*.

(1). La pression, ou plutôt la résistance que les balles éprouvent dans l'air dès que l'enveloppe en fer disparaît. Car les balles se
touchent seulement en quelques points autour desquels se trouvent des espaces vides, dans lesquels l'air pénètre, comme ferait
l'eau d'un courant, et détruit l'agrégation.

(2). Dès que la charge de poudre s'enflamme, il se développe
dans l'intérieur de l'obus des gaz qui pénètrent à travers les interstices des balles et se hâtent d'atteindre l'enveloppe pour la faire
éclater, d'où résulte aussi une secousse qui doit agir même dans
l'état de repos pour disperser les balles.

De ces deux forces, la seconde est, sans contredit, plus violente,
que la première, mais l'existence de celle-ci ne peut pas être complètement niée.

Les balles étant une fois dispersées, s'éloigneront de plus en plus les unes des autres, et comme la force de tir, ou plutôt la vitesse qui reste pousse simultanément en avant, il est clair que les trajectoires ultérieures devront aller en s'éloignant de plus en plus. Pour s'en assurer, il n'y a qu'à considérer un shrapnel, qui n'éclate qu'à quelques pas de la cible, les balles frappent tellement serrées au moment de leur passage à travers la cible, qu'on n'est quelquefois pas en état de compter le nombre des trous ; mais si le projectile éclate un peu plus tôt, par exemple à 20 pas en avant de la cible, alors les balles sont encore assez rapprochées, mais pourtant on peut déjà compter facilement les trous. Si on pouvait, dans ces deux cas, évaluer exactement en pieds et en pouces les coordonnées des points d'explosion devant la cible, on pourrait de cette distance et de l'écartement des balles conclure facilement l'angle de dispersion ; or, de telles mesures sont hors des limites de la possibilité pratique, il faut se contenter de savoir que la dispersion s'opère sous forme rayonnante, et que les balles s'éloignent sans cesse de plus en plus les unes des autres.

153. Mais il est à remarquer que lorsqu'un shrapnel éclate à quelques pas devant la cible, les balles de plomb pénètrent toutes ensemble, mais les éclats d'obus se dispersent beaucoup plus : ceci est bien la preuve la plus certaine que la charge d'explosion agit principalement sur l'enveloppe (contre laquelle le gaz est tendu, et beaucoup moins sur les balles contre lesquelles il n'est pas tendu). Tout ceci peut encore s'expliquer d'une autre manière.

La charge de poudre est faible et les balles sont entourées de toutes parts avec de la poudre (au moins pour des charges non isolées), et il est clair qu'elles ne peuvent pas être dispersées par les gaz de la poudre, comme les débris du projectile ; par-là, on peut expliquer ce fait que lorsqu'un shrapnel éclate à l'état de repos, les balles restent tout près, un petit nombre d'entre elles sont jetées à une faible distance ; tandis que les fragments du projectile sont lancés à des distances plus considérables. Si le projectile est en mouvement et animé d'une vitesse beaucoup plus grande que la vitesse d'explosion, alors on peut admettre que les balles ne suivront que le premier mouvement. Les balles qui se trouvent au centre ne peuvent donc prendre d'autre direction que celle de l'axe du cône de dispersion, ou ce qui est la même chose, la tangente de la trajectoire (VIII, p. 133).

154. D'un autre côté, on ne peut pas nier que précisément à cause des perturbations que les balles éprouvent lors de l'explosion, il n'est pas possible de penser que toutes les balles se mouvront régulièrement par la vitesse restant du tir (I, p. 93), seulement la théorie ne peut pas embrasser toutes les exceptions, mais seulement donner la règle ; et il faudra accorder que, si certaines balles peuvent s'égarer à raison de ces perturbations, la masse des balles suivra les lois énoncées ci-dessus.

155. Une nouvelle question est celle de savoir avec quelle vitesse les balles continuent leur trajet après la disparition de l'enveloppe ; l'inventeur s'est prononcé là-dessus d'une manière positive (parag. 151), disant que les balles continuent leur trajectoire avec la vitesse qu'avait le projectile au moment de l'explosion. Cela paraît si naturel qu'on peut à peine croire qu'il soit possible d'en douter, cependant cette proposition a été attaquée. On a soutenu qu'il n'est nullement démontré avec quelle vitesse les balles se meuvent après l'explosion, qu'on ne sait pas si cette vitesse est inférieure, égale ou supérieure à la vitesse du projectile au moment de l'explosion. La seule chose bien établie, c'est que la force indiquée n'est pas suffisante pour expliquer tous les effets du projectile : ainsi il faut qu'il y ait ici une troisième force inconnue à laquelle j'ai déjà fait allusion (parag. 125).

Cette idée remarquable a introduit pourtant l'hypothèse insoutenable que la vitesse, après l'explosion, pourrait être moindre qu'avant, ce qui n'est pas possible *; mais, comme il faut partir d'une base quelconque, ce qui paraît le plus naturel, c'est l'opinion de l'inventeur qui admet que la vitesse des balles est égale à la vitesse du projectile à l'instant de l'explosion. Il faut admettre cela jusqu'à ce qu'on ait trouvé la troisième force inconnue. On ne saurait trop contester que cette vitesse ne soit très grande et ne donne aux balles une force étonnante, dont nous avons déjà parlé précédemment **.

156. Le premier problème pour la théorie est donc d'apprendre à connaître les forces, qui deviennent efficaces au moment de l'explosion d'un shrapnel, mais malheureusement nous manquons entièrement d'expériences sur cet objet. On n'est pas même en état de déterminer la vitesse d'explosion, par approximation, même en connaissant la vitesse initiale du projectile, parce que la loi de la résistance de l'air n'est pas assez connue. Il n'y a qu'une série d'expériences méthodiques (en cela comme sur beaucoup d'autres choses, qui sont encore enveloppées de ténèbres) qui pourraient jeter du jour sur la question : il est vrai qu'on a fait, sur le continent, beaucoup d'épreuves relatives aux shrapnels ; mais on peut douter beaucoup qu'elles aient pris la direction ci-dessus indiquée, sans quoi, on en aurait eu quelque connaissance ; car, si beaucoup d'artilleries enveloppent les shrap-

---

* Nous avons exprimé nos idées sur ces divers sujets, dans une note précédente, et nous n'y reviendrons pas ; mais nous ferons remarquer que, d'après les explications que nous avons données, il peut y avoir des balles animées, après l'explosion, d'une vitesse moindre que celle qu'avait le projectile, aussi bien que d'une vitesse plus grande.

** Il y a ici une contradiction apparente entre ceci et les rapports faits par des officiers français à la fin de la guerre de 1814, disant que les balles des shrapnels anglais ne leur ont mis aucun homme hors de combat (I, p. 95) ; mais ceci ne doit pas induire en erreur, parce qu'on n'indique pas les coordonnées du point d'explosion. Or les shrapnels ont leur limite rationnelle comme tout autre projectile de l'artillerie. AD.

nels de mystères, on ne peut pourtant attribuer à aucune un assez grand aveuglement pour vouloir cacher les résultats de théorie pure, ou les mettre en interdit.

157. Ainsi, dans l'ignorance complète où elle se trouve relativement aux données positives, la théorie ne peut que chercher à en déduire des indices sur l'application pratique. Les hautes mathématiques, si les savants étaient aussi d'accord entre eux qu'ils le sont peu, pourraient, certes, établir des calculs, mais seulement avec des quantités inconnues, et ces calculs donneraient tout au plus un résultat scientifique et non un résultat pratique.

158. Passons maintenant aux considérations sur les effets.

Représentons-nous d'abord le shrapnel A *en repos* et la charge allumée au centre, par exemple, en A (fig. 10) ; nous désignons par 1, 2, 3, 6, les centres de gravité de six fragments différents, et cherchons ce qu'ils deviennent lorsque l'explosion a lieu.

Dans l'hypothèse que le centre de la force se trouve en A, et que l'enveloppe présente partout une égale résistance, il n'y a pas le moindre doute que les fragments voleront sous forme rayonnante et à égale distance, distance dépendante de la force d'explosion. Ici nous faisons abstraction de la résistance de l'air et de la pesanteur ; par conséquent, les fragments, dans l'instant suivant, se trouveront dans le cercle marqué 7, 8, 9....... 12.

159. Représentons-nous maintenant le projectile en mouvement, et s'étant avancé dans une certaine partie du temps (par exemple, au bout de 1") de A en B, avec une vitesse mesurée par la ligne AB, suivant la direction BC ; naturellement les fragments devront suivre le même mouvement, avec la même vitesse, dans

le même temps : ainsi, ils ne devront pas être, comme nous l'avons dit, répartis dans le cercle 7……. 12 ; mais de 13…… 18,
et seront répartis en cercle autour de B, comme ils étaient naguère autour de A. Cependant leurs trajets ne sont pas les deux lignes
de 2 à 14 en passant par 8 ou de 3 à 9 en passant par 15, mais
plutôt les diagonales de 2 à 14, de 3 à 15, etc. Il n'y a que les
fragments qui sont dans la direction A-B-C, qui se mouvront
dans cette direction, par exemple, de 1 à 7, B à 13 et A vers 17.

160. Ce qui est vrai pour un grand cercle de la sphère est aussi
vrai pour la sphère entière, alors il est clair que tous les fragments formeront un cône à base bombée, c'est-à-dire un cône
formé par une hémisphère, dont le centre est B.

161. Si on prolonge toutes les directions dans le sens opposé,
elles passent toutes par le même point D qui est le sommet du
cône : l'angle 3 D 6 est l'angle de dispersion : c'est un angle solide qu'on ne peut figurer convenablement.

162. M. Borman démontre, dans son écrit, mais d'une manière
peu claire, que toutes les diagonales passent par le même point ;
je vais essayer d'en donner une démonstration plus courte et plus
claire.

(1) Qu'on jette les yeux sur la fig. 11, le triangle FBH est
semblable au triangle ADH, parce que FB est parallèle à DA
et que les angles en H sont égaux comme angles au sommet.

(2) Le triangle CGE est semblable au triangle CAD, par les
mêmes raisons.

Maintenant on a

$$DA : HA :: FB : HF ;$$

D'où,

$$DA = \frac{AH \times FB}{HF}$$

Et aussi

$$DA : AC : : GE : CG ;$$

D'où,

$$DA = \frac{AC \times GE}{CG}$$

Et comme

$$AH = AC ;\ FB = GE \text{ et } HF = CG$$

Alors DA est une quantité constante, c'est-à-dire que quelle que soit la position du triangle, le point D est fixe.

Mais $FB = GE$ représente la force de tir ;
$HF = CG$ la force d'explosion ;
$AH = AC$ le rayon du projectile.

On a donc DA qui est à la force du tir comme le rayon est à la force d'explosion.

D'où DA égale la force de tir multipliée par le rayon, divisée par la force d'explosion.

C'est-à-dire que si on multiplie la vitesse de projection au moment de l'explosion par le rayon et qu'on divise le produit par la vitesse d'explosion, on obtient la distance du centre du projectile au sommet du cône. Cette distance trouvée, il est facile aussi de calculer l'angle de dispersion en D, car, dans le triangle rectangle DHA, on a

$$\sin \tfrac{1}{2} D = \frac{AH}{DA}$$

Il nous manque une loi pour calculer la vitesse qu'aurait, par exemple, un shrapnel de 12 livres tiré avec 2 livres de poudre et sous un angle de 3°, après avoir traversé tant de pas à travers l'air ; il nous manque aussi une loi pour calculer avec quelle vitesse ce shrapnel de 12 livres éclaterait par une charge de 6 loth. Voilà dans quelle mauvaise position nous nous trouvons relativement aux premisses, et cependant il se trouve des gens qui disent que l'angle en D se monte de 15, 20, 30°, et Dieu sait à combien encore de degrés.

163. Mais, pour essayer le procédé du calcul sur un exemple, soient les données arbitraires suivantes (fig. 11) :

Soit le force de tir exprimée par la ligne $FB = 800$ pieds ;
Et la force explosive par la ligne $HF = 160$ pieds ;
Soit le rayon $AH = 2^{po},4 = 0,2$ pieds.

Admettons que la ligne DH soit une tangente, alors, dans les deux triangles rectangles FHB et AHD, on a :

$$FH : HA : : FB : DA$$

ou

$$160 : 0,2 : : 800 : DA$$

Ainsi

$$DA = 1 \text{ pied.}$$

Ensuite on a

$$\sin \tfrac{1}{2} D = \frac{HA}{DA} = \frac{0,2}{1} = 0,2$$

Par conséquent,

$$\tfrac{1}{2} D = 11° \, 40'$$

et

$$D = 23° \, 20'$$

Ceci a bien l'air de la vérité mais n'est pas la vérité.

164. En attendant, nous apprenons au moins à connaître le maximum de la dispersion des fragments et aussi à les calculer en admettant les données précédentes. Aucun fragment ne peut se

propager plus loin que B et K, parce que tous les autres fragments comme DE sont plus près de l'âme du cône.

Ainsi BK est le maximum de la dispersion pour l'intervalle Ai. La moitié de BK ou $Bi = AF = AH + HF = r + HF = 0,2 + 160$; par conséquent, BK (si, pour abréger, on prend la corde pour les deux rayons) $= 0,4 + 320 = 320$ et $0,4$ pieds. $Ai = FB = 800$ pieds. Ainsi, à un intervalle de 800 pieds, les balles se disperseront à 320,4 pieds. Maintenant, si on voulait savoir quelle doit être la grandeur de l'intervalle Dx, pour que les fragments B et 0 ne s'étendent pas au-delà d'une cible de longueur ordinaire de 96 pieds, on a cette proportion :

$$Di : iB :: Dx : 48$$

ou

$$801 : 162,2 :: Dx : 48$$

D'où

$$Dx = 240 \text{ pieds,}$$

$$Ax = 239 \text{ pieds ou environ 100 pas,}$$

c'est-à-dire, si, avec les données admises, on veut que la dispersion des balles ne dépasse pas une cible de 86 pieds de largeur, il faut que les shrapnels éclatent à 100 pas au plus devant elle ; ici le hasard aveugle a conduit à un résultat qui s'accorde presque avec la réalité.

165. Nous avons vu ci-dessus que l'angle de dispersion D (fig. 11) dépend de la grandeur des forces FB et HF; plus FB sera grand (HF restant constant) et plus l'angle sera aigu, et plus FB sera petit et plus l'angle sera grand, si FB devient égal à HF alors le point D s'avance jusqu'à la circonférence p, et l'angle D devient égal à 180° ; mais si FB devient plus petit que HF alors D tombe dans l'intérieur du cercle et les fragments reviennent en arrière.

166. La figure 12 rend tout ceci sensible.

Premier cas. La force de tir G est plus grande que la force d'explosion S; ainsi ab est plus grand que ac, il se forme le triangle abc et l'angle en D devient aigu.

Second cas. G diminue mais reste toujours plus grand que S; le triangle acd se forme, le point D s'avance vers E, et l'angle de dispersion augmente.

Troisième cas. G devient égal à S, par conséquent $ef = eg$, il se forme le triangle efg; le point D s'avance jusqu'à la circonférence en F, et l'angle D devient en 180°.

Quatrième cas. G devient plus petit que S, et par conséquent hi plus petit que ik, il se forme le triangle hik; le point D s'avance jusque dans l'intérieur du cercle en O, l'angle de dispersion devient négatif et les fragments s'en vont en arrière.

Cinquième cas. G devient nul, c'est l'état de repos; le point D s'avance jusqu'au centre A, il n'y a que la force S qui reste efficace.

167. Des détails précédents, on peut déduire pour la pratique ce qui suit (fig. 12) :

(*a*) Plus la force de tir est grande et plus l'angle de dispersion D diminue, c'est-à-dire que l'ouverture du cône devient plus petite, et que le projectile peut éclater plus loin et en avant du but ; mais ce qui reste de vitesse au point d'explosion A, est plus grande pour les petites portées que pour les grandes, et par conséquent plus les portées sont petites et plus l'intervalle peut être grand.

(*b*) Plus la force de tir est faible, plus l'angle de dispersion E devient grand, ainsi que l'ouverture du cône mm, d'où il résulte que le projectile doit éclater de plus en plus près du but pour que les balles ne se dispersent pas trop ; or, la force de tir, au point d'explosion, est plus faible pour de grandes portées que pour de petites, d'où l'on conclut que plus les portées sont grandes, plus l'intervalle doit être petit.

(*c*) Si la force de tir diminue tellement qu'elle devienne égale à la force d'explosion, alors l'angle de dispersion F devient égal à 180° ; ses côtés F,n deviennent des tangentes, et la dispersion des fragments n'a plus de limites : de là suit que dans ce cas le shrapnel n'aura d'effet qu'autant qu'il éclatera tout près du but ; mais alors le principe même de ce projectile aurait disparu ; de là on peut conclure que jamais la force de tir ne doit être assez faible pour devenir égale à la force d'explosion.

(*d*) Si la force de tir devient nulle, alors le shrapnel devient un obus ordinaire et cesse d'agir comme shrapnel : de là suit qu'un shrapnel en repos ne peut plus avoir d'effet.

Cette analyse était nécessaire pour se faire une idée exacte des actions et réactions qui se manifestent dans ce tir.

168. Avant de quitter ce sujet il est absolument nécessaire d'établir quelques considérations sur la *nature* de ces forces.

La force d'explosion est une grandeur que l'on peut considérer comme constante, car il dépend de nous de donner à chaque shrapnel de même calibre et de même construction un même chargement. *La force de tir* est au contraire une grandeur entièrement variable, car en supposant même qu'on prenne chaque fois la même charge, la même poudre, des projectiles de même grandeur et de même poids, qu'on prenne soin d'établir le même vent ; bref, qu'on égalise toutes les circonstances accessoires, on pourra, certes, espérer obtenir une même vitesse initiale ; mais par là tout n'est pas terminé, car il s'agit de savoir *quel trajet* le projectile parcourra dans l'air avant d'éclater ; ceci dépend du temps de combustion de la fusée, et l'on peut dire que du moment où le projectile a quitté la bouche de la pièce, il tombe sous l'empire de la fusée. Que les fusées soient construites et calculées de la manière la plus parfaite possible, elles présenteront encore de petites différences, et la plus petite suffit pour amener l'explosion ou trop tôt ou trop tard. Ainsi personne ne peut déterminer d'avance dans quel point de sa course le projectile se trouvera à l'instant de son explosion; le rapport des deux grandeurs G et S oscillera continuellement, mais chaque oscillation produit une autre abscisse, un autre angle de dispersion, une autre étendue de propagation, en un mot d'autres *relations explosives* et par conséquent *d'autres effets*, et toutefois il n'a pas encore été question du point si important de la hauteur de l'explosion au-dessus de l'horizon.

169. Ce sont là les éléments d'incertitude encore rattachés à la question des shrapnels et ils y resteront toujours inhérents, à moins que de grandes inventions ne se fassent dans le domaine de la technologie et de la balistique, et en ce qui concerne la dernière, il y a peu d'espoir. Trois siècles complets se sont écoulés sans qu'on ait pu trouver la loi de la résistance de l'air, et on ne connaît pas même le moyen de mesurer avec certitude les vitesses initiales. Lorsqu'on a de tels faits sous nos yeux, les meilleures espérances deviennent douteuses [*].

170. Jusqu'ici nous avons considéré les divers résultats de l'explosion, pour ainsi dire en perspective, à vol d'oiseau, sans faire entrer dans le calcul la pesanteur; il est nécessaire maintenant de rechercher son influence.

171. La figure 13 représente la projection verticale, les forces qui se développent pendant l'explosion.

La droite DAB est la tangente à l'origine de la trajectoire; les trois lignes A—1, A—2, A—3, représentent la force explosive

* Decker ne connaissait probablement pas les expériences de la commission de Metz qui ont avancé la question.

dans trois directions différentes ; si la pesanteur n'agissait pas alors avec les forces de tir 1—4, 2—5, 3—6, les éclats 1, 2, 3, à la fin du premier instant après l'explosion, viendraient en 4,5,6; mais pendant ce temps la pesanteur les fait descendre d'une certaine quantité ; à la fin du premier instant, 1 ne se trouve pas en 4 mais en 7 ; 2 pas en 5 mais en 8 ; 3 pas en 6 mais en 9 ; les hauteurs de chute 4—7, 5—8, 6—9 ont été supposées d'égale grandeur, et on construit ainsi les courbes D—7, D—8, D—9. La droite AB ira en s'abaissant jusqu'en C et formera la courbe AC.

172. Pour connaître la mesure des abaissements 4—7, 5—8, 6—9, il faudrait savoir combien de temps les éclats 4, 5, 6 ont mis à parcourir le trajet horizontal ; si ce temps était, par exemple, d'une seconde, la hauteur de chute serait de 15 et $\frac{2}{3}$ de pieds pour 2" 62 $\frac{1}{2}$, etc. ; il s'est donc introduit ici un élément nouveau entièrement inconnu, qui rend tout calcul direct impossible.

173. La figure 14, I représente le cône vu d'en haut ; les éclats 1, 2, 3, 4... 8 appartiennent à la partie antérieure du projectile, et les éclats 9, 10, 11... 16 appartiennent à la partie postérieure.

Dans la figure 14. II, le cône est vu de côté ; les éclats a, b, c, d appartiennent au quadrant supérieur et antérieur ; e, f, g, h... au quadrant inférieur et antérieur ; i, k, m, n au quadrant inférieur et postérieur ; o, p, q, r au quadrant supérieur et postérieur ; D—n—d est la direction initiale qui s'est inclinée ; tout le cône s'est abaissé de t en r.

174. Si on a à atteindre un but aussi large que la figure 14—I, et aussi haut que la figure 14—II, tous les fragments y atteindront ; mais si le but est moins large et moins haut, quelques éclats s'en iront à côté ou par-dessus, ce qu'on ne peut éviter qu'en choisissant un autre intervalle et un autre point d'explosion.

175. Il a déjà été dit plus haut que l'ouverture antérieure du cône dispersif forme une hémisphère creuse, et qu'on peut se représenter à l'aide des deux dernières fig. 14-I et II. Si on suppose les éclats 1, 2...... 16, et a, b....... r, subitement arrêtés, ils se trouvent sur la surface d'une sphère au centre de laquelle sera la balle centrale z, primitivement placée au centre du shrapnel.

176. Dans les recherches précédentes, nous avons eu principalement en vue les éclats de l'enveloppe; nous allons maintenant considérer les balles, en faisant abstraction de la force d'explosion, qui n'a qu'une influence très insignifiante sur les balles. La fig. 15, représente une vue d'en haut :

En L, les balles sont rangées autour du centre. L'explosion a lieu, l'enveloppe est brisée, les balles deviennent libres, alors commence le premier moment M de la propagation. Comme l'impulsion a lieu d'arrière en avant, il s'ensuit que les balles se portent en avant; mais comme les balles se touchent durant l'impulsion, et que dans les intervalles il s'introduit de l'air comprimé, il s'en suivra un écartement, et chaque balle sera soumise à l'action de deux forces; la plus grande dirigée en avant, et la plus petite latéralement. Il se formera donc ainsi, pour chaque balle, une résultante particulière, et la surface enveloppe des balles, vue d'en haut, ne peut pas être considérée comme formant un cercle, comme en L; mais elle prendra une forme ovoïde, comme en M, dont la courbure sera plus grande en avant qu'en arrière.

Les balles entrent en N dans le second moment de leur course, l'ovoïde s'alonge et s'aplatit de plus en plus, la courbure latérale est déterminée par les deux côtes de l'angle de dispersion, qui forment des tangentes. On a ainsi pour forme dispersive un ovoïde alongé, et c'est ainsi que plusieurs auteurs l'ont représenté graphiquement.

177. Même en attribuant à la force explosive une certaine

influence sur les balles, la figure ne sera pas essentiellement altérée, les balles centrales se tiendront réunies au milieu, continueront
en général à suivre la trajectoire, et iront vers le centre de la cible ;
les balles les plus voisines seront séparées des balles centrales, et
leur cercle de dispersion sera un peu étendu par la force explosive ;
toutefois, c'est sur les balles, qui sont à la surface, que la force
explosive exercera la plus grande action.

178. Mais si le chargement n'est pas dispersé entre les
balles, mais reste isolé dans une capsule, alors, certes, les rapports seront modifiés, surtout si ce chargement est un peu fort,
et les balles se disperseront vraisemblablement davantage. C'est
peut-être pour cette raison que plusieurs artilleries ont renoncé
à isoler le chargement.

179. Il reste encore à examiner ce qui arriverait, si l'on rendait
la charge très forte et qu'on voulût la faire entrer dans le calcul ;
considérons la fig. 16.

L'éclat 1 que la force du tir aurait porté jusqu'à 2, sera, maintenant que la force explosive 1-a intervient, porté un peu plus
loin, suivant la diagonale 1-3' ; par contre, l'éclat 4 appartenant à
la partie postérieure de l'hémisphère qui aurait été porté en 5 sera
dirigé suivant la diagonale et ira seulement au point 6, car la
force 4-b aura agi contre lui ; ainsi ce que gagne l'hémisphère
antérieur par la force d'explosion est perdu par la partie postérieure, et alors ne perd-on pas plus qu'on ne gagne ? Cela me
confirme dans ce que j'ai déjà dit précédemment, qu'il faut porter le chargement au minimum.

Théorie de M. Borman.

180. Il sera sans doute agréable au lecteur d'apprendre suc-
cinctement ce qu'il y a d'essentiel dans la théorie de **M. Borman.**

Cet auteur partage les shrapnels (fig. 17, A) en dix secteurs sphériques, savoir un secteur antérieur (1) et un postérieur (2), en deux secteurs tangentiaux (3. 3) en quatre adjacents (4. 4. 5. 5) et en deux insérés dans la partie antérieure (6. 6). Chaque secteur contient une portion de l'enveloppe et un certain nombre de balles.

181. Lors de l'explosion il se forme une figure dispersive conique (17. *B*) dont le sommet est en arrière de la force explosive *D*; l'ouverture antérieure s'étend aussi loin que la force de tir est capable de pousser les fragments, et la largeur de l'ouverture est déterminée par l'angle de dispersion.

Si on coupe la ligne dispersive par des plans horizontaux, il en résulte des sections coniques parallèles à l'axe (des hyperboles) et si on fait aussi passer le plan par le centre de gravité des éclats, alors il en résultera nécessairement des ovales alongés; il n'y a que les fragments 1 et 2, qui appartiennent à l'axe du tir, qui restent dans des plans verticaux passant par l'axe admis, ainsi :

(*a*) Le secteur antérieur 1 se meut dans le plan vertical de tir et tombe (fig. 17, *B*) en 1.

(*b*) Le secteur 2 reste dans le même plan et tombe en 2.

(*c*) Le secteur tangentiel 3-3 est celui qui s'étend le plus et forme l'ovale alongé 3, 3 3...3.

(*d*) Les secteurs adjacents mais postérieurs, 4,4, s'étendent en un ovale semblable et moins large 4,4,4...

(*e*) Les secteurs adjacents mais antérieurs, 5.5, se dispersent sur l'ovale 5,5,5...

(*f*) Enfin les éclats postérieurs des secteurs intermédiaires 6.6 forment l'ovale le plus rétréci 6,6,6...

182. Si les forces qui servent à former la surface dispersive étaient exactement connues il ne serait pas difficile de construire exactement le cône dispersif avec ses diverses courbes ; mais dans l'état actuel des choses il faut se contenter d'en connaître la forme générale.

183. Abordons maintenant la question qui se présente naturellement : où faut-il placer la cible pour qu'elle soit atteinte par le plus grand nombre de fragments[*] ? — Évidemment là où se trouve le maximum de dispersion ; là, par exemple, où est tombé l'éclat antérieur 1 (en *m m*, fig. 17, *B*).

184. M. le capitaine Bormann pense (VIII, p. 131) qu'il n'y a que des expériences très étendues, très délicates, qui puissent nous apprendre pratiquement les dimensions de la surface explosive et les hauteurs auxquelles peuvent être portés les éclats. Peut-être qu'on pourrait peindre par des couleurs variées les éclats sur la surface de la sphère pour avoir un moyen d'observation, mais la rotation rendrait le résultat peu sûr.

185. Il est clair qu'on change la forme de la surface d'explosion en faisant varier dans les charges et les fusées, et qu'on peut déplacer le point d'explosion par un changement dans l'angle de tir. Dans les expériences belges de 1835, on croit avoir trouvé que la surface ovale horizontale sur laquelle se propageaient les éclats, avait de 300 à 400 pas de longueur et de 150 à 200 pas de largeur ; de plus, on croit avoir trouvé que pour l'obusier long de 15 ᶜ avec deux livres de charge, la force de tir et la force explosive ne deviennent égales qu'au-delà de 1300 pas (??), de manière que, même à de plus grandes distances encore, on pourrait compter avec cette pièce (la plus faible de l'artillerie belge) sur un tir de shrapnels efficace. Ces assertions sont extraordinairement hasardées et auraient absolument dû être démontrées

---

[*] Nous appelons fragments la réunion des éclats et des balles.

d'une manière plus exacte, car ce ne sont nullement des corollaires des propositions précédentes ; il faut donc une critique très circonspecte pour apprécier la théorie de M. Borman et ses conséquences.

186. Une combinaison juste entre la charge, la longueur de la fusée et l'angle de tir, sera toujours le vrai criterium sur lequel il faudra concentrer l'attention dans les expériences.

CHAPITRE VIII.

Portées et angles de tir.

187. On prétend que l'action des shrapnels peut s'étendre jusqu'au-delà de 2000 pas (III, p. 231). Dans les expériences norvégiennes, on a atteint les portées suivantes de premier jet avec des shrapnels sans fusée. Dans un obusier de 12[1] de 10 calibres de long et 1 ¾ livre de charge

Angles de tir	portées	
1°	700 aunes *.	
2	1068	
4	1684	
6	2057	
10	2729	

Dans la table X de la description de l'artillerie anglaise par Jacobi, on trouve des portées de shrapnels si invraisemblables que j'ai scrupule de les copier ici.

L'inventeur des shrapnels prétend que par ce projectile le feu de l'artillerie devient aussi efficace à des distances de 2,000 à 3,000 yards ** (2,400 à 3,600 pas) qu'il l'a été jusqu'ici à des distances de 200 à 300 yards (I, p. 97). Cette assertion est tellement exagérée qu'elle peut passer pour une simple vanterie.

Dans l'année 1833 on a atteint, avec une pièce de 6 norvégienne et une charge de 1 livre :

1° d'angle de tir 1049 aunes.
4° 1624 *id.* (1020ᵐ).

---

* Nous rappelons que l'aune équivaut à 0 m. 627.
* Le yard équivaut à 0 m. 948.

Portées moyennes d'où l'on a conclu les autres portées d'après la règle de Borkenstein : que les portées sont comme les racines carrées des angles de tir. Cette règle serait extrêmement commode, mais malheureusement elle ne s'accorde pas toujours avec l'expérience.

Avec une pièce de 12, de 16 $\frac{1}{2}$ calibres de long, on a atteint avec 2 livres de charge, une hausse de 5° $\frac{1}{4}$ pouces (environ 5° d'angle de tir) et d'un premier jet, une distance de 1534 pas ; le projectile est allé à 1900 pas.

188. On pourrait citer une quantité considérable d'expériences qui montrent qu'on peut atteindre avec les shrapnels des portées plus grandes que celles dont on a jamais réellement besoin. Ainsi la question : jusqu'à quelle distance peut-on tirer avec les shrapnels? peut être regardée comme complètement et surabondamment résolue. Mais une question bien plus importante est celle-ci : Jusqu'à quelle distance doit-on raisonnablement tirer avec des shrapnels?

189. Pour aucun projectile, il n'est aussi nécessaire que pour les shrapnels d'observer chaque coup avec précision, et pour faire cette observation, il est bien entendu que la distance ne doit pas être trop grande; ne fut-ce même que pour remplir ces conditions. La distance de 1200 pas pourrait être regardée comme le maximum de la portée pratique. A cette distance, il faut déjà un bon œil et beaucoup d'habitude pour observer avec exactitude l'effet d'un coup et il faut en outre un temps serein et un jour favorable.

Un artilleur raisonnable ne tire en général qu'autant qu'il peut voir à l'œil nu.

190. Toutefois, presque aucune artillerie, dans ses expériences sur les shrapnels, ne s'est arrêtée à ce maximum de 1200 pas. La plupart ont dépassé de beaucoup cette portée, et quelques-unes

sont allées jusqu'à 1800 et 2000 pas. Il ne faut pas le blâmer, quand cela sert à compléter les expériences; mais ce serait à blâmer si l'on voulait nourrir la pensée de tirer en campagne avec des shrapnels à des distances aussi démesurées, parce que, dans des expériences de polygone, on aurait obtenu des résultats passables. Autre chose est de mesurer les portées avec la chaîne ou de les estimer à l'œil et encore dans un moment d'agitation; autre chose est de tirer contre des cibles en bois ou contre un ennemi qui riposte.

191. Après la question où doivent finir les portées des shrapnels, s'en présente une seconde non moins importante, où doit-elle commencer? Le document n° XI dit là-dessus, p. 176 : « les obus à balles ne peuvent devenir utiles qu'à une certaine distance de la pièce à cause de la difficulté de régler les fusées pour de très petites distances. On peut donc dire que l'effet des shrapnels commence là où le tir à balles ordinaire cesse d'être efficace.

On ne peut rien objecter contre la justesse de cette idée, mais il faut convenir aussi qu'elle est conçue d'une manière trop générale. A 500 pas déjà les fusées deviennent très courtes et à des distances moindres elles présenteront difficilement la sûreté convenable, de manière que 500 pas paraissent être la portée minimum. Par ce motif-là même, on voit que les shrapnels ne remplaceront pas entièrement les boîtes à balles et, par conséquent, ne les feront pas exclure, mais qu'elles doivent au contraire s'y adjoindre (IX, p. 33).

192. C'est un fait constaté par diverses expériences qu'en général, les portées exercent une influence beaucoup moindre sur l'effet des shrapnels que sur les boîtes à balles. L'inventeur même doit avoir eu cette persuasion, car, en exposant leurs effets, il a jugé inutile de faire mention des distances, disant en général

qu'une balle de plomb, à 60 pas après l'explosion, traverse encore une planche de sapin de 2 pouces d'épaisseur.

193. Une troisième question : pour combien de portées faut-il régler les shrapnels? Ceux qui règlent les fusées en les forant, en les coupant ou en les entaillant, ne sont pas gênés par cette considération; mais ceux qui transportent des fusées déjà réglées sont tenus de résoudre la question.

En passant en revue tout ce qu'on a vu jusqu'ici, on pense qu'il ne sera pas nécessaire de se munir de plus de six portées.

194. Avec la pièce de 6 (au cas que l'on eût quelque confiance dans son tir à shrapnels), on commencerait à 500 pas et l'on irait jusqu'à 1000; avec la pièce de 12 on tirerait de 700 à 1200 pas, avec l'obusier de 600 à 1200 pas. Pour des cas extraordinaires, on pourrait aussi avoir en réserve quelques fusées pour de plus grandes distances.

195. Quant à ce qui conserve l'angle de tir, il faut partir du principe que plus le tir est tendu, plus on se rendra indépendant de toutes sortes d'accidents; il ne paraît donc pas convenable de tirer sous un angle plus grand que 6° et cela suffit même pour les plus grandes distances, pour 1200 pas.

196. Vouloir prendre l'angle de tir avec le quart de cercle, serait une grande perte de temps; même dans l'obusier, il faudra se servir de la hausse. Nous ne parlons pas d'expériences et ne voulons pas dire qu'on ne puisse pas traduire la hausse en degrés dans les tables de tir, afin d'obtenir quelques renseignements nécessaires sur la direction du tir.

197. La conversion de la hausse en degrés est un travail pénible mais indispensable dans des épreuves dont on veut retirer quelque instruction. L'omission de cette précaution est cause que

la plupart des tirs d'épreuve ne donnent pas d'appui suffisant et sûr pour les recherches scientifiques.

198. Enfin, il faut remarquer qu'à raison de la grande sensibilité des trajectoires des shrapnels, il est absolument nécessaire de diviser la hausse, non-seulement en quarts de pouce, mais en huitièmes : il y a même des artilleries qui vont jusqu'à des divisions plus petites, jusqu'aux seizièmes de pouces.

CHAPITRE IX.

Coordonnées du point d'explosion.

199. Il est à remarquer qu'aucun écrivain n'a donné l'attention qu'il mérite à ce point important. Le document n° 1 qui mérite toujours d'être cité le premier, dit seulement en passant, p. 108, que la bonne distance est entre 20 et 200 pas, sans en donner de motifs particuliers et sans même avoir égard aux portées qui, cependant, ne peuvent pas être passées entièrement sous silence : pas un mot sur les hauteurs d'explosion.

200. L'inventeur des shrapnels assure que la distance du point d'explosion au but pourrait être de 400 yards (484 pas)[*] et que les balles auraient encore une force suffisante (I, p. 96). Cette assertion est exagérée. Le canon de 12 est la pièce qui donne à ses shrapnels la plus grande force, et cependant lorsque le projectile éclate à 200 pas de la cible (particulièrement dans les grandes portées où la force de tir est déjà considérablement diminuée), son effet diminue déjà notablement. De 1100 à 1200 aunes (800 mètres) des distances d'explosion de 200 pas, même avec la hauteur d'explosion correspondante, n'ont porté que 10 à 15 balles dans la cible ; à des distances de 400 pas, on ne pouvait compter vraisemblablement sur aucune balle.

201. Le capitaine Borman calcule bien les forces qui devien-

---

[*] Le pas se trouve fixé par-là à 0 m. 75.

nent actives lors de l'explosion d'un shrapnel, mais dit seulement sur le point d'explosion, que c'est lui qui a la plus grande influence (p. 135). et qu'il faut tendre à placer le but dans la partie de la surface de dispersion où se trouve le plus grand nombre de balles. Cette assertion est quelque chose en théorie, mais sert peu à la pratique. Dans le procès-verbal d'épreuves que cet auteur communique. il donne bien les distances mais pas les hauteurs d'explosion. et par-là ces procès-verbaux deviennent presque inutiles.

202. Le document n° XI prétend (p. 52) que l'intervalle doit être en rapport direct avec la vitesse, ce qui veut dire que plus le shrapnel se mouvra vite et plus tôt il pourra éclater ; que plus son mouvement sera lent et plus son explosion doit être retardée. Cette assertion ingénieuse et juste mène à une certaine loi pour la grandeur des intervalles qui, d'après cela, seraient en général en raison inverse des portées ; mais il nous manque encore des expériences pour savoir si c'est en progression géométrique en arithmétique. L'assertion que la pièce de 12 donne à 800 pas de portée et à 120 pas de distance d'explosion son meilleur effet, est aussi vague que de dire que l'angle de dispersion est de 15°. On prétend aussi que, pour les obusiers, la distance la plus convenable est de 120 pas pour les petites distances et de 40 pour les grandes, sans justifier par rien cette assertion.

203. Dans les expériences de Modlin, en 1835, des licornes de $\frac{1}{2}$ poud (15 c.) ont donné à 1840 pas des distances d'explosion de 25 à 135 pas et des hauteurs d'explosion de 30 à 60 pieds, l'angle de tir était de 8°.

Dans une épreuve faite en 1838 avec des shrapnels de 12 livres, les distances et hauteurs d'explosion suivantes ont donné l'un dans l'autre un très bon résultat.

	Distances.	Hauteurs.
sur 700 pas	130	15 pieds.
900	120	20
1200	100	20
1500	85	18

Dans les expériences faites en Norvège, en l'année 1835, avec une pièce de 6, on a eu :

	Distances.	Hauteurs.
sur 500 pas	150 pas	8 pieds.
600	115	4
700	60	9
800	145	15
900	100	5
1000	125	12

Ces faits contiennent tant d'anomalies et de contradictions que la théorie ne peut guère en profiter.

204. Pour apprécier les relations des distances et des hauteurs explosives, on prend pour base le nombre absolu de coups qui portent, et au fait on n'a pas d'autre mesure ; car à quoi servent les meilleures relations, celles qui sont originairement les plus justes, lorsque, par leur moyen, on n'atteint que mal. Cependant on ne peut pas non plus disconvenir que beaucoup d'autres choses que la distance et la hauteur influent sur le nombre de coups qui portent, choses dont quelques-unes ne sont pas même suffisamment connues. Toutefois, il ressort de toutes les expériences que les distances d'explosion ne sont pas aussi rigoureusement liées aux portées que l'on pourrait le croire, pourvu qu'elles soient en bonne relation avec les hauteurs : c'est là pour les effets, une con-

dition indispensable. D'après les renseignements ci-dessus des distances de 60 à 150 pas avec des hauteurs de 4 à 15 pieds ont donné avec les canons de bons résultats, abstraction faite des portées.

Les expériences nous manquent encore pour les obusiers, tout ce qu'on en sait c'est que les bonnes distances sont comprises entre 75 et 150 pas, les bonnes hauteurs entre 10 et 20 pieds, aussi abstraction faite des portées.

205. L'inventeur lui-même dit seulement d'une manière très générale (sans avoir égard ni aux calibres ni aux portées) que lorsqu'un shrapnel éclate à 500 pas en avant de la cible et à 18 pieds au-dessus du sol, il produit son meilleur effet.

Les Norvégiens tiennent pour satisfaisant le shrapnel qui éclate à 200 pas devant la cible, mais comme ils n'indiquent pas la hauteur, c'est comme s'ils ne disaient rien.

Les tables de distances données par le capitaine Straith sont trop régulièrement disposées pour qu'on ne s'aperçoive pas de suite que ce sont seulement des résultats *calculés* d'après une certaine formule ; la seule chose qu'elles puissent apprendre c'est que, aux grandes portées répondent les petits intervalles, et aux petites portées les grands intervalles, au cas qu'on l'ignorât encore.

Les procès-verbaux des épreuves belges fournissent trop de motifs de suspecter leur exactitude, pour pouvoir rien fonder sur elles. Les distances varient jusqu'à trois cents pas, ce qui ne plaide pas beaucoup en faveur des fusées louées avec tant d'emphase.

206. L'échelle de la ligne 9 sert à faire une revue générale pour les relations entre les distances et les hauteurs. On en a tiré la table suivante * :

---

* Nous laissons ces tables en mesures prussiennes, en rappelant seulement que 200 pas équivalent à 150 mètres.

Angles de chute. — Degrés.	Intervalles en pas.				
	200	150	100	75	50
	Hauteurs d'explosion correspondantes en pieds.				
1	13	11	$8 \frac{1}{2}$	$7 \frac{1}{2}$	6
2	$20 \frac{1}{2}$	16	12	10	8
3	29	22	$16 \frac{1}{2}$	13	10
4	37	29	$20 \frac{1}{2}$	$16 \frac{1}{2}$	12
5	46	$35 \frac{1}{2}$	25	20	$14 \frac{1}{2}$
6	55	42	$29 \frac{1}{2}$	23	17
7	63	48	$33 \frac{1}{2}$	26	19
8	71	54	$37 \frac{1}{2}$	29	21

Par conséquent si l'angle de chute (supposé égal à celui de tir) est de 5°, alors la hauteur correspondante au-dessus du sol à des distances de :

200 pas, sera environ 46 pieds.
150                 $35 \frac{1}{2}$
100   25

La table fait entièrement abstraction de la grandeur des portées, parce qu'il ne s'agit ici que de la détermination des relations absolues entre les distances et les hauteurs. A ceux qui aiment à se plonger dans les calculs et à en tirer des conséquences, je fais part ici d'une table de distances et de hauteurs déduites d'expériences sûres et rangées d'après le nombre de coups qui ont porté, abstraction faite des portées.

(*a*) Distances d'explosion en pas.

(*b*) Hauteur d'explosion en pieds.

(*c*) Nombre des fragments qui ont atteint la première cible, comprenant à la fois ceux qui ont traversé et ceux qui ont seulement frappé.

(*d*) Les portées sont exprimées en pas; le pied est celui du Rhin (0^m,3138), le pas contient 30 pouces.

Nos des coups.	Elévation en degrés.	Portées.	Intervalles.	Hauteur d'explosion.		Nombre de coups qui ont porté sur la première cible		
				réelles.	calculées.	perçants.	frappants.	total.
11	2	900	10	?	?	85	8	93
37	1	700	200	15	13	64	6	70
39	1	700	100	15	$8\frac{1}{2}$	58	3	61
2	2	900	120	20	13	40	18	58
32	1	700	170	20	11	35	18	53
31	5	1500	75	20	20	29	18	47
30	5	1500	145	35	$35\frac{1}{2}$	23	22	45
23	5	1500	100	15	25	27	11	38
18	4	1200	60	5	12	24	10	34
14	4	1200	120	30	24	15	8	23
15	4	1200	80	5	18	19	4	23
16	4	1200	160	40	20	12	4	16
21	4	1200	80	35	17	13	3	16
33	1	700	45	15	6	10	2	12
22	5	1500	40	15	14	3	7	10
17	4	1200	130	35	25	1	1	2
25	5	1500	20	25	7	1	1	2
10	2	900	400	?	?	1	0	1
9	2	900	75	35	8	1	0	1
27	5	1500	60	30	17	0	1	1

Dans la colonne des hauteurs d'explosion, on a indiqué d'abord celles qui ont été observées réellement, et ensuite celles qui ont été calculées d'après l'échelle (fig. 9), ce qui peut donner matière à d'intéressantes comparaisons.

Il est à regretter qu'au coup n° 1 la hauteur soit inconnue ; elle a dû être au plus de 5 pieds, sans quoi on n'aurait pas obtenu un si beau résultat. Il ne manque pas d'anomalies dans ces tables, cependant là où de bons effets ont eu lieu on reconnaît encore une relation assez juste entre les distances et les hauteurs, et là où cette relation est dérangée, par exemple dans les coups n° 25, 9 et 27, l'effet est mauvais. Ensuite il résulte de cette table que des intervalles de 60 à 200 pas ont donné de bons effets, abstraction faite des portées, dès que les hauteurs répondaient à la grandeur des intervalles comme c'était le cas pour les dix premiers coups, etc. Une certaine influence des portées se manifeste d'une manière plus notable dans les n°ˢ 39 et 23 : les deux coups avaient le même intervalle 100 pas et la même hauteur 15 pieds, mais ont donné des effets différents, savoir : le n° 39 a donné 61 coups dans la cible et le n° 23, seulement 38, d'où l'on pouvait conclure que l'intervalle a été trop grand pour cette portée de 1500 pas ; mais cependant, à la même distance, de plus grands intervalles encore ont donné de meilleurs effets (comme le n° 30), parce que les hauteurs s'y adaptaient mieux.

208. Si l'on réunit tout ensemble, on voit se confirmer la proposition déjà établie que c'est moins la grandeur absolue de la distance que la bonne relation entre celle-ci et la hauteur qui est la base d'un bon effet, ce qui peut s'exprimer par cette expression générale $\dfrac{J}{S} = I$, exposant de l'effet ; mais quelle grandeur doit avoir cet exposant ? Est-il le même pour toutes les distances, coordonnées horizontales, et verticales ? Ce sont là des questions auxquelles on ne peut pas encore répondre. Pour servir d'exemple, nous donnons ici les exposants des *meilleurs* coups, déduits de la table ci-dessus :

$$N^o\ 37 \quad \frac{200}{15} = 13,3 \quad \text{a donné 70 coups dans la cible.}$$

$$39 \quad \frac{100}{15} = 6,6 \qquad 61$$

$$2 \quad \frac{120}{20} = 6,0 \qquad 58$$

$$32 \quad \frac{170}{20} = 8,05 \qquad 53$$

$$31 \quad \frac{75}{20} = 3,7 \qquad 47$$

$$30 \quad \frac{145}{20} = 4,0 \qquad 45$$

Si on ajoute tous ces nombres on trouve que l'exposant moyen
est égal à **7**, c'est-à-dire que la hauteur doit être la septième partie
de l'intervalle ; mais ce sont là des calculs où chaque règle souffre
des exceptions. Nous abandonnons à la sagacité du lecteur le soin
de continuer ces observations avec le secours de la table précédente.

209. Pour une certaine largeur de cible la distance est en connexion immédiate avec l'angle de dispersion. Si (fig. 18, vue d'en
haut) la largeur de cible **ZZ** est atteinte par les balles latérales extrêmes D, alors la distance de l'intervalle ne doit pas être plus
grand que DJ ; s'il est plus grand comme *EJ*, les balles latérales
passeront en dehors de la cible ; mais si l'angle de dispersion
croît, il faut que l'intervalle diminue, et le point D doit s'avancer
en *F*. Pour la même force explosive, l'angle de dispersion est déterminé par la vitesse du projectile, et de là suit de nouveau que les
grandes distances d'explosion *peuvent* convenir aux petites portées,
et que les petites distances sont nécessaires aux grandes portées.

210. Rien n'est plus naturel que de se demander d'où il vient que dans des circonstances, en apparence identiques, les distances diffèrent tellement, que souvent un projectile éclate à 100 pas en avant de la cible et, le coup suivant, avec la même longueur de fusée, peut-être à 100 pas en arrière ; quelquefois même les différences entre les distances d'explosion montent à 300 pas au-delà, sans qu'on puisse s'en expliquer la raison.

211. Cela ne peut pas provenir des fusées ; car (comme on l'a souvent fait observer) dans l'état actuel de l'art pyrotechnique, on peut admettre que chaque artillerie sait confectionner des fusées régulières.

Si l'on place par exemple 6 fusées de même longueur à côté l'une de l'autre, et qu'on y mette le feu simultanément, on trouve que toutes mettront presque jusqu'à 1''' près, le même temps à brûler ; mais, si on place 6 fusées de la même sorte et de la même longueur dans autant de shrapnels, alors on trouvera dans le tir peut-être 6 différences notables de distances d'explosion ; il faut donc qu'il se passe ici quelque chose de particulier pour les fusées, sans quoi ces phénomènes seraient inexplicables.

212. En réfléchissant mûrement sur ces objets, on parvient aux considérations suivantes :

(*A*). Il est possible que l'inflammation ne s'opère pas constamment d'une manière exacte dans le même moment.

(*B*). Il est possible que la combustion ne s'opère pas uniformément, qu'elle s'opère plus rapidement pour une fusée, plus lentement pour l'autre ; examinons ces deux points de plus près.

Quant à l'inflammation, on peut concevoir ici trois moments.

(*a*). Ou bien le premier gaz qui se développe enflamme la fusée avant que le projectile ait changé de position dans l'âme.

(*b*). Ou bien l'inflammation arrive un peu plus tard, mais toutefois avant que le projectile ait quitté l'âme.

(*c*). Ou bien la fusée commence seulement à prendre feu hors de l'âme, et cela par le torrent de flamme qui s'écoule hors de la bouche [*].

Ce n'est que par des expériences qu'on pourrait découvrir dans quelles limites ces variations sont possibles, et quel maximum de temps les sépare. Si ce maximum s'élevait par exemple à 10''', alors ce serait suffisant pour changer le temps de la combustion de la fusée et par conséquent aussi la distance de l'explosion; peut-être que le tir du shrapnel au mortier-éprouvette pourrait donner quelqu'éclaircissement, si l'on tirait avec des charges de $\frac{1}{4}$, $\frac{1}{2}$ et de $\frac{3}{4}$ de loth, afin de mieux observer l'effet du courant de gaz relativement à l'inflammation de la fusée. Il est bien entendu que les shrapnels ne seraient pas chargés.

Quant à la *combustion*, il est possible, et du moins pas invraisemblable que le courant d'air y exerce une influence, et que pour des shrapnels, qui possèdent une grande vitesse initiale ou en général pour de petites portées, les fusées brûlent plus vite que pour de moindres vitesses et pour de plus grandes portées.

La rotation pourra aussi avoir quelque influence, et il est possible que pour des projectiles, qui tournent avec vitesse et avec violence la fusée brûle plus promptement que pour d'autres qui tournent lentement.

Les expériences relatives à la combustion seraient du reste plus difficiles à faire que celles de l'inflammation; peut-être qu'un projectile suspendu à un bras de levier tournant pourrait offrir quelques éclaircissements.

---

[*] Toutes ces considérations nous paraissent insignifiantes pour le but que se propose l'auteur. Le temps que le projectile met à parcourir l'âme n'est pas assez long pour que le projectile puisse, dans un temps égal, parcourir une distance considérable alors qu'il est loin de la bouche et que sa vitesse est beaucoup moindre que la vitesse initiale.

Quoi qu'il en soit, l'objet est assez important pour attirer l'attention des artilleurs, et c'est cela que je me suis proposé principalement, dans ces considérations.

213. D'autres considérations se présentent pour les hauteurs ; pour la même coordonnée horizontale, que nous avons appelée distance d'explosion, les hauteurs sont déterminées par les angles de tir ; car ceux-ci déterminent la trajectoire. Si (fig. 9, vue de côté) la tangente DT de la trajectoire passe par le milieu de la cible, alors le tir était juste et la hauteur DS également, on peut s'attendre à de bons résultats ; mais si la tangente EV passe par-dessus le but, c'est qu'on avait pris une trop grande élévation (à moins que la trajectoire n'ait été trop haute par un autre motif), le coup va trop haut, et peut tout au plus porter sur les dernières cibles. Si la tangente FV s'abaisse trop, alors vraisemblablement l'élévation était trop petite, la hauteur d'explosion devient trop basse, le coup porte en terre : c'est le plus mauvais défaut.

214. Par-là on voit clairement que les longueurs des fusées et les angles de tir sont entièrement indépendants l'une de l'autre, et qu'on ne peut pas compenser une élévation inexacte par un changement dans la longueur de la fusée, ni une fausse longueur de fusée, par un changement dans l'élévation; cette longueur peut seulement déterminer la distance, mais non pas la hauteur d'explosion. L'angle de tir peut de même déterminer la hauteur et non pas l'intervalle. Il est indispensable pour l'application pratique des shrapnels de se bien pénétrer de ce principe fondamental.

215. De grands angles de tir engendrent de grands angles de chute, exigent par conséquent de petites distances et de petites hauteurs d'explosion ; les petits angles de tir fournissent des angles de chutes rabaissés, qui conviennent à toutes les distances d'explosion ; de là ressort de nouveau qu'il faut tendre à choisir les charges de manière à atteindre le but avec de petits angles de tir, et de n'avoir pas besoin de recourir aux grandes élévations, ce qui ne peut que nuire aux bons effets.

CHAPITRE X.

Tables de tir et leur correction.

216. Les tables de tir doivent être calculées de telle sorte que la trajectoire du projectile (s'il n'éclatait pas auparavant) devrait se terminer au milieu de la cible, environ 4 pieds au-dessus de l'horizon.

217. D'après la théorie parabolique qui n'a point d'égard à la résistance de l'air, les portées sont (pour la même charge) comme les sinus du double de l'angle d'élévation ; et d'après la théorie de Borkenstein, elles sont dans l'air comme les racines carrées des angles d'élévation. Pour montrer en quoi les deux théories s'accordent ou divergent, j'ai fait le calcul pour quatre angles de tir ; j'ai pris pour base les épreuves de l'artillerie de Norvège (III, p. 239), dans lesquelles le shrapnel de 12 livres avec une charge de $1 \frac{1}{4}$ livre et 1° de tir a donné de premier jet, 700 aulnes.

Élévation.	Portées		
Degrés.	théorie parabolique.	Borkenstein.	Expérience.
1	700	700	700
2	1390	1070	1068
3	2792	1513	1684
4	4075	1854	2057

Ainsi, d'après la théorie parabolique, les portées, comme on devait s'y attendre, sont de beaucoup trop grandes; d'après le calcul de Borkenstein, les portées s'accordent pour l'angle de deux degrés avec l'expérience, mais sont trop petites pour des angles plus élevés. Ainsi ni d'après l'une ni d'après l'autre méthode, on ne connaît le rapport selon lequel les portées croissent.

218. Le calcul des tables de portée, pour les shrapnels, exige encore beaucoup plus de soin que pour les boulets pleins et les obus, parce que la moindre différence dans les degrés de tir influe d'une manière très sensible, et parce que les corrections sont en général plus difficiles.

219. Comme chaque distance d'explosion peut être ou normale ou trop grande, ou trop petite ; et qu'en outre, chaque hauteur répondant à chaque distance peut être ou normale ou trop petite, ou trop grande, on obtient *neuf* cas de correction qu'indique, d'une manière plus précise, la table suivante : ainsi que les moyens d'y remédier, qui ressortent de la théorie.

Table de correction.

Intervalle.	Hauteur.	Conséquences.	Moyens d'y remédier.
	Normal.	L'effet est bon.	—
Normal.	Trop haut	La première cible reçoit peu ou point de balles ; il n'y a d'effet que sur les dernières cibles.	On diminue la hausse pour obtenir des trajectoires moins élevées.
	Trop bas.	Les meilleurs coups frappent la terre devant le but.	On augmente la hausse.
Trop grand.	Normal.	L'effet est convenable mais la vitesse est trop faible.	On conserve la hausse mais on prend de plus longues fusées.
	Trop haut.	Les balles montent trop haut et atteignent à peine les dernières cibles	Plus longue fusée et hausse moindre.
	Trop bas.	Peu de balles atteignent la première cible sans la traverser.	Plus longue fusée et plus de hausse.
Trop petit.	Normal.	Les balles traversent, mais sont trop rapprochées.	Même hausse, fusée moindre.
	Trop haut.	Le coup va trop raide ; passe par-dessus le but.	On diminue la fusée et la hausse.
	Trop bas.	Les balles raides au pied de la cible.	On diminue la fusée, on augmente la hausse.

Il ne faut pas corriger après chaque coup, mais attendre au moins trois coups fautifs dans le même sens.

CHAPITRE XI.

Circonstances particulières qui se présentent dans le tir des Shrapnels.

I. *Explosion dans l'âme.*

220. Ce phénomène peut avoir plusieurs causes, qui peuvent se ramener aux points principaux suivants :

(*a*). Ou bien l'obus est brisé par une réaction de la partie antérieure contre la partie postérieure qui reçoit le choc directement.

(*b*). La force expansive des gaz, qui échappe à côté du projectile, peut le briser avant qu'il ne soit mis en mouvement.

(*c*). Les deux causes agissent à la fois.

Un renforcement du fond du projectile par un culot ne remédie pas à ces inconvénients, et des projectiles de cette forme seront aussi facilement détruits que des projectiles concentriques, à moins que le remède ne soit dans la force même du fer (I, p. 85).

221. La cause désignée sous (*b*) ne me paraît pas très intelligible, et au contraire, la cause (*a*) pourrait être regardée comme la cause principale, alors :

(1). La charge est trop forte relativement à la résistance du métal.

(2). La force du fer est trop faible relativement à la charge.

(3). La force du fer répond bien à la charge, mais le fer n'est pas de bonne qualité.

Les deux premiers points peuvent se décider par des expériences ; le troisième point demande quelque réflexion.

Le fer d'un shrapnel peut ne rien valoir de deux manières différentes : 1° la texture peut être bonne, mais la matière trop cassante ou 2° la texture est mauvaise, c'est-à-dire la connexion intime est molle et le métal contient des pores par lesquels le gaz pénètre de dehors en dedans, allume la charge et fait éclater le shrapnel dans l'âme ; nous examinerons ce dernier cas.

222. Borkenstein a réuni toutes les expériences faites dans l'artillerie de Norvège sur l'éclatement dans l'âme, d'où il résulte :

(*a*). Que la faible force du fer n'en est pas la cause ; car de 50 shrapnels de 6 livres, remplis seulement de balles et sans chargement, aucun n'a éclaté quoiqu'on ait chargé au tiers du poids du boulet, à 2 livres.

(*b*). Des shrapnels qui avaient un renforcement extérieur du côté de l'œil, le bouchon du trou de remplissage ne fut point poussé dans l'intérieur de l'obus, quoiqu'il fût peu consolidé par la faible épaisseur du fer; de 45 shrapnels de 6 livres avec 1 livre de charge, pas un seul n'a éclaté, les fusées n'ayant pas d'amorce.

(*c*). Si avec des shrapnels, sans saillie autour de l'œil, on laisse saillir la fusée de 9 lignes, l'explosion dans l'âme a lieu, même avec des fusées sans amorce.

(*d*). Si le vent est très petit, la saillie des fusées n'entraîne aucun inconvénient. Avec un vent de 1 li. 7 points beaucoup de shrapnels de 12 livres ont éclaté ; l'emploi d'un sabot a bien diminué ces accidents, mais ils restaient encore assez fréquents ; en réduisant le vent à $\frac{6}{10}$ de ligne, alors sur 100 shrapnels, sans rehaussement autour de l'œil et avec des fusées sans amorce saillant de $\frac{1}{4}$ de pouce, pas un seul n'a éclaté ; il en fut de même pour 60 autres tirés avec des fusées chargées. De **28** shrapnels, dont les fusées étaient de niveau avec l'œil, pas **un seul** n'a non plus éclaté : plus tard, on a encore tiré **250** coups avec des fusées sans amorces et un vent très petit, 3 seulement ont éclaté. Ensuite, dans les mêmes circonstances, on a tiré encore **103** coups avec des fusées chargées, aucun n'a éclaté dans l'âme, et **4** seulement très près devant la bouche, d'où l'on peut conclure que la composition d'amorce en général protège contre l'éclatement ; si les projectiles avaient eu des renforts autour de l'œil, il est probable que pas un n'aurait éclaté.

(*e*). Lorsqu'au contraire, on a tiré **226** shrapnels de **6** livres sans renforcement à l'œil et avec un grand vent, il n'en a éclaté pas moins de **97**, quoiqu'ils fussent munis de sabot.

(*f*). Après que l'on eut rendu ovoïde le shrapnel de 6 livres, de manière à l'empêcher de tourner dans l'âme, on le tira sans sabot, avec des fusées de niveau avec l'œil et des charges de **2** livres ; sur **157** charges 4 ont éclaté dans l'âme ; mais elles avaient les plus petites fusées, réglées depuis 1 $\frac{1}{2}$ jusqu'à 1 $\frac{4}{8}$ de seconde ; mais pas un seul n'a éclaté dans l'âme parmi les projectiles, dont les fusées étaient réglées de 2 $\frac{1}{3}$ à 6 secondes. Pour un obusier de **12** livres, qui a sept calibres de moins que l'obusier de **6**, aucun des projectiles, même avec les plus petites fusées, n'a éclaté.

(*g*). Les tubes en bois de la fusée doivent, dans l'intérieur du projectile, être au moins distant de 1 pouce du fond ; lorsqu'ils n'étaient distants que de trois lignes, beaucoup ont éclaté ; les tubes ayant été raccourcis et la distance portée à 1 $\frac{2}{3}$ pouce du fond, le nombre des explosions a considérablement diminué et les accidents survenus étaient amenés par d'autres causes.

223. Borkenstein déduit les règles suivantes fondées sur de nombreuses épreuves.

(*a*). Le tube en bois doit fermer hermétiquement dans l'œil, ainsi que la composition dans le tube.

(*b*). Pour de petites distances, il ne faut pas couper la fusée, mais la forer (je ne le crois pas nécessaire D).

(*c*). Réduire le vent au minimum (cette circonstance paraît importante *D*).

(*d*). Il faut mettre un rehaussement à l'extérieur de l'œil.

(*e*). Laisser le tube de la fusée dans l'intérieur de l'obus à 1 pouce du fond.

En observant ces 5 points, on peut se passer de sabot (IV, p. 134). Je ne saurais partager cette manière de voir, et je tiens le sabot pour irrévocablement nécessaire, même pour des obusiers et des canons courts, à plus forte raison pour des pièces longues.

224 Borkenstein a entièrement oublié une circonstance ; savoir que lorsqu'il y a dans l'âme de la pièce un logement, quelque insignifiant qu'il soit, il occasione presque toujours l'explosion dans l'âme. C'est déjà le cas, même pour des obus ordinaires dans des canons longs, j'en ai fait moi-même l'expérience.

225. On ne saurait réunir trop d'expériences sur le sujet important dont il est question; c'est pourquoi je communique ici tout ce qui est parvenu à ma connaissance.

On croit avoir constaté en Norvège et dans plusieurs artilleries allemandes que la forme elliptique du projectile est un remède contre l'explosion dans l'âme, et toutefois, on a renoncé à cette forme ; ce qui est singulier.

Dans les expériences de Modlin, en 1835, sur 65 projectiles, dont 55 étaient des demi-pud arrangés, et 10 de véritables shrapnels, pas un seul n'a éclaté dans l'intérieur de l'âme, quoiqu'on ait employé jusqu'à 4 livres de charge.

226. Dans une artillerie allemande où l'on a fait des expériences intéressantes, dignes d'attention, sur l'explosion dans l'âme, les fusées étaient en plomb, vissées dans l'œil et lutées avec du caoutchouc ; toutefois, le gaz pénétra dans l'intérieur du projectile (vraisemblablement à travers les pas de la vis), mit le feu au chargement, et occasiona une explosion dans l'âme. On mit un morceau de cuir entre la fusée et l'œil ; on y vissa solidement la fusée ; on parvint ainsi à fermer l'ouverture hermétiquement, et les accidents disparurent. Mais cependant, comme il se présentait encore quelques explosions dans l'âme, les soupçons se dirigèrent sur le projectile même, et on conjectura que le gaz s'était frayé un chemin à travers les pores du fer, ce qui, à cause de la faible épaisseur du métal, pouvait facilement se présenter. On procéda alors à un examen particulier de la fonte, et on soumit les projectiles à l'épreuve de l'eau. A cette fin le projectile fut mis dans un étau ; on le remplit d'eau, et un bouchon en bois fut forcé violemment dans l'œil : pour une mauvaise fonte, l'eau pénétra à travers les pores et sur la surface du projectile en petites gouttes et quelquefois même en petits jets. Comme ce mode d'examen remplissait le but, on construisit une machine à pression d'eau afin de pouvoir se dispenser de forcer le bouchon à entrer par un merlin. Cette machine ingénieuse remplit parfaitement sa destination.

227. Cependant, même avec des projectiles qui avaient soutenu cette épreuve de l'eau, l'explosion dans l'âme eut encore lieu, ce qui fit penser que le chargement prenait feu par le frottement des balles résultant de la violente secousse, nonobstant que cette hypothèse pût être en opposition avec la théorie (mais l'expérience a appris dans d'autres occasions que pour des choses mécaniques on ne peut pas s'abandonner aveuglément à la théorie). Pour détruire cette présomption ou la rendre certaine, on répandit de la poudre entre deux plaques de plomb, on la soumit à un mouvement violent, et on parvint à opérer une explosion. Il restait donc si on voulait déraciner ce mal, à prendre pour le chargement un autre dosage que le dosage ordinaire, pour qu'il fût moins inflammable par le frottement. Depuis ce temps, l'explosion dans l'âme est devenue dans cette artillerie une exception des plus rares. Les composants de cette nouvelle poudre ne sont pas connus; on peut seulement conclure qu'elle forme une composition plus lente, plus difficile à enflammer que la composition ordinaire. Il ne paraît pas que l'effet du shrapnel y perde, car les projectiles éclatent comme auparavant, et c'est tout ce qu'on peut demander à un chargement explosif.

228. On dira que par là la question n'est pas encore complétement résolue, puisque, même avec des chargements isolés, il survient quelquefois des éclatements dans l'âme; mais ceci pourrait bien n'être qu'un sophisme, car la capsule dans laquelle est placée la poudre ne l'isole peut-être pas.

Il n'est pas invraisemblable que cette capsule puisse être détruite dans l'intérieur du projectile par l'impulsion de la charge; si cela avait lieu le mal serait encore empiré. Il n'y a que des expériences spéciales faites dans cette direction qui puissent jeter là-dessus quelque lumière. Les faits que nous avons rapportés doivent engager à porter une attention suivie sur cet objet important.

229. Les explosions dans l'âme ont amené dans l'artillerie danoise une modification aux épreuves des obusiers en fer. D'abord on tire trois coups d'épreuve avec 2 livres $\frac{1}{6}$ de charge et un boulet plein de 12, ensuite, on faite éclater dans l'âme trois obus chargés de poudre et dont l'œil reste ouvert; la charge étant de 1 livre $\frac{3}{4}$, (II, p. 130). Avec des pièces en bronze une épreuve aussi violente serait impossible.

II. — Explosion devant la bouche. — Projectiles qui n'éclatent pas.

230. Dans les expériences faites en Norvège pendant l'année 1831, sur 103 coups 4 shrapnels éclatèrent en dehors très près de la bouche, et 10 autres n'éclatèrent pas. Les procès-verbaux n'en donnent pas d'autre cause que l'inexpérience : un tel motif n'est pas soutenable.

231. Dans les expériences qui eurent lieu en 1833, près d'Eltrestad, en présence du prince royal de Suède et de Norvège, sur des shrapnels de 6 livres, de forme sphérique ou alongée, ceux dont la forme était sphérique avaient eux-mêmes une saillie circulaire autour de l'œil, la plupart des projectiles éclatèrent dehors et devant la bouche. On attribua ce fait à ce que le bouchon du trou de charge avait été refoulé par la charge de la pièce dans l'intérieur du projectile et on réduisit cette charge de 2 livres à 1 livre ; on essaya aussi de donner aux obus des fusées sans amorce, et sur 60 projectiles tirés près de Frédérischtatt, à sept distances différentes, un seul a éclaté devant la bouche ; d'où l'on put conclure que le mouvement des bouchons n'avaient point de part à cet accident, ce qui avait déjà été soutenu par Borkenstein.

232. En 1834, sur 94 shrapnels de 6 livres, tirés près de Frédérischtatt, 4 seulement éclatèrent devant la bouche, et 6 ratèrent. Comme les 4 premiers ont éclaté à une distance de 800 aunes, on attribua le fait à des fusées trop courtes que le gaz de la poudre avait fait entrer dans l'œil. On prit donc des fusées longues et on les régla par le forage ; on tira 35 coups sans qu'aucun projectile éclatât à la bouche ; d'où l'on put conclure qu'il valait mieux percer que couper la fusée.

233. Dans les expériences de Modlin, en 1835, un seul projectile éclata devant la bouche : ce qu'on attribua à ce qu'on s'était servi d'une vieille fusée.

234. Dans les expériences de Wurtemberg de 1838, sur 81 shrapnels à canon de 12 livres, un seul éclata devant la bouche, et il y en eut 4 qui ratèrent ; 1 projectile éclata dans l'âme et 1 y fusa sans éclater. Les causes n'en sont pas indiquées dans le procès-verbal.

235. On peut admettre que lorsqu'un projectile a déjà quitté l'âme sans qu'il y ait explosion, la charge de la pièce n'a plus aucune part à son explosion ultérieure : c'est donc ailleurs qu'il faut chercher la cause. Mais le feu ne peut être conduit dans l'intérieur du shrapnel que de deux manières :

(*a*) Ou bien la flamme de la poudre se fraye un chemin à côté de la fusée : ceci est invraisemblable, car comme le gaz de la poudre précède le projectile, il aurait déjà trouvé son chemin plutôt vers l'intérieur et n'aurait pas attendu jusqu'à ce que le projectile fût arrivé à la bouche.

(*b*) L'inflammation de la charge du projectile a lieu dans son intérieur même sans aucune communication extérieure : c'est ce qu'il y a de plus vraisemblable. Mais l'inflammation de la poudre ne peut avoir été opérée que par une grande production de chaleur résultant du frottement. Si on est parvenu à rendre le frottement inoffensif par une composition moins inflammable, ce moyen sera aussi exécutable pour des projectiles à capsules ; mais il faudra toujours chercher à reconnaître par expérience si l'impulsion de la charge est capable de détruire les capsules, car si elles restaient intactes, il serait indifférent quelle espèce de poudre on y mettrait ; il est vraisemblable que le choc détruit la capsule; mais comme il s'écoule un certain temps avant que la poudre se répande entre les balles et que le frottement l'enflamme, on s'explique pourquoi l'explosion n'a pas lieu dans l'âme; mais seulement à la bouche. C'est peut-être aussi pour cela que les shrapnels à capsule éclatent plus fréquemment devant la bouche que d'autres et que certaines artilleries les ont supprimées, malgré les avantages qu'ils possèdent.

236. On dit que les ratés doivent provenir de ce qu'une balle se place par hasard en travers devant la fusée (IX, p. 12).

237. Nous manquons d'expériences pour savoir si les ratés sont plus fréquents par des temps de pluie et de neige que par le beau temps, parce que presque toutes les expériences, celles de Modlin exceptées, ont eu lieu à une température favorable

III. — *Fusées brûlant sans faire éclater.*

238. Il arrive quelquefois qu'un shrapnel, dans l'explosion, chasse la fusée et quelques balles sans que l'enveloppe de l'obus se brise.

Tant que ceci se présente rarement, il ne faut pas blâmer la construction ; elle montre, au contraire, qu'on a obtenu le chargement minimum comme l'exige le principe des shrapnels. Mais si ce cas se présente fréquemment, il faut en conclure que le chargement n'est pas assez fort, et il faut l'augmenter un peu. Vouloir renforcer le chargement, et cela d'une manière notable, pour un seul shrapnel qui n'est pas brisé ne peut être raisonnable, car d'autres causes inutiles à expliquer en ce moment peuvent avoir amené ce fait.

239. En général, dans les shrapnels, il ne faut pas se laisser

égarer par chaque phénómène étrange qui se produit, mais se tenir toujours solidement attaché au principe jusqu à ce que le phénomène se renouvelle plusieurs fois dans les mêmes circonstances : alors seulement il faut y remédier.

CHAPITRE XII.

**Propriétés du feu des shrapnels dans son application pratique. — Avantages
et inconvénients.**

240. Le feu des shrapnels est pour ainsi dire entouré de propriétés qui n'existent pour aucun autre projectile d'artillerie, du moins dans la même mesure ; c'est donc un devoir de réfléchir sur ses propriétés, de les étudier soigneusement et de les apprécier avec impartialité, afin que d'une part on ne se défie pas trop du projectile et qu'on n'y attache pas non plus une trop grande confiance.

I. — *Distance.*

241. Si les distances sont tellement grandes qu'on ne puisse pas les estimer à l'œil nu, mais seulement au moyen d'un instrument, il en résultera un grand inconvénient pour le feu des shrapnels ; la même chose aura lieu lorsqu'un temps sombre de brouillard empêchera l'estimation des distances, ou les rendra inexactes; mais même par un temps très serein l'appréciation des distances *devant l'ennemi* a des difficultés particulières.

242. Dans le combat personne ne juge son ennemi trop loin, mais toujours *trop près* : ceci est fondé sur la nature humaine, et plus les distances sont petites, c'est-à-dire plus on est près de l'ennemi, et plus les illusions sont grandes. Par ce seul motif déjà, on ne pourrait pas se servir des schrapnels à de petites distances, par exemple dans l'étendue de la portée du fusil.

243. Il y a aussi une difficulté de métier qui s'oppose à l'emploi des schrapnels à de petites distances (de 300 à 400 pas). Les fusées (lors même qu'elles ne contiennent que du pulvérin, par conséquent la composition la plus rapide), devraient alors être très courtes, et, par conséquent, seraient difficiles à maintenir solidement (Voir § 191).

244. Mais les illusions ne manquent pas même pour de plus grandes distances ; par exemple lorsque l'ennemi est à une distence de moins de 1,200 pas (900 mètres), il faudra être très content si on ne l'estime qu'à 1,100 pas. Dans ce cas-là, on rendra la fusée trop courte et on obtiendra un intervalle trop grand de 100 pas, c'est-à-dire que le projectile éclatera 100 pas trop tôt. Pour apprendre combien on perdra de l'effet, il faudrait avoir fait des expériences préliminaires pendant la paix. Ceci est non-seulement raisonnable, mais même indispensable, et on ne peut que louer l'artillerie belge d'avoir déjà abordé ce sujet.

245. Mais on peut aussi apprendre une autre manière à estimer la perte pour ce cas-là (du moins approximativement). Il suffit dans le procès-verbal d'épreuve de retirer les cibles de 100 pas en arrière, et de ne tenir compte dans les coups que de ceux dont l'intervalle aura été trouvé de 100 pas trop grand. J'ai fait cette opération, et j'ai trouvé qu'en tarifant trop bas les distances pour 100 pas, on perd 50 pour cent de l'effet. Mais cette voie théorique n'est pas à beaucoup près aussi sûre que l'expérience directe : ce qu'il y a de mieux est donc de tirer des shrapnels avec des fusées raccourcies à dessein pour connaître directement la perte pour cent.

246. On ne peut pas passer ici sous silence un fait très remarquable. Dans une certaine expérience on ne pouvait absolument pas, et par aucun moyen, obtenir une distance d'explosion : on alongea les fusées, on les raccourcit, et toujours sans succès ; on vint ensuite à penser que peut-être la distance n'avait pas été mesurée avec exactitude On la mesura de nouveau, et il se trouva qu'elle était trop courte de 15 verges 75 pas ; dès lors on recula la batterie de 15 verges, et tout réussit le mieux possible. Ainsi, la sensibilité de ce projectile se manifeste jusque pour une distance de 75 pas : mauvais pronostic pour la guerre.

247. Ainsi l'assertion qu'une connaissance *très exacte* des distances est une condition indispensable pour le bon effet des shrapnels, ne doit nullement être taxée d'exagération, ou même être repoussée comme insoutenable, ainsi que cela a été dit par des partisans exagérés de ce projectile. D'un autre côté, il ne faut pas non plus se laisser décourager, car bien des choses se sont montrées dans la pratique plus favorable qu'on n'aurait dû le croire d'après la théorie.

248. Les officiers de l'artillerie norvégienne considèrent cette difficulté d'estimer avec justesse les distances comme un des principaux obstacles qui s'opposent aux shrapnels, quoique le même besoin se présente aussi pour les autres projectiles (III, p. 247). Mais quand ces officiers ajoutent (p. 248) que pour ce projectile une erreur de quelques centaines d'aunes n'importe pas beaucoup, c'est une assertion qui doit être repoussée comme complètement mal fondée, et d'où l'on serait porté à conclure qu'il est d'usage en Norvège de mesurer l'erreur à l'aune.

249. Borkenstein aussi regarde la connaissance précise de la distance comme absolument nécessaire (IV, p. 135), mais fait la proposition étrange de tirer d'abord quelques coups avec des bou-

lets pleins, et d'observer leur chute pour mesurer les distances :
c'est là ce qu'on pourrait appeler un moyen balistico-homéopati-
que ; mais qui suppose que l'ennemi se tiendra aussi tranquille
que le malade devant le médecin.

250. Nous ne manquons point d'inventions pour mesurer les
distances inconnues au moyen de deux stations, et même au
moyen d'une seule (diastimètre); mais nous manquons d'occasion d'employer de semblables instruments sur les champs de
bataille. Quelque recommandé qu'il soit par les savants, ce n'est
là que du simple bavardage. Tous ceux qui auront assisté à un
combat sérieux seront de mon avis. On ne prend pas même le
temps d'observer l'ennemi avec une lunette ordinaire, quelque
utile que cela puisse être dans certaines circonstances.

Exiger de l'artilleur de se servir d'un diastimètre au milieu du
feu de l'ennemi est une exigence chimérique ; et qui n'a pas de
meilleur conseil à donner ferait mieux de le garder pour lui.

II. — Observations de l'effet.

251. Déjà dans les exercices du polygone, où le sang est tranquille et les circonstances favorables, où chaque coup est tiré isolément, et où le second coup n'est pas tiré avant que le premier
coup n'ait été noté et signalé, ou jusqu'à ce que la fumée se soit
dissipée, il est déjà très difficile d'observer avec exactitude, de la
batterie, la chute des boulets ou des obus, et de corriger la hausse
en conséquence; mais dans le combat où toutes les circonstances
sont *contre* nous, où toutes les pièces tirent à la fois, où la fumée
de la poudre se place devant la batterie, où cent autres choses
captivent l'attention et occupent l'imagination, le problème devient dix fois plus difficile. Or, pour les projectiles ordinaires, il
ne manque du moins pas d'indices *visibles* de l'effet, et si on

n'en tire pas parti, ce n'est pas la faute du projectile ; mais pour des feux de shrapnels on manque même de semblables indices. Rien au monde n'est plus difficile que de juger à la batterie le vrai point d'explosion d'un shrapnel éclatant dans l'air ; plus encore l'effet des fragments, à moins que ce ne soit en voyant fuir l'ennemi. On veut retrouver des indices dans la poussière qui s'élève devant les cibles ; mais, s'il a plu et qu'il n'y ait pas de poussière, comment faire ?

252. La seule chose qu'on puisse apercevoir de la batterie (lorsqu'on tire isolément et très lentement), c'est si le shrapnel a éclaté haut ou bas ; mais, par là on ne peut pas encore savoir si le point d'explosion a été convenable, car cela ne dépend pas d'une manière absolue de la hauteur, mais aussi de la distance d'explosion. Mais, quant à savoir si l'intervalle est trop grand ou trop petit, c'est ce qu'on ne peut pas estimer de la batterie, car il faut être placé latéralement.

253. Ce défaut d'indice de l'effet sera toujours un grand obstacle à l'emploi des shrapnels devant l'ennemi, et je ne vois aucun moyen d'y obvier à moins qu'il ne provienne de l'*usage*. Combien de centaines de shrapnels une batterie devra-t-elle tirer avant d'acquérir cet usage ?

III. — *Service particulier de la pièce.*

254. Le feu des shrapnels demande un service particulier : chaque coup doit être pointé avec précision, et la charge étant faible, l'âme doit être écouvillonnée deux fois ; la cartouche doit être placée très soigneusement ; sans cela, on obtient de fausses trajectoires, de fausses explosions, même avec les meilleures fusées et la connaissance la plus exacte des distances. Mais la prin-

cipale difficulté consistera toujours dans la manière de régler les
fusées, et chaque artillerie a pour cela sa méthode.

255. L'inventeur des shrapnels compte parmi les avantages de
ce projectile : celui de n'avoir plus besoin de donner à la pièce
une direction exacte, pourvu que la fusée fasse éclater dans le
temps opportun, ce qui est tout-à-fait indépendant de la hauteur
au-dessus du sol sur lequel l'explosion a lieu (I, p. 97).

Il est difficile de concevoir comment un homme aussi familiarisé avec la théorie et la pratique a pu écrire une assertion aussi
insoutenable. C'est précisémént le tir à la shrapnel qui exige le
pointage le plus exact, le plus précis, parce qu'un projectile éclat-
tant trop haut ou trop bas donnera presque toujours un coup
perdu.

256. Chez les Anglais, la charge de l'obus est versée entre les
balles, et l'œil est fermé avec un bouchon qu'on retire seulement
au moment de l'usage avec un tire-bouchon ; alors, le projectile
est muni d'une fusée déjà taillée et réglée conformément à la distance. Pour de grandes distances qui exigent de plus longues fusées, on retire quelques balles (I, p. 87) : opération qui peut présenter de graves difficultés sur le champ de bataille.

257. Chez les Anglais, les fusées sont distinguées par des couleurs et des lettres depuis A jusqu'à K ; la hausse métallique porte
les mêmes lettres, et pour plus de sûreté, on a gravé en six endroits de la hausse six trous répondant aux six principales distances, (quelles sont-elles ?) et dans ces trous se trouve un mastic qui
porte les mêmes couleurs que la fusée. Pour certaines distances,
il faut aussi avoir recours au percement des fusées : c'est à cela
que sert l'instrument appelé (*fuze auge*) *foret pour les distances*,
qu'ils portent avec eux ; il est placé dans un étui où l'on peut le
faire monter et descendre.

258. Le document n° 1 (p. 91) donne une déplorable description du service d'une pièce à shrapnels anglais, et il en est de même pour d'autres descriptions On n'employe ni marteau, ni merlin (setz-stempel), mais la fusée est enfoncée en donnant un léger coup contre la jante de roue : procédé qu'au lieu de regarder comme ingénieux, on doit plutôt regarder comme barbare. On ne dit rien de positif sur la manière de régler la fusée ; on dit seulement qu'il est possible d'opérer sur des fusées déjà enfoncées un petit forage par en haut. La description se termine par ces paroles remarquables (p. 92) : « On voit que tout ceci est plus facile à décrire qu'à exécuter. La petite caisse que porte suspendue ce sous-officier lui donne plutôt l'air d'un charlatan que d'un soldat. »

259. C'est une idée des plus malheureuses que celle de donner au sous-officier des cassettes colorées et non colorées, dans lesquelles se trouvent divers compartiments pour les fusées. Si la corde ou la courroie casse, ou si le sous-officier est tué, voilà toute la science à bas. Il vaudrait dix fois mieux avoir des fusées déjà taillées que de faire l'opération du forage pendant l'action, quand les doigts sont engourdis et que le cœur bat. Il ne faut faire porter les fusées ni par un sous-officier, ni par un servant; mais elles doivent être placées dans l'avant train : on objectera qu'on ne les aura pas assez promptement sous la main ; mais cette objection est tout-à-fait en dehors de la pratique. Croit-on donc sérieusement qu'on peut en général se servir des shrapnels lorsqu'il faut un tir prompt comme pour les cartouches ordinaires? Le tir des shrapnels exige encore bien plus de tranquillité, de sang-froid et de réflexion que le tir des obus ordinaires bien réglés, et là où la situation permet le tir des shrapnels, le temps ne manquera pas pour aller chercher une fusée dans l'avant-train ; lorsque, au contraire, le temps presse, qu'on prenne plutôt les vieilles et fidèles boîtes à balles, et qu'on laisse les shrapnels de

côté. Mais les hommes, et aussi les Anglais, aiment à se tromper ; ils décorent un sous-officier comme un peintre à fresque, le font sauter en galopant contre une cible, et se réjouissent quand il fait un coup prédit exactement et que le coup tombe après tant et tant de secondes. C'est là ce qu'ils appellent un auxiliaire pour un usage à venir.

260. Dans l'artillerie de Norvège, c'est l'officier qui ordonne la distance ; si cette distance répond à une fusée déjà préparée (700, 900 ou 1,200 aunes), alors la fusée est enfoncée de suite, sinon elle est raccourcie; ce qui n'est nécessaire que pour les grandes distances où d'ailleurs le tir est lent (III, p. 234). Cette conclusion est fausse, car comme les shrapnels sont plus indépendants des distances qu'aucun autre projectile, il peut arriver qu'il faille faire un feu vif même à de grandes distances.

D'ailleurs, les officiers norvégiens s'accordent à avouer que la grande difficulté consiste à régler exactement la fusée, mais ils espèrent pourtant pouvoir la surmonter dans la suite au moyen de perfectionnements mécaniques (III, p. 248). Ils ne voient pas la difficulté qu'occasione en général le service de la pièce, ce qui produit nécessairement un feu très lent : c'est pourquoi ils ne veulent tirer à des distances rapprochées qu'avec des boîtes à balles et non avec des shrapnels (III, p. 249) ; en quoi ils font très bien·

261. D'après la nouvelle disposition anglaise, telle qu'elle est indiquée dans le *British Gunner*, les shrapnels ne doivent recevoir leur charge de poudre que lorsque les batteries sont arrivées sur les champs de bataille (IV, p. 136). Cela tient probablement au mode d'embarquement ; mais c'est aussi un utile renseignement pour les artilleries du continent.

262. Dans plusieurs artilleries, le shrapnel, même pour les ca-

nons, est séparé de la charge, mais il est ensaboté. On peut re-garder le sabot comme indispensable, mais la séparation du projectile et de la poudre ne paraît pas convenable, à moins que des pièces à chambre, comme les obusiers, ne le rendent nécessaire.

263. Dans l'artillerie wurtembergeoise qui se sert de fusées métalliques annulaires et vissées, chaque coup, sans exception, doit être réglé. A cet effet, le projectile est placé sur le moyeu de la roue d'affût, et la paroi de la fusée est enlevée à l'endroit convenable, au moyen d'un ciseau. C'est un sous-officier qui fait cette opération, et cela très promptement; et le feu est presque aussi vif qu'avec des cartouches à balles. Si, par hasard il règle la fusée trop long, alors la fusée peut encore servir, mais s'il règle trop court, il peut arriver que la fusée reste hors de service jusqu'à ce qu'on trouve occasion de combattre à des distances plus rapprochées.

264. Ce sera encore longtemps un problème pour toutes les artilleries, que de simplifier assez le service des shrapnels pour qu'il n'en résulte pas au moins un embarras dans l'emploi de ce projectile ingénieux devant l'ennemi ; mais il est dans la nature des choses que, même avec la plus grande simplification possible, on tirera toujours plus promptement avec des boîtes à balles qu'a-vec des shrapnels. C'est une circonstance qu'il ne faut pas perdre de vue dans un jugement comparatif des deux projectiles.

IV. — *Probabilité du tir en général.*

265. Une expérience de plusieurs années a appris à combien pour cent de bons coups on peut compter à telle et telle distance, sous telle et telle circonstance, soit avec les boulets, soit avec les obus, soit avec les boîtes à balles. On ne pourrait pas dire cela avec sûreté des shrapnels ; non-seulement parce que trop d'élé-

ments influent sur la probabilité du tir, mais aussi parce que plusieurs de ces éléments ne sont pas encore suffisamment connus.

266. Dans aucun tir il ne se présente autant d'anomalies que dans le tir des shrapnels, et cela, malgré tous les soins imaginables qu'on donne à la confection des projectiles, des charges et des fusées, au choix de la poudre, à la tare des poids, au service de la pièce, etc. Un projectile éclate une seconde trop tôt, et le suivant une seconde trop tard : d'où cela vient-il? On ne le sait pas.

C'est la faute des fusées. On est tout porté à lancer cette accusation, mais elle est calomnieuse. Ce serait une artillerie misérable que celle qui, dans l'état actuel de la pyrotechnie et de la mécanique, ne saurait pas confectionner ses fusées de manière que celles de même nom donnent des combustions qui diffèrent au plus de 10 tierces et non pas de quelques secondes. Il faut donc qu'il y ait encore des forces occultes en jeu, forces que nous ne connaissons pas encore. Jusqu'à présent, on a raison de déclarer que la probabilité du tir des shrapnels est moindre que celle de tout autre projectile, et de dire que cette probabilité est une grandeur inconnue.

267. Déjà les résultats divergents des expériences faites en temps de paix, et sous les mêmes circonstances, confirment l'assertion que la probabilité du tir des shrapnels est beaucoup moindre que celle des autres projectiles ; et même, le calcul des probabilités n'est pas en état de la déterminer, parce qu'il n'y a pas assez de données ; par la même raison, on ne peut nullement conclure, des résultats des expériences de polygone, ce qu'on pourra attendre devant l'ennemi, parce qu'on ne peut nullement prédire combien de shrapnels auront une *explosion efficace* « Par la probabilité défectueuse des shrapnels, le mérite absolu de ce projectile est de beaucoup abaissé (IX, p. 67). »

268. L'Artillerie anglaise est la seule qui ait eu occasion de faire là-dessus des expériences en campagne ; mais l'histoire se tait sur les merveilleux effets que les épreuves de polygone avaient fait attribuer à ce projectile.

On dit que le premier emploi des shrapnels a été fait par les Anglais, en 1808, à l'affaire de Vimiera en Espagne. On attribue même le gain de cette bataille, livrée dans des circonstances peu favorables, à l'effet de ce nouveau projectile (I, p. 103); mais ceci est contesté. Il en est d'autres encore qui prônent l'effet produit par les shrapnels à la bataille de Talaveyra de la Reyna.

Dans leurs premières campagnes en Espagne, les Anglais n'ont emmené sur les champs de bataille que des pièces de campagne légères, dans lesquelles le tir des shrapnels a été assez médiocre. Mais les shrapnels tirés par des obusiers de 8 pouces et par des caronnades de 68 livres ont eu un très bon effet en 1813, devant Saint-Sébastien, et ont réduit au silence, en très peu de temps, la batterie française *el Mirador*. Ce petit nombre d'exemples sont toujours répétés par les écrivains qui les copient les uns sur les autres ; mais personne n'est en état d'y joindre un exemple nouveau, ni moi non plus.

269. La seconde voix à entendre dans la question des shrapnels est celle des Français, car ce sont les seuls qui aient eu à essuyer ce tir, mais on ne sache pas qu'ils en aient beaucoup souffert ; ils prétendent même que les shrapnels anglais ont, en rase campagne, fait à peine quelques contusions ; mais ceci dénoterait plutôt de mauvaises relations explosives que faiblesse absolue des shrapnels. On pourrait en dire autant du tir à balles quand il est mal employé. Quoi qu'il en soit, ces discussions ne sont pas de nature à inspirer beaucoup de confiance dans le projectile.

270. Dans la prochaine guerre, il en sera des shrapnels comme des tours casematées modernes ; elles auront beaucoup à faire pour soutenir leur grande renommée. Cela ne doit pas nous empêcher de constater au moins leurs avantages théoriques.

V. — *Effet à de grandes distances. — Effet indépendant des distances.*

271. Le principal avantage des shrapnels consiste à continuer le feu à des distances où les boîtes à balles n'atteignent plus (IX, p. 73). C'est cette vérité incontestée qu'il faut toujours prendre pour point de départ. C'est avec beaucoup de justesse qu'un Français très intelligent dit (XI, p. 176) : « Quelles que soient les difficultés qu'il y a encore à surmonter pour faciliter l'emploi des obus à balles, il faut continuer à les étudier à cause des avantages que ce projectile doit procurer à ceux qui s'en serviront avec *le plus de sagacité*.» Par ces mots : *le plus de sagacité*, on pourrait entendre particulièrement l'emploi des shrapnels à de grandes distances, car à de petites distances elles ne parviennent jamais à remplacer les boîtes à balles.

272. L'inventeur des shrapnels qui peint les avantages de ce projectile avec exagération, dit tout au commencement de l'introduction : « Le shrapnel exerce son action à toute distance de l'ennemi ; tandis que les balles actuelles commencent leur dispersion immédiatement au sortir de la pièce (I, p. 85.).» L'expression à *toute* distance exige une rectification ; il faudrait dire à des portées qui surpassent celles des boîtes à balles.

273. Le colonel saxon B.... s'exprime ainsi : « Les expériences faites jusqu'ici sur les shrapnels paraissent promettre les plus grands avantages ; le principe distinctif du projectile consiste à prolonger les effets des boîtes à balles à des distances où celles-ci ne peuvent atteindre.

« Ce n'est qu'en renfermant de petites balles dans une enveloppe sphérique, qui n'éclate pas avant le moment où les balles doivent agir, qu'il est en général possible de donner aux dernières une grande vitesse, et par conséquent aussi, une force considérable à de grandes distances, par suite de l'avantage que donne l'enveloppe par sa forme et son poids de ne pas opposer une grande résistance à l'air (I, p. 96). »

274. Selon le jugement des officiers d'artillerie norvégiens, les shrapnels seront un jour d'une grande importance pour l'artillerie, quoiqu'on ne doive pas leur accorder tout le mérite que l'inventeur leur attribue. Parmi les avantages que ces officiers instruits reconnaissent aux shrapnels, se trouve celui d'étendre l'effet certain des bouches à feu jusqu'à des distances auxquelles on ne peut pas agir au même degré avec les autres projectiles, et distances auxquelles on est pourtant forcé de tirer au commencement de l'action. Ces officiers pensent que les shrapnels tirés dans l'obusier de 12 livres sont un des meilleurs projectiles qu'on connaisse. (Voir § II).

275. Le capitaine Borman se prononce de la même manière (VIII, p. 148), et pense que d'après les résultats connus on peut attribuer aux shrapnels une force qui, dans beaucoup de cas, surpasse tous les moyens actuels de l'artillerie (principalement à de grandes distances) ; qu'on s'est jusqu'ici trop peu occupé de cette force, et qu'elle aura un jour une grande influence sur le résultat des batailles.

Je partage cette manière de voir, et j'ajoute que l'influence exercée par les shrapnels sur le moral du soldat pourrait être portée plus haut que son effet physique. Lorsqu'un shrapnel éclate très près de la cible, il arrive fréquemment que les fragments frappant en masse renversent un grand nombre de planches et brisent même les supports des cibles. Qu'on se représente une telle destruction inouïe, on pourrait même dire surhumaine, au milieu d'une colonne, et cela par un *coup unique*, ce coup n'atteindra que deux à trois pelotons, mais les déchirera d'une manière si horrible que l'impression sur ceux qui seront derrière sera extrêmement démoralisante, et un seul coup pourra suffire à disperser toute la colonne. Déjà un obus ordinaire produit de semblables effets : j'en ai été témoin oculaire ; combien sera plus redoutable un shrapnel avec ses cent balles meurtrières de plomb.

276. Quant à ce qui concerne l'indépendance d'effet des shrapnels relativement aux distances, elle ne peut être révoquée en doute par personne. En relisant avec attention les expériences connues, par exemple celles qui ont été faites en Souabe, on voit que le nombre moyen des balles qui ont traversé pour un shrapnel de 12 livres sur les quatre cibles était sur

$$700 \text{ pas}^* \ 87.$$
$$900 \ — \ 86.$$
$$1,200 \ — \ 36.$$
$$1,500 \ — \ 36.$$

La diminution d'effet n'est nullement en rapport avec l'augmentation des portées, du moins en comparant ces résultats à ceux du tir ordinaire à balles

Les expériences belges, quoique arrangées d'une manière très défectueuse, ont aussi montré l'indépendance des distances comparativement aux boîtes à balles (VIII, p. 143).

277. Pour se convaincre de l'indépendance d'effet des shrapnels relativement aux portées, on n'a qu'à considérer les coups isolément, on trouvera qu'aux distances les plus rapprochées

---

* Nous rappelons que le pas est de 0 m. 75.

comme aux plus éloignées, il se présente des coups d'une grande efficacité ; seulement, le nombre de ces coups est plus grand à de petites portées qu'à de grandes. Ainsi, la *possibilité* d'un si grand effet existe à toutes les distances, mais se produit moins fréquemment dans les grandes que dans les petites. Si on ajoute les effets des shrapnels à toutes les distances, et qu'on en prenne la moyenne arithmétique, l'opération peut se justifier, tandis que si on l'appliquait aux boîtes à balles, elle donnerait des résultats trompeurs.

Pour démontrer le premier, je résume ici dans un tableau *tous* les coups à effet et à *toutes* les distances dans les expériences wurtembergoises.

Les tableaux *A*, *B*, *C* et *D* qui sont à la fin donnent une exposition détaillée des résultats que la table suivante donne d'une manière abstraite.

Coups traversant dans les quatre cibles, sur :

Pas.	Coups.	Balles qui ont porté.		Le meilleur	Le plus mauvais
		Somme.	Pour 100.	a donné	
700	5	436	87	121	36
900	8	692	86	125	44
1200	10	362	36	62	19
1500	8	278	36	60	12
	31	1768	57		
700 ⎫ 1000 ⎬ 1500 ⎭	32	1669	52		
700	63	3427	54	Tiré par salve.	
	6	513	85		
Total .	69	3940	57		

Ainsi la moyenne donne 57 coups portants qui se rapportent,
en terme moyen, à la distance de 1,000 pas, à laquelle on a
moyennement tiré, cela ne pourrait pas s'appliquer généralement
à des boîtes à balles.

VI. — *Indépendance du terrain.*

278. Presque tous les écrivains s'accordent à attribuer une
grande indépendance du terrain à l'effet des shrapnels ; quel-

ques-uns même veulent y trouver une des principales qualités de ce tir (IX, p. 73). L'inventeur ne néglige pas non plus d'attirer l'attention sur cet avantage, car il dit que les shrapnels portent avec sûreté leurs balles au-dessus d'un terrain où les balles des boîtes resteraient indubitablement enfoncées (I, p. 96). Les officiers norvégiens s'expriment aussi d'une manière positive, disant qu'au moyen des shrapnels, l'artilleur peut rendre ses effets indépendants de la nature du sol (IV, p. 146), appréciation qui souffre pourtant plusieurs restrictions.

279. Si l'on établit que le shrapnel peut être porté au-dessus de chaque terrain, montagnes ou vallées, marais ou tourbes, abîmes ou torrents, et qu'il ne développe ensuite son action que devant l'ennemi, cette assertion présente quelque chose d'assez séduisant pour déclarer les shrapnels indépendants du terrain. Mais, dès qu'on examine de plus près cet avantage d'une si brillante apparence, une grande partie de l'auréole disparaît.

280. Aussi longtemps que la trajectoire d'un shrapnel est une trajectoire de premier jet et que l'explosion s'ensuit d'une manière normale, le shrapnel peut revendiquer un droit plein et incontesté à son indépendance du terrain, mais dès que la trajectoire n'est plus de premier jet, c'est-à-dire dès que le projectile peut toucher le sol avant d'atteindre le but, alors le terrain exercera nécessairement une grande influence sur l'effet ultérieur du projectile; si le terrain est favorable à l'incidence, le projectile peut encore exercer un très bon effet, mais si le terrain n'y est pas favorable, alors le coup est irrémédiablement un coup perdu.

281. Aucune théorie ne peut déterminer, et les expériences faites sont insuffisantes pour cela, combien de shrapnels atteignent le point d'explosion de premier jet, et combien touchent le sol auparavant.

Dans les expériences belges de 1835, sur 51 shrapnels, 6 paraissent avoir ricoché : ce qui fait de la huitième à la neuvième partie.

Dans les expériences de 1835, à Modlin, sur 65, 18 ont ricoché devant la cible ; ainsi de $\frac{1}{3}$ à $\frac{1}{4}$.

Dans les expériences de 1835, à Dresde, sur 24 un seul a ricoché.

Dans les expériences de Norvège, on ne parle d'aucun ricochet.

Dans les expériences wurtembergeoises, de 1838, sur 81, 8 ont ricoché ; ainsi le dixième.

282. Un terrain défavorable, entre nous et l'ennemi, présente encore un autre désavantage : savoir qu'il est plus difficile d'estimer les distances, surtout lorsqu'une vallée profonde ou une étendue d'eau nous sépare de l'ennemi.

283. De tout ceci on peut conclure qu'il faut accorder aux shrapnels une indépendance du terrain beaucoup plus grande qu'aux boîtes à balles, qu'on peut dire esclaves du terrain. Mais cette indépendance n'est pas aussi absolue que les partisans des shrapnels veulent bien le croire.

VII. — Forme du but. — Conséquences pour la théorie. — De l'application des shrapnels devant l'ennemi.

284. Celui qui s'est fait une idée juste de la manière d'agir du shrapnel, aura aussi la conviction que ce n'est pas là un projectile qui puisse avoir un grand effet contre des lignes isolées, du moins ce ne serait que par exception. On croit savoir que la gerbe explosive de forme hyperbolique présente une étendue de 300 à 400 pas de longueur sur moitié autant de largeur ; et ceci suffirait pour nous faire connaître l'avantage d'un but s'étendant en profondeur. Mais la circonstance digne de remarque, que le shrapnel répand ses fragments, pour ainsi dire, de haut en bas sur le but, nous fait encore mieux reconnaître que l'effet sera d'autant plus grand que le but sera plus profond.

285. Toutes les artilleries qui ont fait des expériences ont eu cette conviction, et c'est pour cela qu'elles ont placé plusieurs cibles les unes derrière les autres : l'une d'elles (la Russie à l'exemple de la Saxe) a donné même à la cible une inclinaison en arrière comme pour recevoir les fragments.

286. En plaçant seulement deux cibles, l'une de 9 pieds de haut et l'autre de 6 pieds, et les éloignant de 10 pas seulement, on n'aurait qu'une mauvaise mesure qui serait plus propre à égarer qu'à éclairer sur les effets des shrapnels.

287. Je ne connais qu'une seule artillerie qui ait complètement saisi le sens de l'effet, et y ait fait accorder ses expériences : dans cette artillerie, on prenait quatre cibles de 9 pieds de haut et 90 pieds de largeur, placées les unes derrière les autres à des intervalles de 50 pas ; on formait ainsi un rectangle de 90 pieds de largeur sur 150 pas de profondeur, espace dans lequel une colonne de cavalerie de deux régiments peut se former sur un demi-escadron de front. L'utilité de ces dispositions s'est montrée dans les expériences, et les tableaux (A, B, C, D) le confirmeront.

288. Ce qui est assez remarquable, l'inventeur dans les dix articles élogieux par lesquels il prône les qualités de ce projectile, n'a point égard à la forme du but; même l'estimable Borkensstein ne touche pas ce point aussi nettement qu'il serait à désirer, et se contente de dire qu'il serait d'une grande utilité d'introduire les shrapnels dans l'artillerie de campagne (IV, p. 146).

Les officiers norvégiens se contentent de dire que les shrapnels
donnent un plus grand effet que les boîtes à balles ordinaires ;
assertion qui est même sujette à plusieurs restrictions.

289. Le colonel saxon B... est le seul qui s'exprime d'une
manière positive : il est entièrement d'avis que la forme du but
exerce une grande influence sur l'effet, et ne veut faire usage des
shrapnels que contre des buts profonds, savoir :

(*a*) Contre des colonnes, au moment où elles se développent.

(*b*) Contre des colonnes en repos.

(*c*) Contre la cavalerie formée en masse

(*d*) Contre des batteries de position, pour tuer les servants,
dans les siéges, et contre les retranchements de campagne.

Pour compléter, j'ajouterai encore ce qui suit : « Outre l'avantage de porter les balles à de plus grandes distances, les shrapnels
ont encore celui de pénétrer dans les inégalités du terrain. Il
n'est pas douteux qu'une artillerie munie de shrapnels possède un
grand avantage sur celle qui n'en a pas.»

290. Je me permettrai d'ajouter :

Il est bien entendu que l'usage des shrapnels doit être prohibé
devant des buts mobiles, car on ne peut pas pour chaque coup
prendre une fusée autrement réglée que celle du coup précédent
et il n'en résulterait rien du tout, comme l'ont montré les expériences saxonnes et russes. Par la même raison, elles ne peuvent
être employées contre la cavalerie qui s'avance rapidement, sup-
-posé même que dans la défensive on connaisse d'avance les distances auxquelles l'ennemi sera en passant devant notre front, en
tel ou tel point. Mais on aurait tort de vouloir en conclure que les
shrapnels ne peuvent servir que dans l'offensive contre un enne-

mi immobile, et nullement pour la défensive. A la bataille de Wa-
gram, (bataille purement défensive pour les Autrichiens), les ré-
serves françaises se sont arrêtées des heures entières au même
point, et si les Autrichiens avaient eu à leur disposition des shrapnels construits comme ceux de l'inventeur, qui leur attribue encore de l'effet à 3,600 pas, ce qui paraît fabuleux, ils auraient
pu faire beaucoup de dommage aux Français. Mais, sans même
avoir recours à ce merveilleux projectile, il se présente dans la
défensive plusieurs moments où le combat devient stationnaire,
et alors les shrapnels, même ceux d'une construction ordinaire à
distance et température favorables, seraient très utiles.

En général, on peut dire que les shrapnels trouveront une application contre de grandes masses réunies à une portée convenable mais non accessibles aux boulets.

291. La forme du but nous conduit aussi à quelques considérations sur l'emploi des shrapnels dans la guerre de siége, et en
général contre des buts cachés. Quelques écrivains donnent aux
shrapnels l'avantage d'être efficaces, *principalement* contre des
buts cachés (IX, p. 73), peut-être parce qu'ils ont devant les
yeux l'idée d'un feu vertical ; mais ils ne voient pas que les balles
des shrapnels ne doivent pas agir par la force de la chute, mais
par le reste de leur vitesse du tir, ce qui exige une forte charge;
et s'il doit agir de haut en bas, alors il faut un grand angle de
tir ; mais de fortes charges et de grands angles de tir employés simultanément produisent de grandes portées, et si le but caché se
trouve à une portée moindre, le projectile passera par-dessus.
Cette pensée renferme donc une contradiction intrinsèque, et à
cause de cela aussi, on ne peut pas concevoir qu'on puisse jamais
tirer avec avantage les shrapnels dans les mortiers (Voir § 17).

292. L'inventeur, lui-même, ne se fait pas faute d'accorder à
ses shrapnels l'avantage des feux verticaux, et pense même qu'ils

sont plus propres qu'aucun autre moyen à chasser l'ennemi de
ses ouvrages, et que, par conséquent, on peut aussi en munir les
mortiers (I, p. 97). Mais, à tout ceci il manque encore totalement
la sanction de l'expérience, et j'ai déjà rapporté ce que la théorie
oppose à cela. On peut ranger dans la même catégorie son assertion, qu'aucun parapet ne mettra à l'abri des shrapnels; c'est possible, mais pour pouvoir dire que c'est vraisemblable, il faudrait
avoir des expériences.

293. Les officiers d'artillerie norvégiens, peut-être séduits par
les assertions de l'inventeur, pensent aussi qu'on peut se promettre
dans la guerre de siége, beaucoup d'avantage des shrapnels en les
tirant dans les mortiers, et qu'ils dépasseraient beaucoup le feu
vertical des grenades et des pierres, ce qui, certes, n'est pas
beaucoup dire. L'auteur du document n° IX est d'un avis opposé,
principalement en employant les shrapnels contre les forteresses
modernes à ouvrages casematés, parce qu'ils ont la propriété de
tuer et non d'écraser. C'est pourquoi ils sont particulièrement
propres à la guerre de campagne, et encore seulement contre des
troupes et non contre l'artillerie qui présente beaucoup d'intervalles vides. Toutefois, dans un autre endroit, il accorde aussi
qu'on peut les employer contre l'artillerie (IX, p. 81).

294. Qu'on se rappelle que les shrapnels sont tenus à s'élever
moins que les obus, ce qui mettra toujours un grand obstacle à
leur emploi contre des buts cachés; qu'on n'oublie pas non plus
que la distance est bien plus difficile à apprécier quand l'ennemi
est caché que lorsqu'il est en vue; qu'on prenne aussi en considération que les shrapnels ne sont pas capables de détruire des
parapets, de mettre le feu à des objets combustibles, d'avoir un
jet roulant, toutes choses qui ne peuvent guère se faire que par
des obus ordinaires; enfin, qu'on n'oublie pas que l'approvi-

sionnement en shrapnels est le plus dispendieux de tous ; et, par conséquent, il faut éviter de les tirer là où de simples obus suffiraient.

Si on s'est rendu compte de toutes ces particularités, on n'hésitera pas longtemps et on discernera soi-même le moment où les shrapnels peuvent et doivent être employés.

Ils doivent être entièrement prohibés dans deux circonstances : dans les combats de nuit, et quand il s'agit de tirer par-dessus nos propres troupes ; et cela à cause de l'incertitude du point d'explosion.

CHAPITRE XIII.

Parallèle entre les effets des shrapnels et celui des autres projectiles
d'artillerie.

295. Borkenstein établit un parallèle très étendu entre les effets
des shrapnels et ceux des autres projectiles dont l'artillerie fait
usage en campagne ; mais il est à craindre que, connaissant encore
peu de chose des shrapnels, peu d'expériences ayant été faites pour
embrasser l'ensemble, il est à craindre qu'on ne puisse déjà faire le
parallèle. Aussi longtemps qu'on ne connaîtra pas avec quelque
certitude sur combien de shrapnels efficacement explosifs on
pourra compter, tous les calculs qu'on fera devront être regardés
comme une oiseuse spéculation. D'ailleurs, les erreurs qui se
trouvent mêlées dans cette appréciation donnée dans le document IV, lui enlèvent une partie de son mérite.

D'abord on compare les shrapnels avec les obus ordinaires :
ceux-ci doivent avoir, dit-on, contre des lignes d'infanterie et de
cavalerie, des effets moindres que les shrapnels ; c'est là une supposition très incertaine, car on ne dit pas si on se servira du tir
abaissé, du tir élevé, ou du tir roulant, ce qui fait des différences
considérables. Cette assertion (IV, p. 140) : « qu'il faut toujours
tirer avec des shrapnels à fusées réglées contre des lignes ; » cette
assertion est contredite par tout ce que nous savons sur la nature des shrapnels. Il est en général très hasardeux d'établir de
telles règles générales, puisque la manière de combattre influe
beaucoup sur la conduite à tenir ; mais s'il faut absolument établir

une règle générale, alors je conseille de dire qu'il ne doit jamais être permis de tirer à shrapnels contre des lignes.

296. L'effet des shrapnels contre des colonnes est plus grand que celui des obus. Ceci peut être admis comme certain, en supposant que les deux coups sont justes ; mais lorsqu'on prétend (IV, p. 140) que « sur une distance de 1,200 aunes, il n'éclate qu'un obus sur 10 dans une colonne de 50 hommes de front, » il paraîtrait que, dans l'artillerie norvégienne, on estime trop bas le feu des obus.

297. Il faut admettre comme une donnée défavorable aux shrapnels le fait de ne pouvoir tirer que 6 shrapnels dans un temps pendant lequel on peut tirer 10 obus. Admettons-le pour le moment ; sur 10 obus, on ne peut compter que sur 3 qui portent à une distance de 1,200 pas, et en admettant 14 éclats par obus, on aurait 42 coups efficaces. Un shrapnel de 12 livres a produit, à une distance de 1,200 aunes, 29 coups portants ; ainsi, il faudrait avoir, sur les 6 shrapnels, 2 efficaces pour obtenir aussi 42 coups portants : c'est le tiers. Aucune artillerie n'est encore parvenue à ce degré de perfection, et personne ne voudrait admettre que « à 1,200 aunes, le shrapnel est quatre fois supérieur à l'obus.»

On dit même que cette supériorité augmente encore à de plus grandes distances : c'est ce qui doit être positivement contredit à une distance plus grande que 1,200 pas, l'appréciation des distances devient si peu certaine, qu'il faut admettre ces 1,200 pas comme le maximum de distance auquel il soit permis de tirer avec des shrapnels, comme je l'ai déjà dit dans le chapitre des portées.

290. La comparaison que l'auteur établit entre les shrapnels et les boîtes à balles, nous apprend à connaître les propriétés des

dernières pour l'obusier de 12 livres. Les boîtes contenaient 120 balles de 2 loth (0ᵏ 035); on a obtenu à 700 aunes, 12 coups portants parmi lesquels 7 ont traversé; avec les shrapnels, on en a eu 32, dont 28 ont traversé. L'obusier ne tire pas la balle de 6 loth, mais bien la pièce de 6 : celle-ci a donné à 800 aunes 12 bons coups; l'obusier de 12 livres n'en a donné que 6, et le shrapnel 28, par conséquent quatre fois plus ; mais comme dans le même temps on peut tirer trois coups à balles pour un coup à shrapnel, supposition qui d'ailleurs est fausse), on n'atteindra pas avec des balles de 6 loth, et à 800 aunes, aussi bien qu'avec des shrapnels. Toute cette comparaison est entièrement défectueuse et en contradiction avec des expériences faites à d'autres endroits, d'après lesquelles à 800 pas le shrapnel est du double supérieur aux boîtes à balles.

On dit que toute comparaison doit cesser à 900 pas ; mais ceci est inexact ou bien l'obusier de 12 livres a été mal construit pour les boîtes à balles.

299. La table des effets des shrapnels de 6 livres (IV, p. 142) ne démontre rien relativement à la comparaison avec les boîtes à balles, car elle donne bien la moyenne des bons coups sur dix shrapnels efficaces ; mais on ne dit pas combien il a fallu tirer de shrapnels pour obtenir ces dix coups efficaces : cela n'aurait pas été nécessaire pour des boîtes à balles tirées sur un sol uni ; de là aussi vient ce grand nombre de conséquences étranges, par exemple que les coups à shrapnels à 700 aunes sur un terrain uni étaient inférieurs aux balles de 2 loth. Il faut qu'il y ait ici une faute d'impression, car l'assertion est dénuée de toute vraisemblance d'après toutes les expériences antérieures. L'effet des balles de 2 loth avec la pièce de 6 livres cesse déjà à 500 pas, quand même le sol serait uni comme une glace.

300. Il serait inutile de continuer cette analyse : ce qu'on vient

de rapporter suffit pour montrer à quelles conséquences erronées
pourraient conduire de fausses prémisses; nous nous contenterons
de réfuter encore ici cette seule assertion qu'avec l'introduction
des shrapnels on pourra se passer de balles de 6 loth (VI, p. 144).
Cette espèce de balles est indispensable sur un terrain inégal, et
à des distances rapprochées, ayant dans ces circonstances une supériorité décisive sur les balles de 2 loth, et s'il fallait absolument
renoncer à une des deux espèces, il faudrait, sans aucun doute,
renoncer à celles de 2 loth, et jamais à celles de 6.

L'avantage principal des shrapnels consistera toujours en ce
qu'ils sont utiles sur des terrains accidentés, aux plus grandes
distances, bien entendu, sous certaines conditions; et comme dans
la guerre, on rencontre plus de terrains accidentés que de terrains
unis, le shrapnel devra remplacer la boîte à balles, et avoir sur
elle un grand avantage.

301. Il n'aura échappé à personne que le parallèle ci-dessus
n'a pas été établi avec la rigueur désirable, mais il ne fallait pourtant pas le passer sous silence : car le but principal de cet écrit
est d'éclairer les idées sur l'essence des shrapnels, et de rectifier
le grand nombre de notions erronées qui sont répandues sur cette
essence.

302. Pour arriver à un parallèle rationnel entre les shrapnels et
l'effet des balles, il faut d'abord établir une comparaison des calibres entre eux, par une série d'expériences étendues, et passer
ensuite aux épreuves de contrôle qui nous manquent encore jusqu'ici. Puis il faudrait s'entendre sur les propositions suivantes :

(a) Le feu des shrapnels de 6 livres pourrait bien ne pas justifier l'attente qu'on en a, séduit par les épreuves du polygone; et
si on introduit réellement ce projectile, on ne pourra pas s'en
servir à des distances plus rapprochées que 500 pas, parce que

les fusées seraient trop courtes, et que le service ne serait pas assez prompt, ce qui est dangereux si près de l'ennemi. Par la même raison, les shrapnels de 12 livres ne seront pas applicables à des distances moindres que 700 pas (525 m.); de là suit :

(*b*) La pièce de 6 livres devra commencer son feu à shrapnel 200 pas plus tôt que la pièce de 12; mais comme la pièce de 6 n'a plus d'effet shrapnélique au-delà de 1,000 pas, et qu'on peut en attendre encore de la pièce de 12, au-delà de 1,200 pas, il s'en suit :

(*c*) Que la pièce de 6 devra cesser son feu 200 pas plus tôt que la pièce de 12.

(*d*) Jusqu'à 500 pas pour la pièce de 6, et 700 pas pour la pièce de 12, les deux calibres ne devront pas faire usage du feu à shrapnel, mais se servir des boîtes à balles, savoir : la pièce de 6, de balles de 6 loth, et la pièce de 12, de balles de 12 loth, et pas de balles plus petites, ainsi qu'il est d'usage, depuis le temps de Gribeauval, dans l'artillerie française, où la balle doit peser autant de loth (onces) que le boulet pèse de livres.

303. Du moment qu'on se sera accordé sur ces quatre points, on n'aura qu'à jeter un coup d'œil sur la table suivante, qui réunit tout ce qui est connu jusqu'ici sur les effets des boîtes à balles et des shrapnels, à quoi il faut ajouter les éclaircissements suivants ;

(*a*) Pendant que sans se hâter on peut tirer deux bons coups à balles, on ne peut tirer qu'un bon coup à shrapnel.

(*b*) On n'a rapporté dans la table que les coups qui ont traversé, car vouloir compter pour un coup efficace, trois coups qui ont seulement frappé, cela n'a rien de pratique, parce que trois contusions n'empêcheront pas un fantassin de tirer, un cavalier de sabrer, un artilleur de charger, ni un cheval de courir.

(*c*) Pour la pièce de 12, on a admis aussi les balles de 3 loth, parce que plusieurs artilleries s'en servent.

(*d*) Il est entendu qu'il ne s'agit ici que des effets sur la première cible.

Tableau comparatif.

Pas.	Coups traversant				
	dans le même temps avec				
	Pièces de 12.			Pièces de 6.	
	1 shrapnel.	2 boîtes à balles.		1 shrapnel.	2 boîtes à balles de 6 loth.
		3	12		
		loth.			
500	"	50	26	14	18
600	"	36	20	13	14
700	36	"	16	13	14
800	27	"	12	11	12
900	38	"	10	12	"
1000	30	"	8	7	"
1100	31	"	"	"	"
1200	22	"	"	"	"

Autant que des expériences de polygone peuvent le permettre, on peut conclure ce qui suit :

(*a*) On a parfaitement raison de tirer la pièce de 12 à 500 ou 600 pas avec des boîtes à balles et non avec des shrapnels, mais on a tort de ne pas faire la même chose avec la pièce de 6 parce qu'à ces deux distances deux coups à balles agissent plus qu'un coup à shrapnel.

(*b*) A partir de 700 pas, le shrapnel de 12 livres est de beaucoup supérieur à la boîte à balles ; mais pour la pièce de 6, cette supériorité ne se déclare qu'à 900 ou 1,000 pas : savoir là où la pièce de 6 ne peut plus tirer avec des balles.

(*c*) La pièce de 12 est tellement supérieure à la pièce de 6, sous tous les rapports, que celle-ci mérite à peine d'être mentionnée.

(*d*) En réunissant tout cela, il devient de plus en plus douteux que la pièce de 6 soit propre au tir des shrapnels.

304. Le jugement extrêmement intelligent d'un officier français sur cet objet est ainsi formulé (IX, p. 176) : « Le tir ordinaire des boîtes à balles ne peut être d'un grand effet qu'à de petites distances et sur un terrain uni ; le moindre accident du terrain peut détruire l'effet du ricochet : (outre cela, l'intérieur de l'âme souffre beaucoup du tir des boîtes à balles). L'application des shrapnels fait disparaître tous ces inconvénients et augmente considérablement la sphère d'activité du tir à balles. Il est connu qu'à l'exception de quelques terrains qu'on rencontre rarement sur les champs de bataille, la limite du tir à balles ordinaire ne ne s'étend pas au-delà de 400 mètres (500 pas) ; mais avec des shrapnels, on pourrait aller au moins à une distance double. Il ne faut pas en conclure que les shrapnels rendront inutile le tir à balles ordinaire ; au contraire, les deux projectiles doivent se compléter mutuellement. »

305. Borkenstein compare aussi le tir à shrapnel au tir à boulet, et cela contre des colonnes de 50 hommes de front et de 11 de profondeur ; (pourquoi onze ?) : le boulet plein, dit-il, doit enlever 8 hommes ; or, dans le même temps, on peut tirer deux boulets pour un shrapnel ; d'après cela, le rapport des effets de shrapnels à ceux des boulets pleins, rapports non déduits d'expérience mais de calculs, sont :

$$
\begin{array}{llll}
\text{sur} & 900 & \text{aunes comme } 102 : 76 \text{ ou } 1,3 : 1. \\
& 1,000 & - \quad - \quad 85 : 64 - 1,3 : 1. \\
& 1,200 & - \quad - \quad 75 : 48 - 1,5 : 1. \\
& 1,400 & - \quad - \quad 64 : 36 - 1,7 : 1.
\end{array}
$$

On ne peut accorder aucune valeur pratique à de telles tables mortuaires. L'honorable auteur veut conclure de ces tables que l'effet des shrapnels contre des colonnes, sur un terrain uni, est beaucoup plus grand que celui des boulets pleins, et sur un terrain inégal, presque trois fois plus grand. Mais l'assertion la plus étrange est celle-ci (IV, p. 145) : « Contre des lignes ennemies, le shrapnel a naturellement un avantage décisif sur le boulet plein. » On ne peut pas voir en quoi consiste cette supériorité naturelle, comme je l'ai déjà dit avec plus de détail ailleurs (§ 295).

On prétend aussi qu'on peut se servir des shrapnels avec avantage, à de grandes distances contre l'artillerie : assertion sans valeur, puisqu'il n'existe pas d'expériences.

306. Les expériences belges de 1835 établissent une comparaison entre les effets des shrapnels et ceux des balles dans l'obusier de 15 ᶜ. ; les boîtes contiennent 56 balles en fer forgé de 6 loth ½, et pèsent 16 livres ; la charge était de 2 livres 4 loth ; les moyennes des coups traversants ont été les suivantes :

	Shrapnels tirés contre		Boîtes à balles tirées contre	
sur	infant.	caval.	infant.	caval.
1200 pas	42	58	//	//
1000	35	44	//	//
800	48	68	5	8
600	61	85	15	20
400	165	251	16	25

J'ai copié ici ces nombres pour montrer combien le papier a de patience, car vouloir qu'on y croie, c'est réellement être trop exigeant.

307. *Ces expériences remarquables* comparent aussi les shrapnels avec les armes d'infanterie. On croit avoir trouvé qu'un seul coup de shrapnel, à 1,000 pas, vaut autant (VIII, p. 147)

que 176 coups de fusil à 300 pas.
$\qquad$ 132 — — à 200 pas.
$\qquad$ — — à 100 pas.

A de semblables assertions, il n'y a rien à répondre.

308. Pour apprécier convenablement l'effet des shrapnels contre des troupes, il ne faut pas oublier que chaque balle de plomb ne tue pas son homme, mais que, dans l'agrégation des balles, plusieurs atteindront souvent le même homme. Pour s'en faire une représentation fidèle, il suffit de concevoir la cible partagée en bandes de deux pieds de large, à partir du milieu à droite et à gauche, pour représenter un fantassin, et de trois pieds pour un cavalier, et ensuite compter les fragments qui, dans chaque coup,

ont frappé ces bandes : on trouvera que très souvent trois ou quatre balles, et même davantage, atteignent le même homme ; ce qui diminue beaucoup l'effet des shrapnels. Pour des boîtes à balles aussi, il arrive quelquefois que plusieurs balles frappent le même homme ; mais c'est l'exception. Pour ne rien exagérer, on peut diviser le nombre des balles qui ont touché par deux ou trois pour savoir combien d'hommes ont pu être atteints ; mais il faut encore multiplier ce diviseur par 2, parce que dans le même temps on peut tirer deux coups à balles contre un à shrapnel : le diviseur sera ainsi de 4 à 6, ou moyennement de 5. On peut admettre ensuite qu'il y aura au plus la moitié des shrapnels qui éclateront au point opportun, ce qui serait déjà très favorable pour ce projectile ; alors le diviseur ne sera plus 5 mais 10 : il faut donc calculer de cette manière. (Voir tableau *A*.[*])

Contre des lignes.

A 700 pas, le shrapnel de 12 livres, sur 14 coups, a donné 347 fragments qui ont traversé la première cible ; mais celle-ci avait 9 pieds de haut, et le fantassin ne peut être compté que pour 6 pieds ; il faut déduire le tiers, il reste 232 fragments : de ces 232 coups, 2 auraient atteint le même homme, ainsi les 14 coups à shrapnels auraient mis 116 hommes hors de combat. On aurait tiré dans le même temps 28 boîtes à balles qui, à 9 éclats, traversant la cible par coup, auraient mis 252 hommes hors de combat ; ainsi presque le double. La pièce de 12, tirée à shrapnel, est donc seulement moitié aussi efficace que si elle était tirée à balles.

A 900 pas, la chose se présente peu différemment (tableau *B*).

---

[*] Dans les expériences wurtembergeoises, sur 45 shrapnels tirés, 20 ont éclaté juste, ce dont on peut se convaincre en regardant les tableaux **A, B, C, D**.

On a tiré 11 shrapnels (dont un seul, le n° 2, a éclaté convenablement), et ceux-ci ont donné 165 fragments qui ont traversé la première cible, dont 110 à hauteur d'infanterie : en comptant 2 balles par homme, on obtient 55 hommes réellement atteints. Un nombre double de coups à balles, c'est-à-dire 22 auraient donné 22 fois 5 ou 110 hommes hors de combat : ainsi deux fois autant. A 900 pas, le shrapnel de 12 a donc encore moitié seulement de l'effet du tir à balles. On dira : il n'est pas équitable de faire entrer en ligne de compte 11 shrapnels lorsqu'il n'y en a qu'un qui ait éclaté normalement : mais est-ce notre faute ? pourquoi n'en a-t-il pas éclaté normalement un plus grand nombre ? Les panégyristes des shrapnels oublient que ce projectile n'est pas encore aussi avancé que les vieilles et loyales boîtes à balles ; que les shrapnels parviennent seulement à éclater normalement une fois sur deux, (ce dont, soit dit en passant, il faudra être très satisfait), alors les amis des balles seront bien obligés de baisser pavillon ; mais jusque là, il ne faut pas trop enfler ses joues. En vérité, je n'appartiens pas aux *ultra-ballistes*, car il ne m'est pas encore arrivé de voir devant l'ennemi des effets approchant même de loin de ces brillants résultats de polygone ; je ne suis pas non plus un adversaire des shrapnels, sans quoi je ne m'en occuperais pas avec tant de soin ; j'ai la ferme persuasion que cet intéressant projectile donnera, quand on y aura apporté des perfectionnements, des résultats extraordinaires : ce à quoi le dieu de la guerre semble l'avoir destiné ; mais vouloir, dès à présent, crier miracle comme cela est arrivé en Belgique et en d'autres endroits, voilà ce que je tiens pour un panégyrique anticipé, pour un charlatanisme destiné à jeter de la poudre aux yeux du public, comme cela est arrivé naguère en Angleterre où l'on a illuminé l'invention avec des feux du bengale peut-être pour faire donner à l'inventeur une pension plus lucrative.

309. Je maintiens que ce projectile n'est pas, en ce moment,

assez avancé pour pouvoir se mesurer dans toutes les circonstances, avec les boîtes à balles, particulièrement quand il s'agit de s'en servir contre des lignes ; mais d'un autre côté, je soutiens aussi que, même dans son état d'imperfection actuelle, il a contre des colonnes une grande supériorité sur les boîtes à balles, et je me propose de le démontrer par les expériences contenues dans les tableaux *A*, *B*, *C*, *D*, si souvent cités.

Tableau comparatif contre des colonnes.

Coups perçants des pièces de 12.

Pas.	1 coup shrapnel.			2 coups à balles.		
	à hauteur d'infanterie.					
	coups.	lignes.	colonnes.	coups.	lignes.	colonnes.
700	14	232	636	28	252	336
900	11	123	464	22	110	146
1200	10	96	242	20	//	//
1500	10	56	194	20	//	//
700	12			24		
1000	12	311	1106	24	335	148
1500	12			24		
Total.. .	81	818	2642	162	698	930
2 balles par homme.		409	1321			

De cette table on peut deduire ce qui suit :

(*a*) Les 81 shrapnels tirés contre des lignes auraient atteint, dans notre supposition, 409 hommes, et les 162 boîtes à balles 698 hommes, conséquemment moitié plus que les shrapnels.

(*b*) Contre des colonnes (on a mis un tiers en sus pour les boîtes à balles, ce que chacun approuvera), les 81 shrapnels auraient tué 1,321 hommes, moitié plus que les 162 boîtes à balles.

(c) Ainsi les shrapnels se montrent quatre fois plus efficaces contre les colonnes que contre des lignes ; d'où suit : qu'il faut toujours tirer avec des boîtes à balles, et non avec des shrapnels, contre les lignes (bien entendu dans les limites des distances), et contre des colonnes au contraire toujours avec des shrapnels.

Cependant je dois faire remarquer les circonstances suivantes : Si l'on fait la somme de tous les bons coups dans les quatre cibles, elle est souvent plus grande que la somme des fragments ; cela provient de ce que quelques fragments traversent plusieurs cibles, et il n'en serait pas de même contre des troupes, car la balle qui traverse plusieurs cibles ne tuerait pas plusieurs hommes.

CHAPITRE XIV.

Résultats de l'effet des shrapnels déduits de l'ensemble de toutes les expériences connues.

310. Quelque divergents que soient le résultat des shrapnels, dans les diverses épreuves, pris en masse, ils excitent pourtant l'attention de tout militaire intelligent. Ce n'est qu'en réunissant tout ce qui a été publié là-dessus, qu'on peut espérer de pouvoir apprécier l'état de progrès où le projectile se trouve en ce moment. Quelque défectueuses que les épreuves aient pu être, aucune n'est si mauvaise qu'elle ne puisse apprendre quelque chose. Je donne donc ici les résultats de mes recherches dans une analyse très resserrée, sans vouloir aller au devant du jugement et de la sagacité du lecteur.

I. — Expériences en Norwége.

311. D'après le document 111, p. 230, les expériences de 1830, avec l'obusier de 12 livres de 10 calibres de longueur, et 1 livre $\frac{3}{4}$ de charge n'ont donné qu'un résultat partiel, mais qui, bien examiné, prend cependant de l'intérêt ; il apprend que les distances d'explosion ont certaines relations particulières avec les temps de combustion des fusées, de sorte qu'une fusée qui a brûlé deux ou trois fois aussi longtemps qu'une autre, n'a pourtant pas donné des distances explosives doubles ou triples ; ceci nous mène à un nouveau genre de considérations.

On a calculé la distance explosive moyenne sur un certain nombre de coups où l'on a employé des fusées de divers temps de combustion ; et par conséquent de diverses longueurs, on a obtenu les chiffres suivants :

Temps de combustion. .	1	2	3	4	6	8	secondes.
Distances explosives moyenne.	422	768	1138	1396	1815	2341	aunes.

Adoptons pour unité la seconde, et pour base les **422** aunes d'intervalle explosif qu'elle a fournies, et admettons que les distances sont dans un rapport direct avec le temps de combustion on aurait obtenu les distances suivantes :

Distances.	422	844	1266	1688	2532	3376	
Pertes.	"	76	128	292	717	1035	aunes.
ou en décimales . . .		1,0	1,68	3,84	9,43	13,62	

Si on admettait que les pertes en distance sont comme les carrés des temps de combustion, on obtiendrait le résultat suivant :

Temps de combustion.	1	4	9	16	36	64	
Perte	"	1,00	2,25	4,0	9,0	16,0	aunes.

Ces nombres ne s'accordent que pour 4 et 16 secondes avec ce qui a été trouvé ci-dessus, mais pour les autres temps, ils sont beaucoup trop grands, d'où l'on pourrait conclure que les distances décroissent dans un rapport moindre que les carrés des temps de combustion.

Si l'on divise les pertes par les distances qui auraient dû être atteintes, par exemple, 76 par 844, 128 par 1266, on obtient les nombres suivants :

$$8,09 \mid 0,10 \mid 0,17 \mid 0,28 \mid 0,36$$

D'après cela, les pertes croissent avec les distances auxquelles les projectiles auraient dû parvenir. Si l'on divise les pertes par les distances effectives, par exemple, 76 par 768, 128 par 1138, on obtient les nombres

$$0,10 \mid 0,11 \mid 0,20 \mid 0,39 \mid 0,44.$$

Ainsi les pertes ont encore été en croissant avec les distances parcourues, c'est-à-dire que la résistance de l'air a absorbé une partie de plus en plus grande de la force de tir ; par exemple, pour 8" la perte s'est élevée à 0,44 de la distance, et pour 4" à 0,20, etc. Mais tous ces calculs sont fondés sur la supposition que, des longueurs égales de fusées sont comburées dans des temps égaux, ce qui n'est vrai qu'à l'état de repos, et non pas à l'état de mouvement. Ce dont j'ai déjà traité § 211 et 212.

Tout ce qu'on peut conclure des expériences précédentes, c'est que les temps de combustion, et par conséquent aussi les longueurs des fusées doivent augmenter pour les distances croissantes, d'après un certain rapport dont la loi ne peut être connue que par l'expérience : par exemple, on veut arranger des fusées pour six portées, 700, 800, 900, 1,000 1,100 et 1,200 pas. L'ordonnée horizontale du point d'explosion, pour 700 pas, doit être de 50 pas, pour 800 de 75, pour 1,200 200 pas, alors il faut d'abord retrancher ces nombres des portées, pour obtenir les distances du point d'explosion à la pièce.

$$700 - 50 = 650 \text{ par distance d'explosion.}$$
$$800 - 75 = 725$$
$$900 - 100 = 800$$
$$1,000 - 150 = 850$$
$$1,100 - 175 = 925$$
$$1,200 - 200 = 1000 \, {}^{*}$$

* Decker a oublié, en faisant ces suppositions, ce qu'il a établi dans

C'est d'après cela qu'on doit confectionner les fusées, et comme cette détermination doit être fondée, non pas sur le calcul, mais sur des expériences très complètes et où les artilleurs qui se servent de fusées annulaires ont évidemment un grand désavantage, la composition de la fusée entre là pour beaucoup, en Norvège, par exemple, (voir le § 85) on croit que les longueurs suivantes sont convenables pour la composition.

Pour.	500	600	700	800	900	1000	1100	1200 annes.
Pièces de 6 liv.	0,34	0,44	0,55	0,67	0,80	0,94	"	" pouces.
— 12 liv. .	"	"	0,56	0,68	0,81	0,95	1,10	1,26 pouces.

Ainsi l'augmentation des longueurs de composition monte pour

Pièces de 6.	"	0,10	0,11	0,12	0,13	0,14	"	"
— de 12.	"	"	"	0,12	0,13	0,14	0,15	0,16 pouces.

Pour les obusiers il y a probablement une autre augmentation, parce que les vitesses initiales et les trajectoires ne sont pas les mêmes que pour les canons.

312. Mais la différence entre les distances explosives ne suit aucune loi régulière dans les expériences de Norvège ; la plus grande d'une manière absolue s'est montée à 226 annes, ou a 14 centièmes de la distance moyenne pour un temps de combustion de 6 secondes, et le plus petit est de 144 annes, 33 centièmes de la distance moyenne, pour un temps de combustion d'une seconde ; si on réunit en général les différences en parties de la distance moyenne on obtient le tableau suivant :

plusieurs endroits, que la distance du point d'explosion au but devait diminuer quand la portée augmente.

Moyennes distances de la batterie au point d'explosion.

Temps de combustion.	Moyennes distances de la batterie au point d'explosion.	Plus grande différence entre les distances.	En parties de la distance moyenne.
Secondes.	Aunes.	Aunes.	
1	422	140	0,33
2	768	190	0,25
3	1138	177	0,15
4	1396	178	0,13
6	1815	266	0,14
8	2241	150	0,07

La différence relative la plus petite avait lieu pour 8'', la plus grande pour 1'', c'est-à-dire que plus les fusées étaient courtes, et plus était grande la différence entre les distances du point d'explosion à la pièce. Cette observation peut devenir la source d'une foule de solutions importantes, et mérite d'être solidement établie par de nombreuses expériences.

313. Dans l'année 1831, on continua les expériences pour en déduire aussi l'effet. Les données sont très incomplètes, car on n'indique pas les coordonnées du point, ni les hauteurs d'explosion, on dit seulement que les obus ont éclaté à une distance convenable ; les cibles avaient la largeur démesurée de 150 aunes,

sur 4 aunes de hauteur, et étaient faites en fortes planches de bouleau de $\frac{5}{4}$ de pouce d'épaisseur ; la charge pour l'obusier de **12** était de $1\frac{3}{4}$ livre, la hausse et la longueur de fusée ne sont pas connues, pas plus que la propagation des balles ; en réduisant les coups qui ont porté à une surface de cible ordinaire de 96 aunes de largeur, sur 9 pieds de hauteur, le nombre diminue plus de la moitié, mais cela ne donne aucune instruction, car on ne dit pas combien de cibles étaient placées les unes derrières les autres, ni si les nombres produits se rapportent à toutes les cibles, ou seulement à la cible antérieure ; bref, ces renseignements sont on ne peut plus défectueux. Je me contenterai de les copier ici, sans aucun changement (III, p. 237).

Par coup.	Distances en aunes.						
	700	900	1200	1400	1600	1800	2000
Ont atteint.	32	33	29	17	23	15	11
Ont traversé.	28	27	20	10	14	6	6
Ont frappé seulement . . .	4	6	9	7	9	9	5

Les tables montrent tout au plus que la distance de 1,200 aunes peut être regardée comme la limite d'action des shrapnels de 12 livres. Pour des canons plus longs, cette distance pourrait peut-être s'étendre à 1,500 aunes, mais des exceptions ne peuvent pas faire règle, il y a eu un coup qui à 2,000 aunes a porté 29 balles et 2 éclats dans la cible.

314. Pour chercher ensuite la différence de portées entre les

shrapnels et des obus beaucoup moins pesants, on a tiré avec les
deux, sous divers angles, et probablement avec des fusées non
chargées ; le shrapnel de 12 pesait 11 livres 20 loth, et l'obus de
même nom pesait 8 livres 20 loth ; on a tiré avec chaque projectile 75 coups ; le résultat est exprimé dans le tableau suivant :

Moyenne distance des ricochets.

Angle de tir.	1re	2e	3e	4e	5e	6e
1° { Obus	739	1304	1603	1780	1869	1920
{ Shrapnel	700	1276	1597	1861	1964	2039
Différences	— 39	— 28	— 6	+ 81	+ 95	+ 119
2° { Obus	906	1441	1638	1863	1998	2122
{ Shrapnel	1068	1600	1886	2069	2204	2344
Différences	+ 72	+ 159	+ 248	+ 206	+ 206	+ 224
4° { Obus	1662	1996	2142	2316	2359	
{ Shrapnel	1684	2050	2253	2370	2380	
Différences	+ 22	+ 84	+ 111	+ 54	+ 22	
6° { Obus	1772	1951	"	"	"	
{ Shrapnel	2057	2271	2374	2457	"	
Différences	+ 285	+ 320				
1° { Obus	2515					
{ Shrapnel	2729					
Différences	+ 214					

Ainsi, excepté pour l'angle d'un degré, les projectiles lourds ont
donné un premier ricochet et des sauts plus grands ; conséquemment aussi une plus grande portée totale que les projectiles plus
légers. L'expérience est très intéressante, mais sans utilité essentielle pour la théorie des shrapnels.

315. En 1834, une grande épreuve eut lieu à Fréderichstat
avec une pièce de 6 en fer : on s'est servi, tantôt de shrapnels

sphériques, et tantôt de shrapnels ovoïdes ; ceux-ci contenaient 35 balles de plomb, ceux-là 32, et tous les deux 7 loth de chargement ; on tira contre une seule cible de 100 aunes de large, 4 aunes de hauteur et $\frac{5}{6}$ de pouce d'épaisseur. Les procès-verbaux n'indiquent pas les coordonnées d'explosion et ne disent pas avec quels shrapnels on a tiré ; les résultats sont :

Par coup.	Distances en aunes.						
	700	800	1000	1200	1400	1600	1800
Bon coup en général.	22	14	13	13	13	5	10
Traversant.	20	11	13	11	10	4	4
Frappant.	2	3	2	2	3	1	6

Cette table, comparée avec la précédente, apprend que le shrapnel de 12 livres est beaucoup supérieur à celui de 6 livres, et que au-delà de 1.800 aunes l'action de celui-ci cesse tout-à-fait (III, p. 234).

316. On a fait aussi en Norvège des épreuves sur des terrains accidentés, mais d'une manière si partielle que cela ne vaut pas la peine de les examiner. On dit que la différence d'effet a été très peu sensible (*).

(*) On ne peut pas admettre qu'une artillerie aussi savante que l'artillerie norvégienne ait fait des épreuves aussi mal coordonnées que ce qui a été publié le ferait croire. Il est probable qu'il s'y est glissé des erreurs de traduction.

II. — *Épreuves de Braschaet, en Belgique.*

317. Le document IX fait une critique très amère de ces expériences exécutées en octobre 1835, et certes les défectuosités n'y manquent pas.

On a tiré avec un obusier long de 15 c., 2 livres de charge, et aux cinq distances 400, 600, 800, 1,000 et 1,200 pas, contre six cibles éloignées l'une de l'autre de 25 pas, toutefois la sixième était à 100 pas de la cinquième ; la première cible avait 96 pieds de largeur, les autres 20 seulement. Les tables donnent pour chaque coup l'angle de tir et la longueur des fusées ; elles indiquent aussi la distance, mais pas la hauteur d'explosion, faute de quoi les résultats qui, outre cela, frisent l'incroyable, n'ont aucune valeur scientifique. J'éprouverais donc un scrupule à fonder sur ces épreuves aucune conséquence, et je me bornerai à quelques observations générales.

(*a*) On a à dessein fait varier le temps de combustion des fusées pour obtenir différentes distances d'explosion et différentes formes du cône explosif. C'est une expérience très importante et qui mérite d'être répétée parce qu'on a estimé par là l'effet qui serait produit dans le cas où on se serait trompé dans l'estimation des distances, circonstance qui ne peut manquer de se présenter devant l'ennemi.

(*b*) Pour quelques coups, les éclats se sont répandus sur toute la première cible (de 96 pieds) ; pour d'autres, dans un tiers seulement ; pour d'autres, enfin, dans les deux tiers de cette largeur.

(*c*) On a trouvé que quelques balles ont traversé plusieurs cibles (sans cela le nombre énorme de bons coups serait tout-à-fait fabuleux puisqu'il y a eu jusqu'à 260 balles qui ont traversé pour un seul coup).

(*d*) La gerbe explosive a eu, dit-on, une forme ovale, de 300 à 400 pas de longueur sur 150 à 250 de largeur.

(*e*) Au coup n° 28 la fusée métallique produisit deux éclats qui allèrent frapper la première cible : la distance d'explosion était de 90 pas. Au coup n° 36, la fusée s'est détachée de l'obus, et a traversé les deux premières cibles : distance inconnue.

(*f*) Au coup n° 37, le projectile a éclaté très près de la première cible ; les trous étaient si rapprochés qu'on ne pouvait pas les compter ; ce coup aurait détruit trois escouades de cavalerie. La même chose arriva au coup n° 44 : le projectile passa pardessus la première cible et éclata devant la seconde ; toutes les quatre autres cibles furent atteintes. Le coup n° 47 détériora tellement la première cible qu'il fut impossible de compter exactement le nombre des balles : l'explosion avait eu lieu tout près de cette cible.

(*g*) Le coup n° 34, traversa la première cible et éclata devant la seconde ; toutes les autres furent atteintes. En décrivant les expériences du Wurtemberg, je me réserve de revenir sur ces effets si extraordinaires.

318. Quelqu'exagérés que puissent paraître ces résultats, on n'est pas autorisé à leur refuser toute confiance, et des faits comme ceux qui sont signalés en (*f*) et (g) ont été constatés ailleurs. Qu'il y ait un peu plus ou un peu moins, peu importe ; mais on peut admettre comme démontré que par circonstance le shrapnel est susceptible d'une action extraordinaire ; et cette seule circonstance montre la nécessité pressante d'étudier ce projectile pour tâcher d'en devenir maître : ce résultat atteint, les peines et les dépenses faites seront bien compensées et porteront intérêt sur intérêt.

III. — Expériences de Dresde, en 1835.

319. Ces expériences ont eu lieu avec un obusier saxon de 8 livres (15ᶜ,2) de construction connue. On s'est d'abord servi d'une fusée en bois, donnée par le colonel B... ; on enfonçait la composition comme à l'ordinaire ; la fusée était réglée par le forage ; on s'était arrangé pour quatre diverses longueurs de composition, savoir :

Nᵒ 1 de 0,92 de pouce durait 8ʺ de temps.
    2 — 0,87   —   —   8 à 6   —
    3 — 0,85   —   —   7 à 6   —
    4 — 0,82   —   —   7 à 6   —

De cette inégalité de temps de combustion, on peut conclure à priori que le forage ne donne pas l'exactitude que l'on doit exiger, car les fusées ont dû être d'une bonne construction, les Saxons étant connus pour d'excellents pyrotechniciens. Il est à remarquer que l'agrandissement des longueurs de fusées n'a pas été fait par 100 pas, mais seulement par 200 pas.

Sur   800 aunes 0,98 de pouce } 0,15 de pouce d'alongement.
—   900 — 1,13 — }
— 1,000 — 1,28 — | 0,15   —   —
— 1,100 — 1,44 — }
— 1,200 — 1,60 — } 0,16   —   —

A. On ne sait pas si c'est la composition nᵒ 1, ou celle nᵒ 2, qui a été prise pour base.

Le but était formé de quatre cibles de 40 aunes de longueur sur 5 de hauteur ; les cibles étaient inclinées de 85° vers le sol, et surplombées afin de mieux recevoir les éclats ; les planches des cibles avaient 1 pouce d'épaisseur ; chaque cible était éloignée de 20 aunes de la précédente : le tout formait un rectangle de 40 aunes de largeur sur 60 de profondeur.

320. On s'est servi de deux espèces de shrapnels : l'une, que nous désignerons par A, avait 5,80 de pouce de diamètre extérieur, et une épaisseur de 0,58 pouce : ainsi, exactement $\frac{1}{10}$; l'autre, que nous désignerons par B, avait le même diamètre extérieur, mais seulement 0,33 pouce d'épaisseur, environ $\frac{1}{17}$. Le shrapnel A contenait 190 balles, et le shrapnel B 295 (?) de 0,54 pouce de diamètre ; le chargement était très fort et se montait à 20 loth ; le poids des deux projectiles est inconnu ; la charge de tir se montait à $1\frac{1}{4}$ de livre, et la distance du but était de 1,900 aunes.

321. On tira d'abord 13 coups avec les shrapnels A en commençant par l'angle de 12° $\frac{1}{2}$, et descendant jusqu'à l'angle de 10° $\frac{1}{2}$. La longueur des fusées a fréquemment varié, de manière qu'on ne pouvait atteindre aucun résultat fixe ; la grande irrégularité des temps de combustion donnant naturellement des distances d'explosion très irrégulières de 0 à 320 pas ; les hauteurs d'explosion présentaient un peu plus d'uniformité parce qu'il y avait probablement quelque compensation entre les trajectoires élevées et abaissées ; la petite hauteur était de 25, la plus grande de 80 aunes : conséquence des grands angles de tir. Le résultat de cette première épreuve ne pouvait être satisfaisant d'aucune manière, et aucun coup même n'a donné ce qu'on appelle un bon effet : la faute provenait de plusieurs causes, principalement des fusées.

322. Celles-ci s'étant si mal comportées, on résolut de se ser-

vir de fusées en papier qui servirent à continuer les expériences,
et l'on convint des points suivants :

(*a*) L'angle de tir fut fixé à 12° invariablement.

(*b*) Ne pas chercher à obtenir la distance voulue d'explosion
par des fusées réglées d'avance pour diverses distances, mais faire
l'opération dans la batterie même par le forage.

(*c*) Renoncer provisoirement aux shrapnels *A* et continuer avec
les shrapnels *B*.

(*d*) Enfin de conserver invariablement la charge de 1 ¼ de livre ;
mais le chargement fut abaissé de 20 loth à 17.

Les résultats furent, dit-on, plus favorables, mais ne sont pas
connus. On croit savoir qu'on tira avec le shrapnel *B*, 5 coups sous
12°, et sur ces 5, un seul, le n° 2, eut un bon résultat. La distance
d'explosion était de 60 aunes, la hauteur d'explosion de 15, les
coups portants étaient :

Ire cible	108 balles	» éclats
IIe	40	2
IIIe	2	»
IVe	»	»

323. Dans la même année 1835, eurent lieu encore d'autres
épreuves dans des canons de 12 ; mais, par économie, on prit de
vieux boulets creux, on les remplit avec 70 à 80 balles de fusil,
pesant en total 3 livres (?), le projectile devint d'un poids moyen
de 10 livres 13 loth. Le chargement était de 8 loth, et la charge
de la pièce environ ¼ du poids du projectile, c'est-à-dire de 14 ½.
Le but était le même que pour les shrapnels de 8 livres.

324. Outre quelques coups d'épreuve, on tira cinq coups avec
une hausse de 5 ½ pouces à 5 ¼, et une longueur de fusée de 95

pouces ; la plus petite distance d'explosion fut de **20** pas, la plus grande de 160 pas pour une hauteur d'explosion de 10 à 18 aunes. Deux obus tombèrent devant le but et éclatèrent, les trois autres portèrent en somme 131 balles dans les cibles ; résultat médiocre.

En général, ces expériences paraissent avoir été entreprises pour l'honneur de la science, et non avec l'intention d'arriver à l'introduction des shrapnels, dans des approvisionnements de guerre.

325. Il est remarquable que ce soit l'artillerie saxonne qui ait fait seule des expériences avec un chargement qui ne fît que chasser la fusée, pour ménager les projectiles, et pouvoir s'en servir plus d'une fois, ce qui n'a cependant réussi qu'en partie. On choisit l'obusier de 8 livres, et le shrapnel *B* de la plus faible épaisseur, mais ce projectile se brisait en tombant. Alors on revint au shrapnel *A*, on le remplit de 190 balles, avec une charge de 1 loth de poudre, pour chasser la fusée, la charge fut maintenue à 1 livre $\frac{1}{4}$.

On tira d'abord sous l'angle de 13°, plus tard, sous l'angle de 12°, en débutant par 0,70 pouces de longueur de fusée, et finissant à 0,50. On ne peut consigner ici que les résultats de 6 coups.

Coups.	1	2	3	4	5	6
Angle de tir.	13°	13°	13°	13°	12°	12°
Longueur de fusée.	0,70	0,70	0,60	0,60	0,50	0,50
Fut chassée à la distance.	1700	1750	1700	1700	1800	devant la bouche.
A la hauteur.	30	0	50	50	0	
Premier ricochet.	2020	1750	2030	2040	1800	1900

IV. — *Expériences faites à Modlin en 1835.*

326. On s'est servi d'une licorne russe de $\frac{1}{2}$ poud, sans défaut, et de construction connue ; un petit nombre de shrapnels, formés sur le modèle saxon, furent fondus dans une forge prussienne, et furent transportés à Modlin ; mais comme on voulait conserver ceux-ci pour des épreuves de tir, devant l'empereur, on arrangea provisoirement des obus ordinaires en shrapnels, et on s'en servit pour des expériences préliminaires. Ils étaient de la nouvelle espèce, e'est-à-dire qu'ils avaient un culot comme le montre la figure 2, *A*. Dans chaque obus on mit 85 balles de fusil russe de 0, 70 pouces anglais de diamètre (16 mm., 5); le chargement était de 30 zolotnik de poudre grenée (8, 7 loth de Berlin), mêlée avec 6 zolotnik de sciure de bois, probablement pour aider la combustion.

Les fusées étaient confectionnées sur le modèle saxon (peut-être en Saxe même)? et avec 1, 4 (*) pouces de Dresde de longueur, le temps de combustion était de 14" ainsi 0, 10 pouces par seconde. La composition était moitié plus lente que celle des fusées anglaises. On régla la fusée à la manière saxonne, en la coupant avec un couteau.

327. Trois cibles étaient placées les unes derrière les autres, à des distances de 12 pieds. Chaque cible avait 18 pieds de largeur et 8 de hauteur, surplombait sur l'horizon avec une inclinaison de 85°. Les observations des ricochets, des explosions, des fragments étaient confiés à des officiers d'artillerie russe.

328. Il paraît que la marche de ces expériences a été troublée par suite du mauvais temps d'automne, du 28 septembre au 5 octobre, qui a agi d'une manière défavorable sur les résultats.

329. Comme la chambre conique des licornes rendait néces-

(*) Le pouce de Dresde équivaut à 0, m. 0236.

saire pour la charge d'autres dispositions que pour la chambre cylindrique des obusiers, on chercha à déterminer la charge convenable, et pour cela on divisa les expériences en quatre parties, on prit successivement 1, 2, $2\frac{1}{4}$, $2\frac{1}{2}$ livres (poids russe) * de charge, on tira à deux distances, d'abord à 1,900 aunes (1,840 pas), ensuite à 1,500 aunes (1,460 pas).

330. L'extrait suivant fait connaître les résultats obtenus à la 1re distance. On tira en tout 35 coups, savoir : trois avec 1 livre, 1 avec 1 livre $\frac{1}{4}$, trois avec 1 livre $\frac{1}{2}$, 4 avec 1 livre $\frac{3}{4}$, 7 avec deux livres, 4 avec 2 livres $\frac{1}{4}$, et les 13 derniers avec 2 livres $\frac{1}{2}$ de poudre. Dans les neuf premiers coups, on partit de l'angle de 12° pour arriver promptement à 8°, et on conserva cet angle pour les 26 autres coups, la longueur de fusée fut changée presque à chaque coup.

5 allèrent trop haut, n'eurent aucun effet.

15 ricochèrent devant le but, 6 éclatèrent derrière les cibles, les 9 autres éclatèrent en avant, mais 3 seulement produisirent quelque effet.

9 éclatèrent régulièrement, 6 donnèrent un bon effet, 3 un moins bon.

1 coup, le n° 30, éclata dans la première cible, et porta beaucoup de balles encore dans les autres cibles (ce qui était déjà arrivé à Braschaët).

1 coup, n° 33, a expulsé la fusée pendant le trajet.

2 coups n'éclatèrent point.

2 autres, n°s 24 et 26, n'avaient pas leur fusée qu'on avait oubliée.

———

35

(*) La livre russe équivaut à 0 kil. 409 ; elle contient 96 solotnitk.

Comme on a fréquemment changé les éléments, charges, angles de tir, longueur de fusée, et souvent même simultanément, on ne devait pas s'attendre à un résultat bien fixe, cependant on se flatta d'avoir obtenu une donnée sûre pour la distance de 1840 pas.

$2\frac{1}{2}$ livres de charge.

8 de tir.

0, 65 à 0,55 pouces de longueur de fusée.

331. Ceci donne lieu à une observation assez instructive : si sur 35 coups tirés avec des variations si bizarres (puisqu'on s'est servi de 7 charges différentes, et que les longueurs de fusées ont varié 13 fois), le tiers a pourtant offert des résultats passables, le tir des shrapnels n'est donc pas aussi délicat que certaines personnes le croient.

332. On peut aussi déduire quelques conséquences.

(a) Les distances d'explosion depuis 25 jusqu'à 135 pas ont donné un bon effet, et celle de 90 pas peut être considérée comme normale, pour une charge de 2 livres, et une hauteur d'explosion correspondante.

(b) Des hauteurs d'explosion de 30 à 60 pieds ont encore produit de bons résultats avec des distances convenables.

(c) Des projectiles qui éclatent au point de chute ou peu après donnent quelquefois encore un bon effet (n°s 25, 27, 29).

333. On tira d'abord trois coups d'épreuve avec des obus non chargés, et sans fusée à la seconde distance de 1,460 pas ; mais avec des charges différentes, probablement pour en déduire les portées, ce qui aurait exigé plus de trois coups.

N° 36   1 liv. $\frac{1}{2}$ de charge alla   à 1,420 pas.

N° 37   1 liv. $\frac{3}{4}$ a traversé les trois cibles.

N° 38   1 liv. $\frac{3}{4}$ à 1,430 pas.

De là on passa au tir avec des obus chargés, on tira 15 coups :
3 avec 1 liv. $\frac{1}{4}$, 3 avec 2 liv., et 9 avec 2 liv. $\frac{1}{4}$; un seul coup fut
tiré sous l'angle de 6° $\frac{1}{2}$; les fusées changèrent de longueur presque après chaque coup.

3   coups trop haut, sans aucun effet ;
2   ricochèrent devant les cibles, eurent peu d'effet ;
1   dispersa bien, mais passa à côté des cibles ;
2   éclatèrent derrière les cibles ;
1   éclata devant la bouche ;
5   eurent un bon effet ;
1   effet faible.

―――

15

On ne peut pas regarder ces résultats comme défavorables,
puisque sur 15 coups, le tiers a eu un bon effet ; on crut aussi avoir
trouvé pour données convenables à la distance de 1,460 pas
(1,105 mètres).

2 $\frac{1}{4}$ livres de poudre.
6   degrés d'élévation.
0,4 pouces pour la longueur de fusée.

334. On calcula d'après ces expériences, les charges des angles
de tir, et les longueurs de fusée pour d'autres distances, mais le
résultat ne confirma pas ces calculs ; on tira encore 11 coups avec
des circonstances si étranges, qu'on ne peut y reconnaître aucun
principe. Le lecteur en jugera.

Numéros.	Portées en pas.	Charges en livres.	Angles de tir.	Longueur de fusées en pouces	Distance d'explosion en pas.	Hauteur d'explosion en pieds.	Résultats.
55	1840	4	5	points.	"	"	Coup d'épreuve, ricocha à travers les cibles.
56	"	"	"	0,50	120	0	Ricochet, la fusée est chassée.
57	"	"	"	"	210	200	Effet faible.
58	1460	4	4	0,30	260	100	Beaucoup de fragments atteignent.
59	"	"	"	"	50	30	Presque tous les éclats atteignent.
60	"	1 1/2	5	0,75	210	0	Ricochet, explosion sans effet.
61	1220	2 1/4	6	0,30	300	200	Le coup passa par-dessus les cibles.
62	1660	2 1/2	8	0,50	135	100	40 balles et 3 éclats atteignirent.
63	1960	2 3/4	8	0,60	155	200	Tout le coup passa par-dessus les cibles.
64	2300	3	8	0,60	240	0	Ricochet et emploi presque sans effet.
65	"	3 1/2	"	"	"	"	Explosion au point de chute, à 150 pas derrière les cibles.

335. Ces onze coups montrent combien le projectile a été complaisant et docile ; en quelques heures, on a changé **7** fois de charge, **6** fois de distances, plusieurs fois d'angle de tir, et de longueur de fusée, et cependant sur **10** coups on a obtenu un bon et un très bon effet (58 et 59). Il ne serait pas juste d'en demander davantage.

336. Comme expérience d'artillerie, on tira un seul coup à la distance de 2,300 pas, avec un vrai shrapnel de 3 liv. $\frac{1}{2}$ de charge, 8° de tir et 0,50 pouces de longueur de fusée. Les résultats furent surprenants, le projectile éclata à 25 pas devant la cible, à **20** pieds de hauteur, et presque tous les éclats ont donné dans la cible !!!

337. Le 5 octobre 1836, eut lieu le tir d'épreuve devant S. M. l'empereur; comme on désirait probablement se mettre en relief, au moyen de tout ce qu'on avait déjà obtenu, on observa dans la série des expériences un certain ordre. On tira tantôt avec un projectile, tantôt avec un autre, tantôt à une distance, tantôt à une autre. On tira en tout **20** coups, dix coups avec de vrais shrapnels, et **10** autres avec des obus remplis de balles, toujours dans une licorne de $\frac{1}{2}$ pied. Les résultats des shrapnels sont les suivants.

Numéros.	Portées en pas.	Charges en livres.	Angles de tir.	Longueur des fusées en pouces	Distance d'explosion en pas.	Hauteur de tir en pieds.	Résultats.
1	1840	2 1/2	8	0,60	25	?	La plus grande partie des fragments a atteint.
2	1460	2 1/4	6	0,40	4	0	Ricochet, moitié des fragments atteignent
3	1840	4	5	point.	.	//	Passe à travers les cibles.
4	//	.	5 1/4	point.	.	//	Ricochet à 1740 pas, ensuite coup roulant.
5	//	.	.	0,50	45	60	Le tiers des fragments atteignent.
6	2300	3 1/2	8	0,60	45	50	La plus grande partie.
7	1460	2 1/4	6	0,40	100	40	*Idem.*
8	1840	2 1/2	8	0,55	100	?	Le coup passa à droite.
9	//	4	5	0,50	10	20	50 balles atteignent. (?)
10	//	.	//	0,50	0	4	Tous les fragments atteignent et renversent trois planches.

On ne dit pas si c'est avec ou sans dessein que les coups 3 et 4 ont été tirés sans fusée. On peut déduire de la table précédente trois choses.

(*a*) Les fortes charges contribuent beaucoup au bon effet.

(*b*) Les obusiers longs sont éminemment bons pour le tir à shrapnel.

(*c*) Pour toutes les choses du monde, il faut du bonheur.

V.—Expériences en . . 183.

(Voir les tableaux figuratifs A B, C D et E.)

338. Les expériences que nous allons décrire ont un avantage sur beaucoup d'autres, c'est qu'elles ont été faites avec grand soin, et que les résultats ont été recueillis avec une précision consciencieuse; des épreuves même restreintes peuvent, par ce moyen, devenir instructives; on sait si peu de chose sur l'effet des shrapnels, et ce que l'on a publié est si peu clair et concluant, qu'un travail comme celui-ci sera certainement bien accueilli par les amis de l'art militaire et de la science pratique de l'artillerie.

339. Après une série d'expériences préliminaires, on procéda en septembre 1830 à de plus grandes épreuves sur le canon de 12 livres. Les résultats sont figurés sur les lithographies ci-jointes, c'est un moyen pénible, mais utile pour obtenir un exposé clair des résultats, et parvenir ainsi à une instruction solide que des expériences et des chiffres arides ne peuvent pas nous donner.

340. (*a*) Dans la première colonne, à gauche, sont les numéros des coups; les numéros soulignés désignent ceux où l'on a pris des shrapnels lourds à 90 balles, les autres sont ceux où l'on a tiré des shrapnels moins lourds qui contenaient 80 balles.

(*b*) La seconde colonne donne les hausses en pouces (un pouce est 0,91 du pouce prussien), la troisième colonne donne les longueurs des fusées aussi en pouces.

(*c*) Les lignes horizontales représentent le sol sur lequel sont élevées 4 cibles de 9 pieds de hauteur (le pied est 0,912 du pied prussien) * et à 50 pas de distance, le pas est de $2\frac{1}{2}$ pieds de Prusse. Chaque cible était de 90 pieds de long, le tout formait un rectangle dans lequel pouvait se former une colonne de cavalerie de 30 chevaux de front, et 60 de profondeur ; les cibles étaient en planches de bouleau de 1 pouce d'épaisseur.

(*d*) La trajectoire est marquée par une ligne pleine, et le point d'explosion par un petit rond ; si le point est noir, c'est que le projectile a passé sans éclater ; des lignes ponctuées marquent, à partir du point d'explosion, le trajet des balles et des éclats, et elles se terminent par de petits points.

(*e*) Les distances sont toujours données en pas, et les hauteurs en pieds.

(*f*) Sous chaque cible, on trouve deux nombres réunis par le signe $+$, le premier nombre indique les coups qui ont traversé, l'autre les coups qui ont seulement frappé. Parmi les coups qui ont traversé, on compte tous ceux qui ont traversé ou qui sont restés dans la cible, soit balles, soit éclats.

(g) La portée, c'est-à-dire la distance de la pièce à la première cible est indiquée par des chiffres plus grands.

(*h*) Tout le reste s'explique par la figure même.

340. Il n'aura échappé à personne combien il est nécessaire de placer, dans les expériences sur les shrapnels, quatre cibles l'une derrière l'autre, malgré l'inconvénient de rendre les expériences

---

* Ceci nous apprend que ces expériences ont été faites dans le Wurtemberg. Le pied équivaut à 0,2864 ; le pouce est 1/10 de pied.

plus dispendieuses. D'ailleurs, si on n'avait pas eu les deux dernières cibles, un coup d'œil jeté sur les tableaux figuratifs montre
que beaucoup d'observations instructives n'auraient pu être faites.
Comme je l'ai dit, les shrapnels sont un projectile qui ne développe toute son efficacité que contre des troupes placées en ordre
profond, conséquemment le but doit se rapporter à ce cas.

341. Ces expériences ne sont pas exemptes de quelques légères
inconséquences ; par exemple, on a trop souvent changé de hausses
et de longueurs de fusée, mais il faut considérer que les moyens
limités dont on disposait ont pu y obliger. On n'avait que peu de
coups à tirer pour chaque distance. Du reste, le résultat brillant
qu'on a obtenu montre que les expériences ont été bien dirigées.

342. Les canons dont on s'est servi étaient la pièce de 12 de
campagne de 16 calibres ½ de longueur d'âme, et d'un poids
de 1636 livres, ce qui fait 136 livres de métal par livre de boulet ;
le diamètre de l'âme était 4,51 pouces prussiens (118 mm. 3)
celui du projectile 4,38 (114,5), conséquemment le vent était de
0,13 pouces (3 mm. 8), c'est trop pour des shrapnels.

Les shrapnels avaient juste pour épaisseur, un dixième du diamètre, et la forme d'une sphère creuse concentrique, renforcée à
l'œil. Le poids y compris 5 loth de chargement, était chaque fois
taré au plus juste, et selon les circonstances, on a enlevé ou ajouté
des balles. Les balles étaient de 18 à la livre, et c'est la raison
principale de l'excellent effet qui n'est jamais si bon avec des
balles plus légères. Le chargement était de 5 loth de pulvérin qui
brisait moyennement l'obus en 16 et 18 éclats, pesant de 5 à 10
loth.

343. Dans ces expériences, on s'est servi de deux espèces de
shrapnels, l'un léger et l'autre lourd. Le léger avait le renforce-

ment annulaire à l'intérieur de l'œil (fig. 2, *B*), et le lourd l'avait extérieurement (fig. 2, *C*).

Le léger pesait vide	5 liv.*	22 loth.
contenait 80 balles de plomb, et pesait, rempli, y compris les 5 loth de chargement	10	4
Le lourd pesait vide	5	21
et contenait 90 balles, il pesait, rempli, y compris les 5 loth de chargement	10	12

Le shrapnel était attaché par des bandes de treillis à un sabot en bois, l'axe de l'œil étant incliné de côté de 35° à 50° probablement pour ne pas endommager la fusée en chargeant avec le refouloir. Dans le transport on fermait l'œil par un bouchon de liége.

Les fusées en bois de hêtre avaient 1 pouce 20 de longueur ** la composition était enfoncée au moyen d'une presse et consistait en :

2 parties de pulvérin		
2 — salpêtre	}	4 pouces brûlent en 21 secondes.
1 — soufre		

Une mèche à étoupille longue de 6 pouces était enfoncée dans la composition.

Il y avait des fusées de quatre longueurs, distinguées par quatre couleurs.

* La livre de Wurtemberg équivant à 0 k. 467 et contient 32 loth.

** On parle aussi de quelques fusées fondues en plomb et taraudées, dont on dit s'être servi ; mais il paraît que cela n'a eu lieu que pour le coup no 7, qui a donné un assez mauvais résultat, le projectile ayant éclaté tout près de la bouche.

(1) rouge 0,40 pouces de longueur pour　　　　　700,　800 pas.
(2) jaune 0,60　　—　　　　—　　　　900, 1,000, 1,100
(3) bleu   0,80　　—　　　　—　　　1,200, 1,300, 1,400
(4) noir   1,00　　—　　　　—　　　1,500

On réglait les fusées au moyen d'un foret à échelle mobile, qui se fixe facilement à toute position et toute longueur.

La charge était de 2 livres de poudre grenée, mise dans une cartouche de serge ; elle était séparée du projectile.

344. Le service se faisait ainsi :

(*a*) La charge est introduite et placée.

(*b*) Le shrapnel est placé sur le moyeu de la roue gauche de la pièce.

(*c*) Le bouchon de liége est tiré de l'œil, la fusée réglée d'avance est placée, et au moyen d'une douille en fer, à trépied en cuivre, qui serre la fusée, on frappe quelques coups avec un marteau en cuivre ; la mèche est préservée par le trépied.

(*d*) Le shrapnel est enfoncé dans la pièce avec le refouloir.

(*e*) On ne dit pas si le pointage a lieu avant ou après le chargement.

345. Le champ de tir était un terrain uni, une prairie couverte d'herbe.

346. Les résultats étaient soigneusement consignés après chaque coup, avec beaucoup de précision, de manière qu'ils peuvent inspirer toute confiance. Chaque coup traversé par une balle n'était pas seulement marqué par une couleur, mais fermé par une cheville en bois. Les trajets du projectile, jusqu'à l'explosion,

ont été observés avec des montres à tierces, mais malheureusement on ne peut pas les faire connaître.

347. On tira à quatre distances différentes, à 700, 900, 1,200 et 1,500 grands pas *. On commença à 900 pas, et on ne tira chaque jour qu'un petit nombre de coups, ce qui est important, afin que chacun puisse rester attentif, et que la fatigue physique n'amène pas la fatigue intellectuelle. Le deuxième jour on tira à 1,200, au troisième à 1,500, et le quatrième à 700 pas. Ce même jour on tira ainsi deux salves de trois canons à la fois à 700 pas; après chaque salve on compta le nombre des coups qui avaient porté. De semblables résultats devant donner une instruction solide, il faut s'y arrêter avec persévérance.

Premier jour. — 17 septembre.

TABLEAU *B*.

348. 11 coups à la distance de 900 pas (1,000 pas prussiens).
Hausse. Varia de 2 ⅛ à 2 ¾ de pouce, et resta fixée à 2 ½ **.
Longueur de fusée. A oscillé entre 0,50 et 0,45 de pouce, et a été fixée à 0,45. Il ne faut pas s'étonner si l'on changea ainsi la longueur de fusée de sa deux centième partie, car un pouce de longueur de la composition qu'on a choisie brûle en 5 ¼ secondes, un centième ne met que 1 ½ tierce.

---

* Réduites en pas parisiens, ces distances auraient été 777, 1000, 1333, 1666. (583, 750, 1000, 1250 mètres).
** Longueur de la ligne de mire 76,3 pouces.
    Différence de diamètres. . .   1,50
    Angle de mire. . . . .
Comme la hausse, dans chaque artillerie, est divisée en douze, et que 1 pouce = 0,91 pouce prussien. Lorsqu'on veut calculer l'angle correspondant à 1 pouce de hausse, il faut ajouter 1,50 + 0,91 = 2,41, et l'angle correspondant sera 1°,43'.

Projectile. On a tiré six coups avec le shrapnel lourd, et deux coups, nᵒˢ 7 et 8, avec le shrapnel léger.

Examen de chaque coup.

Nᵒ 1. N'éclata pas. Bonne hausse, car il est possible que ce soit la rotation qui ait diminué la portée de trente pas. On a atteint par ricochet une portée de 1,600 pas (1,777 prussiens) (1,333 mètres).

Nᵒ 2. Bon effet. On peut justifier le huitième de pouce dont on a augmenté la hausse, à cause de la faible portée du coup précédent. Il n'y avait aucune raison pour changer la longueur de la fusée puisque le projectile précédent n'avait pas éclaté. = Distance et hauteur d'explosion justes.

Nᵒ 3. Il n'y avait aucun motif d'augmenter la hausse d'un quart de pouce, vu que la hauteur d'explosion précédente n'était pas trop basse, le shrapnel est tombé 90 pas trop tôt — effet moyen — et preuve que lorsque les shrapnels éclatent peu après le ricochet, mais à une distance convenable, ils produisent encore de l'effet.

Nᵒ 4. Il n'y avait pas de motif de diminuer la hausse, il y en avait plutôt pour l'augmenter, puisque le coup précédent était trop court. C'était une faute d'augmenter la longueur de la fusée, faute ressentie, puisque le projectile éclata trop tard. Grand effet et preuve que lorsqu'un shrapnel éclate près de la tête d'une colonne il peut y faire de grands ravages.

Nᵒ 5. On a bien fait d'augmenter la hausse, le coup précédent ayant été trop court ; on a bien fait aussi de diminuer la longueur de la fusée, le temps de combustion ayant été trop long le coup précédent ; mais on aurait dû diminuer davantage, car le projectile éclata encore trop tard. — Effet terrible dans l'intérieur d'une colonne.

Nᵒ 6. Bonne hausse, longueur de fusée encore trop courte, le projectile éclata presque au-dessus de la première cible, mais probablement trop haut, car il produisit peu d'effet.

N° 7. Éclata devant la bouche, on avait vissé une fusée en plomb et lutté avec de la poix, cela ne fut pas suffisant. Lorsque la fusée ne ferme pas hermétiquement, l'explosion dans l'âme ou à la bouche est inévitable.

N° 8. Le projectile frappa trop tôt, vraisemblablement parce que c'était un shrapnel léger; bon intervalle, mais les fragments paraissent avoir beaucoup perdu de leur force par le ricochet du projectile, ce que montre le grand nombre de balles qui n'ont fait que frapper; cela tient probablement à ce que le terrain était mou.

N° 9. Bonne distance d'explosion, hauteur trop grande, et le coup resta sans effet sur la première cible, et n'agit que sur les suivantes.

N° 10. On a bien fait de diminuer la hausse, parce que le coup précédent avait éclaté trop haut à une petite distance, mais le shrapnel a éclaté beaucoup trop tôt; malgré cela une balle traversa la première cible, ce qui prouve la force énorme que la charge donne aux balles.

N° 11. Effet terrible, et qui prouve la destruction qu'un projectile peut faire dans une colonne; pour ce coup comme dans plusieurs autres, il faut que tous les fragments aient percé la seconde cible, après avoir traversé la première, car chaque projectile a donné de 106 à 108 trous dans les cibles.

Résultat à 900 pas.

La meilleure hausse est de 2 pouces $\frac{1}{4}$; la meilleure longueur de fusée 0,45 pouces; bon effet, car le nombre moyen est de 105 fragments dont 77 traversent.

Si on prend la moyenne entre les 11 shrapnels, y compris ceux qui n'ont point donné d'effet, on obtient encore 89 coups dans les cibles dont 63 ont traversé.

Avec des boîtes à balles de 12 loth on aurait obtenu 6 coups dans les cibles par boîte, dont 3 auraient traversé à cette distance de 900 pas. Ainsi le shrapnel s'est montré douze fois plus efficace que la boîte à balles. Mais comme celle-ci peut se tirer deux fois plus vite, la supériorité se réduit à six fois. Mais si on ne fait entrer en ligne de compte que la cible antérieure, elle a reçu **221** coups, avec les boîtes à balles elle en aurait reçu **66**, par conséquent le shrapnel n'est alors que trois fois plus efficace que la boîte à balles, et même 1 fois $\frac{1}{2}$ en tenant compte du temps. De là suit :

Que le feu des shrapnels, abstraction faite des distances, manifeste sa supériorité sur les boîtes à balles, non pas contre des lignes, mais seulement contre des colonnes.

Seconde journée. — 18 septembre.

TABLEAU *C*.

349. On tira 10 coups à la distance de **1,200** pas (1,333 prussiens) (1,000 mètres).

Hausse. Entre 3 pouces $\frac{1}{2}$ et 3 $\frac{3}{4}$, enfin à 3 pouces $\frac{11}{16}$.

Longueur de fusée. Les six premiers coups avec la même longueur, les quatre derniers augmentés de 0,025 de pouce pour obtenir des intervalles plus petits, que l'on obtint pas.

On ne se servit que de shrapnels légers.

Examen des coups.

N° 12. Trop court de 65 pas; éclata bas immédiatement après la chute, aussi la plupart des coups portèrent dans la cible antérieure. — Bon effet.

N° 13. On augmente la hausse de $\frac{1}{8}$ de pouce, ce qui n'est pas suffisant, la fusée est trop longue ; la plupart des balles vont dans la troisième cible. — Effet moyen.

N° 14. On augmente encore la hausse de $\frac{1}{8}$ de pouce, on atteint son but, bonne distance, mais trop grande hauteur d'explosion.— Effet moyen.

N° 15. Bonne distance, mais hauteur d'explosion trop petite ; la première cible reçoit le plus grand nombre des coups. — Effet moyen.

N° 16. Distance et hauteur en bonne relation, mais un peu grande, effet cependant très bon et très régulier.

N° 17. Bonne distance, mais hauteur d'explosion trop grande. — Effet médiocre, et tout entier contre les dernières cibles.

N° 18. Pour remédier aux défauts du coup précédent, on diminue la hausse, et on augmente la longueur de la fusée, le but est atteint. On a fait trop bien, il aurait mieux valu ne pas changer du tout. La hauteur et la distance d'explosion sont dans des relations convenables, mais un peu petites, les coups ne portent que sur la cible antérieure. — Bon effet.

N° 19. De 50 pas trop court, ricoche devant le but ; effet moyen presque tout sur la cible antérieure, à cause de la petite hauteur d'explosion.

N° 20. On augmente encore un peu la hausse, et l'on aurait obtenu sans doute un bon résultat, si la fusée n'avait pas brûlé trop longtemps, l'emploi eut lieu devant la troisième cible, et eut sur celle-ci des effets excellents, il y eut moins d'effet sur la cible 4, parce que le shrapnel avait éclaté bas.

N° 21. Coup efficace—relations normales—cependant la hauteur d'explosion aurait pu être un peu moindre.

Résultat pour 1,200 pas.

La meilleure hausse est de 3 pouces $\frac{11}{16}$, la meilleure longueur de fusée 0,725 de pouce ; bon effet, en ayant égard à la grandeur de la portée. Sur les 10 coups, aucun n'a été perdu ; l'effet moyen était, par projectile, de 64 coups sur les cibles, dont 36 ont traversé. Comme le nombre des coups qui n'ont fait que frapper était à peu près égal à celui des coups qui ont traversé, cela semble démontrer qu'on se trouvait à la limite de la portée, ce que nous verrons par les résultats obtenus à 1,500 pas, combien cette conclusion est hasardée. A cette distance de 1,200 pas, il ne peut être question d'aucune comparaison avec la boîte à balles.

Troisième journée. — 19 septembre.

TABLEAU *D*.

350. 10 coups à 1,500 pas (1,666 prussiens) (1,250 mètres)
Hausse convenable 5 $\frac{1}{4}$ de pouce.

Longueur de fusée augmentée de 0,90 à 0,95 de pouce, sans qu'on en donne de raison.

Projectile lourd.

Examen des coups.

N° **22.** Distance et hauteur d'explosion convenables ; toutefois effet médiocre ; peut-être par la trop grande distance et la trop faible charge.

N° **23.** Distance d'explosion diminuée d'un tiers, hauteur correspondante ; de là peut-être le bon effet qui se fait remarquer particulièrement sur les deux premières cibles.

N° **24.** L'hypothèse précédente devient presque une certitude, car l'effet est augmenté par la diminution dé la distance d'explosion, le projectile a dû éclater trop haut, car il n'y a que deux coups dans la première cible — le grand nombre de coups qui n'ont pas traversé indiquent une trop grande distance et une trop faible charge.

N₀ 25. La distance d'explosion diminue et l'effet augmente, la hauteur d'explosion trop grande ne répond pas à la distance, et il n'y a que deux coups dans la première cible ; le nombre des coups qui n'ont pas traversé est encore très grand.

N⁰ 26. Le ricochet diminue encore de force — effet médiocre, comme dans le coup précédent ; la distance et la hauteur d'explosion ne sont pas en relation convenable, en outre, le projectile éclate dans la branche ascendante et très haut.

N⁰ 27. Bonne distance, et hauteur d'explosion trop grande, tous les fragments passent par-dessus la première cible, à l'exception d'une seule balle qui n'a pas traversé. L'effet très bon indique une force qu'on n'aurait pas prévue d'après les résultats précédents.

N⁰ 28. Phénomène surprenant, le projectile lance la fusée par-dessus la première cible, et sans éclater, jette par l'œil 7 balles. Qu'est-ce qui a porté ces balles, ce n'est pas le chargement, mais seulement la vitesse restante au projectile qui continue son chemin fait un ricochet et tombe à 1,900 pas (2,111 prussiens) (1,583 mètres)? C'est certes une portée remarquable pour une charge de 2 liv.

N⁰ 29. Eclate dans l'âme ; cause inconnue, la fusée en bois avait peut-être une fente ou ne fermait pas l'œil hermétiquement.

N⁰ 30. Relation normale et convenable, effet très bon et très régulier.

N⁰ 31. La même relation normale, et de même, bon effet.

Résultat à 1,500 pas, hausse 5 pouces $\frac{1}{4}$, et longueur de fusée 0,95 pouces — ayant égard à la grande distance, on pourrait regarder l'effet comme très bon (71 coups dans les cibles par shrapnel), si le nombre des balles qui n'ont pas traversé n'était pas aussi grand que celui des balles qui ont traversé. On peut établir là-dessus deux conjectures.

(*a*) Ou la distance était trop grande pour la charge, ou

(*b*) La charge trop faible pour la distance.

On peut admettre la dernière conjecture, car la même artillerie a tiré en 1841, avec les mêmes pièces et les mêmes obus, à la distance de 1,800 pas (2,000 prussiens), mais avec une charge de 2 liv. $\frac{1}{2}$, et a obtenu de très bons effets.

Les intervalles étaient très variables pour les mêmes longueurs de fusée. Les fusées étaient bonnes, et il faut qu'il y ait eu une cause inconnue de perturbation. L'opération du forage mérite-t-elle confiance? Des fusées préparées à l'avance paraissent devoir obtenir la préférence.

En général ces variations de distance d'explosion ont cependant donné de bons résultats, ce qui semble indiquer que ces résultats sont, à un certain degré, indépendants de cette distance, propriété d'autant plus satisfaisante des shrapnels qu'elle est niée ou révoquée en doute par plusieurs personnes.

Quatrième journée. — 20 Septembre.

TABLEAU *A*.

351. Il paraît qu'on a réservé le mieux pour la fin. On a tiré d'abord huit coups isolés à 700 pas (777 prussiens) (578 mètres).

Hausse. Constamment de $\frac{1}{4}$ de pouce, ce qu'on doit louer.

Longueur de fusée de même 0,33 pouces, si ce n'est que pour les deux derniers coups on employa 0,35 pouces, ce qui donna au coup n° 39 des coordonnées explosives tout-à-fait normales.

Trois projectiles lourds et les cinq autres légers.

Examen des coups.

N° 32. Relations normales, effet régulier, très bon.

No 33. Bonne distance d'explosion, hauteur trop grande, il en résulte que la plupart des fragments passent par-dessus la première cible. Effet extraordinaire dans une colonne.

No 34. Sans explosion — a traversé les trois dernières cibles ; ainsi, du moins, bon pointage.

No 35. Sans explosion, ricochet à travers les deux cibles, ainsi bien pointé.

N° 36. Ricochet devant la 1re cible ; éclate dans la branche ascendante, mais au moins pas trop haut—bon effet, sur les 3e et 4e cibles.

No 37. Avec une grande distance d'explosion, mais une hauteur correspondante donne un effet extraordinaire, et complètement régulier, preuve de la grande force des balles à des distances aussi rapprochées. Ce seul shrapnel aurait suffi pour mettre en fuite toute une colonne; ne serait-ce pas le poids du projectile qui y a contribué, mais le projectile n° 32 était aussi un projectile lourd, et il a aussi donné de bons résultats.

N° 38. A éclaté dans l'âme, cause inconnue.

N° 39. Excellentes relations explosives, effet extraordinaire et très régulier.

Résultat pour 700 pas.

L'effet dépasse toute attente, et touche à l'incroyable, pour quelques coups (33, 37, 39), mais sur 8 coups 3 sont entièrement perdus, et un l'est à demi, ce qui indique des imperfections de construction, qu'il faut corriger, si l'on veut que le projectile inspire confiance.

Les 5 bons shrapnels ont donné en moyenne 112 coups dans les cibles, parmi lesquels 87 ont traversé ; dans le même temps on aurait tiré 10 boîtes à balles qui auraient donné chacune 9 balles qui auraient traversé, ainsi le feu à schrapnel prend à cette distance une supériorité quintuple, avec des relations explosives normales.

Salve.

A la fin des 8 coups rapportés ci-dessus, on en a encore tiré 6 en deux salves, chacune de trois canons (tableau *A*, n°s 40 à 45). On conserva la même hausse et la même longueur de fusée. On peut voir l'effet dans les tableaux.

1re salve. — Les n°s 40 et 41 avaient de bonnes distances, mais des hauteurs d'explosion moins convenables. — Le n° 42 a éclaté irrégulièrement, et a surtout exercé son effet sur les cibles 2 et 3.

2e salve. Presque les mêmes relations explosives que pour la première salve, mais l'effet est un peu plus régulier. Le résultat s'accorde d'une manière surprenante avec celui des huit shrapnels précédents : savoir 103 coups dans la cible, dont 85 ont traversé, pour chaque projectile, c'est un excellent résultat.

Cinquième journée. — 6 octobre.

TABLEAU *E*.

352. L'artillerie se croyait assez avancée pour pouvoir, sans se compromettre, faire des épreuves de tir, en présence du chef de l'armée.

On réunit dans une batterie 4 pièces de 12, chaque canon fut muni de 9 shrapnels légers.

Le but fut le même que dans les expériences précédentes. On tira à trois distances différentes, à 700, 1,000 et 1,500 pas, à chaque station on tira 12 coups sans interruption. Le tir à 1,000 pas peut être considéré comme hasardé, car on n'avait pour cette distance aucun renseignement, ni sur la hausse, ni sur la longueur de fusée ; probablement on aura obtenu ces éléments par voie d'interpolation.

La hausse de 2 pouces $\frac{1}{4}$ s'était bien composée pour la distance de 900 pas, et celle de 3 $\frac{11}{16}$ pour 1,200 pas, la proportion 900 : 1,000 : : 2 $\frac{1}{4}$: x aurait donné 2 $\frac{1}{2}$ et la proportion 1,200 : 1,000 : : 3 $\frac{11}{16}$: x aurait donné 3 $\frac{1}{16}$, en combinant cette longueur on obtient 2 $\frac{11}{16}$ que l'on a adoptée pour la distance de 1,000 pas. Pour la longueur de fusée on avait obtenu pour 600 pas 0,45, et pour 1,200 pas 0,725, des proportions analogues aux précédentes auraient donné 0,50 pour 1,000 pas, cependant on adopta 0,57.

On aurait perdu trop de temps à compter le nombre des balles dans la cible, après les 12 coups, aussi on les compta seulement à la fin du tir ; il est donc impossible de porter un jugement pour chaque distance particulière, on n'a que l'effet total pour toutes les distances.

Le tableau E donne en perspective les coups dans chaque cible en particulier, les coups qui ont traversé sont marqués en haut, et ceux qui ont seulement frappé en bas. La division des cibles en six parties permet de se faire une idée de la dispersion des balles et des éclats. Voici l'ensemble .

Moitié gauche des cibles.

Cibles Nos	Ont traversé.	Ont frappé.	Somme.	
I	215	59	274	
II	436	134	570	
III	235	108	343	1353
IV	68	98	166	
Total.	954	399	1353	

Moitié droite des cibles.

I	252	61	313	
II	276	73	349	
III	112	82	194	1000
IV	65	79	144	
Total.	1659	694	2353	

La moitié gauche a eu 353 coups de plus que la moitié droite, il paraît donc qu'on a tiré généralement à gauche, peut-être par l'effet du vent, les cinq points noirs placés sur la première cible indiquent que cinq projectiles ont traversé en cet endroit les cibles, et ont éclaté plus tard.

La deuxième et la troisième cibles ont reçu le plus grand nombre de coups, la plus grande partie doit être attribuée aux cinq projectiles qui ont éclaté entre la première et la seconde cibles.

Le nombre des coups qui ont seulement frappé se monte à un peu plus des deux cinquièmes des coups qui ont traversé, et à un peu moins de la moitié ; ce qu'on peut mettre sur le compte des grandes distances 1,100 et 1,500 pas.

Les deux divisions qui sont au milieu des cibles ont reçu 1,361 coups dont 1,052 ont traversé, plus de la moitié du tout. Le tableau suivant fait connaître la dispersion des coups.

Cibles.	1	2	3	4	5	6
I	23	75	176	246	38	29
II	78	224	268	207	118	24
III	58	118	167	120	50	24
IV	37	42	87	90	39	15

1361

Ces résultats sont brillants, sur chaque shrapnel, en comptant 36, on a 65 coups dans la cible, parmi lesquels 46 traversent, et en outre 5 shrapnels ont agi sur la première cible comme des boulets pleins.

353. Cherchons d'abord à répondre à cette question ; comment faut-il traiter le plus convenablement les résultats de ces intéressantes épreuves, pour en tirer une instruction sur les propriétés des shrapnels? On y parviendra en réunissant les phénomènes les plus essentiels qui se sont présentés dans ces expériences et y joignant des considérations dont on tirera des conséquences sur la nature du projectile et de ses effets.

Je commence par donner l'ensemble suivant en pures données numériques.

	Distances en pas.				Pour l'instruc- tion.	Ont donné des balles dans la cible.			Pour épreu- ves.	Somme
	700	900	1200	1500		perçant	frapp.	somme		
Coups tirés en général.	8	11	10	10	39	"	"	"	42	81
Sans éclater.	2	1	"	"	3	"	"	"	"	3
Explosion dans l'âme.	1	"	"	1	2	"	"	"	2	4
Explosion devant la bouche.	"	1	"	"	1	"	"	"	"	1
Explosion de la fusée sans éclatement.	"	"	"	1	1	"	"	"	"	1
A déduire pour défauts de construction.	3	2	"	2	7	"	"	"	2	9
Effets restants.	5	9	10	8	32	"	"	"	40	72
Ricochet devant la cible.	1	3	3	1	8	371	161	532	"	8
Ricochet par coup.						46	20	66	"	"
Traversèrent la première cible et éclatèrent dans la colonne.	"	1	"	"	1	125	26	151	5	6
Passent par-dessus la première cible et éclatent au-dessus de la colonne.	"	"	1	"	1	62	13	75	"	3
Ont éclaté devant les cibles avec des distances et des hauteurs d'explosion variables.	4	5	6	7	22	1224	709	1943	33	55
Par coup.	"	"	"	"	"	55,5	32,5	88	"	"
Somme.	5	9	10	8	32	288	91	380	40	72
Moyenne par coup.						72	23	95	"	1

De là on peut conclure :

(*a*) La neuvième partie des coups fut perdue par défaut de construction.

(*b*) Les $\frac{2}{3}$ de $\frac{8}{9}$ restants ont éclaté d'une manière satisfaisante.

(*c*) Le dernier tiers lui-même n'a pas été sans effet.

(*d*) Chaque projectile efficace a donné moyennement 95 coups dans les cibles, dont 72 qui ont traversé.

(*e*) En tenant même compte des projectiles perdus, les 81 shrapnels ayant donné la somme de 5,688 coups dans les cibles, parmi lesquels 1,721 ont seulement frappé, on obtient par shrapnel 70 coups dans la cible, dont 49 ont traversé, et dont 21 seulement ont frappé, résultat qui dépasse tous les effets des boîtes à balles, malgré les données défavorables admises pour les shrapnels, puisqu'on a compté dans le diviseur ceux qui n'ont pas fait explosion ou qui ont éclaté dans l'âme, etc.

(*f*) Si on adopte en principe qu'un schrapnel ne doit éclater que *devant* le but (ce qui est très juste théoriquement), alors ce cas s'est présenté cinquante-cinq fois sur 81 coups. Ce résultat favorable peut servir à prouver les progrès faits sur les schrapnels dans ladite artillerie.

354. Passons maintenant aux considérations et aux conséquences.

(I) Des ricochets en avant du but donnent encore de bons effets, aussi longtemps qu'ils ont lieu à des distances convenables, et que le projectile n'éclate pas trop haut (preuve les coups n°s 3, 12, 13, 19 et 36).

Mais si le point d'explosion est dans la branche ascendante, et trop haut, l'effet perd beaucoup (n° 26).

Des ricochets affaiblissent en général la force du projectile; conséquemment aussi celle des balles après l'explosion, principalement lorsqu'il y a encore un grand trajet à faire avant d'atteindre le but.

Observation[*]. — « Vous parlez ici des shrapnels de canon ;
« mais les shrapnels d'obusier qui ont ricoché devant le but écla-
« tèrent le plus souvent en ricochant, ou immédiatement après,
« et les premiers particulièrement n'avaient aucun effet. Mais
« comme les épreuves ont d'ailleurs eu lieu à de grandes distan-
« ces (1,800 pas), l'angle d'incidence trop grand a pu y contri-
« buer.

« Dans le petit nombre d'expériences faites avec le canon de
« 12, les shrapnels ont souvent ricoché sans désavantage devant
« le but. »

(II) Des projectiles éclatant trop haut n'exercent qu'une faible
action (n°s 6, 14, 17, 27), ou manifestent leur action seulement
sur les dernières cibles (n°s 9, 24, 25, 27, 33, 34).

Des projectiles qui éclatent trop bas, mais à une distance convenable, produisent bien parfois un bon effet ; mais le plus souvent
il est restreint à la première cible.

(III) De trop grandes distances d'explosion nuisent à l'effet (n° 10).

Observation. — « Ceci est certainement très juste, en compre-
« nant, par trop haut ou trop grand, seulement les limites extrê-
« mes. Pour rendre ceci utile, il faudrait d'abord fixer les li-
« mites ; ce qui, pour le moment, n'est possible ni à vous ni
« à moi. »

Mon honorable ami indique la difficulté d'observer avec exactitude le point où le projectile éclate dans l'air (comparer avec
l'observation du n° 335), et ajoute :

« Si on réussissait à obtenir les deux mesures dont il s'agit, avec
« exactitude, seulement pour 200 coups, on devrait regarder tout

---

[*] Ces observations et les suivantes ont été faites à l'auteur par un officier très instruit, auquel l'auteur avait communiqué ce chapitre, et qui a
pris une part active à un grand nombre d'expériences sur les shrapnels.

« le problème comme résolu, abstraction faite des extrèmes. J'ai
« acquis la conviction qu'on ne peut pas fixer de mesure particu-
« lière pour l'intervalle et la hauteur d'explosion ; mais qu'on
« doit chercher à les amener dans une certaine relation, en ayant
« égard à l'angle d'incidence. »

Si le lecteur veut bien regarder ce que j'ai dit § 204 et 208, il
reconnaîtra une certaine coïncidence d'idées.

« Des shrapnels qui ont éclaté à des distances très différentes
« des cibles, ont donné également de bons effets si les hauteurs
« d'explosion avaient en même temps convenablement varié. »

(IV) Des shrapnels qui éclatent près de la tête ou dans l'intérieur d'une colonne peuvent y faire une grande destruction (nᵒˢ 4,
5, 11, 20, 42, 45) ; mais il est nécessaire de faire attention à une
chose dont l'omission peut occasioner des idées fausses. Plusieurs
fragments ont, dans les expériences, traversé plus d'une cible, et
c'est ce qui a occasioné le grand nombre de coups pour les quatre cibles ; mais, dans la réalité, il n'en est pas de même : une
balle ne tue qu'un seul homme ; si on voulait arriver à un résultat
juste donnant la mesure de l'effet réel, il faudrait construire les
cibles en fortes poutres, et non en planches.

Observation. — « Très vrai ; cependant je ne compterais pas
« beaucoup sur l'effet contre des colonnes, parce que je suis fer-
« mement convaincu qu'en rase campagne aucune colonne n'est
« en état de soutenir un bon feu à shrapnel pendant vingt minu-
« tes. » (Ainsi elle se déploiera.)

(V) Quoique la vitesse initiale donne une grande impulsion aux
balles de plomb (nᵒ 37), les grandes distances exigent pourtant
que l'effet avec des coordonnées normales ne soit pas trop faible.
(nᵒˢ 22 à 26).

Observation. — « Très vrai ; cependant le désavantage ne con-
« siste pas uniquement dans la moindre force de percussion des

« balles : mais avec des charges trop faibles; le cône dispersif de-
« vient proportionnellement trop grand , vérité qui a pensé me
« coûter la vie, parce que je n'y avais pas fait assez d'attention :
« nous avions tiré avec l'obusier de 8 livres, et $\frac{5}{8}$ livre de charge,
« à une distance de 1850 aunes, et on fit un coup d'épreuve avec
« $\frac{3}{4}$ de livre à une distance de 1450 aunes. Ce cône dispersif était
« presque trois fois plus grand qu'auparavant ; et cette circon-
« stance fit courir un danger aux observateurs placés à côté de la
« ligne de tir. »

Si le lecteur veut bien comparer avec le § 167, il verra la même opinion littéralement exprimée.

(VI) L'effet des shrapnels est de beaucoup plus indépendant des portées que l'effet des boîtes à balles ordinaires. Les coups suivants en offrent la preuve :

Nᵒˢ 37	à	700 pas	avec	70 coups.	
39		»		61	
2		900		58	
32		700		53	
12		1200		47	Sur la première cible.
30		1500		45	
23		»		38	
18		1200		34	
3		900		31	
8		»		23	

Observation. — « Très vrai , et peut-être encore plus avec des
« obusiers qu'avec des canons ; car pour les expériences de ca-
« nons rapportés, l'effet paraît diminuer avec la distance. Dans
« nos expériences avec des obusiers, nous avons obtenu moyen-
« nement de meilleurs résultats à 1850 aunes qu'à 1500 aunes.»

Je considère cette expérience comme très importante , et digne d'une attention particulière.

(VII) Quoique l'inégalité du terrain ne nuise pas à l'effet tant
que les projectiles éclatent normalement ; cependant cet effet
baisse et peut cesser tout-à-fait lorsque la chute a lieu devant le
but, et si le projectile reste enfoncé dans un mauvais terrain.
Ainsi, sur les 81 coups, les nᵒˢ 3, 4, 8, 12, 13, 19, 26, 36, auraient été probablement perdus. Cela ferait 532 coups à déduire,
parmi lesquels 371 ont traversé. En ajoutant à ces shrapnels les
9 qui n'ont pas éclaté, on a 17 coups, ou les deux tiers du tout ,
ce qui n'est rien moins qu'insignifiant. Qu'on ne se fasse donc pas
illusion pour ne pas éprouver dans la pratique de désappointe-
ment.

Observation. — « Ceci aussi est vrai , mais doit être de peu de
« considération ; car, même sans cela, on doit éviter autant que
« possible des chutes devant le but. »

(VIII) Quelques projectiles qui éclatent devant le but , et tout
près , occasionent souvent de grandes destructions , brisent des
planches entières, renversent les montants, etc. On peut regarder
ceci comme un *désavantage,* parce que les shrapnels forment un
cône trop étroit. Sous ce point de vue matériel , on a raison ; car
il est indifférent qu'un homme soit tué par une balle ou par 20 ;
mais sous le point de vue moral on a tort : qu'on se représente
trois, quatre escouades pour ainsi dire pulvérisées par plus de
100 balles ou éclats , et horriblement mutilées ; ce spectacle ne
produira-t-il pas sur le reste une impression terrible qui amènera
un *sauve qui peut* ! La théorie dira non, mais la pratique répon-
dra vraisemblablement, oui.

Observation. — « Parfaitement admissible ! voici un fait à l'ap-
« pui : Les shrapnels d'obus étaient remplis avec 208 balles ordi-
« naires, et tirés à 1850 aunes contre quatre cibles distantes l'une
« de l'autre de 40 pieds. Les cibles avaient 10 pieds de haut sur
« 64 de longueur (mesure de Dresde).

	Balles qui ont traversé.		Qui ont frappé.
I	108		1
II	40	1 éclat.	27
III	2		1
IV	point de balles.		»

« La dispersion des balles de plomb dans la première cible
« fut de 15 aunes.

« Pour finir, encore deux observations : — Il ne faut compter
« pour rien le ricochet des balles , elles produisent, après avoir
« ricoché, tout au plus une contusion. Lorsque des balles passent
« à travers plusieurs cibles , cela arrive , comme vous le remar-
« quez, dans un seul et même jet ; si une chute a lieu entre deux
« cibles, elles ne font que frapper dans la cible qui suit ; voilà,
« du moins, comment les choses se passent pour les obusiers ;
« mais les balles des schrapnels à canon ont un peu plus de vi-
« tesse. »

CHAPITRE XV.

Des observations dans les épreuves.

355. Il est extraordinairement difficile d'observer le point où un shrapnel éclate dans l'air avec assez de précision pour pouvoir estimer avec exactitude les coordonnées au point d'explosion.

Observation. — « L'estimation de la distance du point d'ex-
« plosion me paraît extrêmement difficile et très incertaine; mais
« l'estimation de la hauteur est une pure illusion. Il est vrai qu'on
« trouve pour cela des nombres dans nos tables ; j'ai été moi-
« même chargé de faire ces observations; mais j'ai fait remarquer
« dans le procès-verbal que je regarde les erreurs comme telle-
« ment considérables, que ces données ne peuvent fournir aucun
« résultat utile. J'ai employé divers moyens, et j'ai engagé des
« camarades à m'aider ; mais les résultats étaient presque tou-
« jours différents. »

356. Pour résoudre ce problème, il faudra se servir de moyens optiques.

On placera les observateurs en dehors de la ligne de tir, et assez éloignés pour n'avoir rien à craindre, dans des fossés d'où ils puissent bien voir le dernier tiers de la trajectoire. Sur la ligne de tir on placera de 50 en 50 pas des pavillons dont les grandeurs et les couleurs fassent distinguer les centaines et les cinquantaines. De chaque pavillon part une ligne visuelle vers l'observateur, et à moitié chemin on place des pavillons de correspondance d'où résultent des triangles semblables, dont le sommet est dans l'œil de l'observateur. On voit facilement comment, en observant le point d'explosion, on connaîtra sa distance.

Mais un seul observateur ne suffirait pas, il en faut au moins deux placés l'un à côté de l'autre.

357. Le plus difficile, c'est l'observation des hauteurs d'explosion, qui pourront être obtenues en plaçant à 50 pas de distance de l'observateur un jalon vertical D E représenté fig. **20**, et sur lequel de petites lattes seront clouées, transversalement, de pied en pied *.

Si chaque observateur a un tel jalon, on aura un **moyen** de contrôle.

358. Mais, quelque disposition ingénieuse que l'on emploie, il restera toujours de graves difficultés.

359. Si le projectile tombe avant d'éclater, il faut aussi observer le point de chute.

* Nous ferons observer que ce mode d'observation suppose que le projectile éclatera exactement sur la ligne de tir, ce qui ne peut avoir lieu. Il nous paraîtrait préférable d'avoir des deux côtés de la ligne de tir, comme sur cette ligne, des jalons d'une même hauteur, pour avoir toujours un terme de comparaison rapproché du point d'explosion, et servant à l'estime de la hauteur.

CHAPITRE XVI.

De la représentation graphique des résultats.

360. La représentation graphique offre, pour se rendre compte des résultats d'expériences, des avantages qu'il ne faut pas négliger. On peut regarder cette représentation comme indispensable pour les schrapnels. Il faut expliquer comment on a exécuté ces figures :

361. La fig. 21 n'a pas besoin d'explication ; sa base représente des pas comptés à partir de la cible jusqu'à la distance de 200 pas. On a adopté une échelle plus grande pour la mesure des hauteurs. Les trajectoires qui convergent vers le milieu de la hauteur de la cible ont été rapportées à l'échelle des distances (fig. 9); les petits cercles désignent les points d'explosion pour chaque distance de tir. On a adopté un signe différent pour ces points d'explosion. Les projectiles qui n'ont pas éclaté à une hauteur normale sont désignés par des lignes pleines dirigées vers le haut ou vers le bas. Ces lignes se terminent par un point noir tracé sur la trajectoire, et montrent de quelle quantité le projectile a éclaté trop haut ou trop bas. Les grands chiffres indiquent le numéro du coup, et les petits le nombre de balles qui ont frappé dans la première cible. Il n'en faut pas davantage pour établir des considérations sur les relations explosives, et les faits.

* L'auteur donne ici des détails que nous ne jugeons pas nécessaire de reproduire pour expliquer ce que représente le tableau, qui se rapporte aux expériences wurtembergeoises.

Conséquences.

362. (*a*) Parmi ces dix-huit coups, trois doivent être regardés comme irréguliers, parce que l'effet a été autre qu'on ne devait l'attendre, d'après les relations explosives. Ce sont les coups 15, 18 et 23. Dans ces trois coups, l'explosion a eu lieu trop bas; mais comme les distances étaient petites, savoir, 60, 80 et 100 pas, on peut expliquer pourquoi l'effet a été meilleur qu'on ne devait s'y attendre. De là on peut tirer ces conclusions :

Si le projectile éclate près de la cible, une explosion qui a eu lieu trop bas ne nuit pas beaucoup, surtout lorsque le terrain devant le but est ferme, et favorise les ricochets des balles qui tombent. Il est vrai qu'on n'a guère que des coups qui ne traversent pas.

(*b*) Dans les 15 autres coups, l'expérience s'accorde avec la théorie ; car lorsque les coordonnées de l'explosion étaient justes, l'effet en a été la conséquence, et lorsque celui-ci était médiocre ou plus mauvais, les coordonnées d'explosion étaient plus ou moins altérées.

ADDITIONS PENDANT L'IMPRESSION.

I.

Voir chap. VII, page 198.

Les shrapnels anglais se sont bien comportés dans l'Afganistan. Le capitaine Peterson fut envoyé, le 3 décembre 1840, avec le 2ᵉ régiment d'infanterie du Bengale, de la cavalerie et de l'artillerie, contre Aktur-Khan, chef des Afgans ; la relation dit : « Il « rencontra l'ennemi dans les environs de Ghirisk, fort de 1200 « à 1500 hommes, dans une position retranchée, sur des coteaux « de sable, près d'un canal ; l'artillerie anglaise le canonna et lui « occasiona une grande perte, au moyen des shrapnels, ensuite « l'infanterie donna l'assaut, etc. » Comme les Afganistans sont probablement peu familiarisés avec nos déploiements en ligne, ils se seront formés, suivant l'habitude des troupes irrégulières, en colonne, et par là se trouverait confirmée la proposition que le feu des shrapnels doit être principalement employé contre des colonnes.

II.

En parcourant une brochure publiée par un officier familiarisé avec la théorie des shrapnels, j'y ai trouvé quelques idées que je crois devoir soumettre au lecteur, avec l'indication des paragraphes auxquels elles se rapportent.

§ 21. La flamme d'une fusée chassée du projectile atteint une longueur de 2 à 3 pouces ; et quand un prolongement annulaire intérieur de l'œil empêche la propagation latérale de cette flamme, la longueur est encore plus grande ; ainsi la flamme de la plus courte fusée est suffisante pour atteindre le chargement.

§ 36. Le gaz de la poudre pourra bien ne pas se frayer un chemin entre l'écrou et la vis, mais la vis du trou de remplissage augmente sans nécessité le prix du projectile.

§ 43. Moins la vitesse initiale du shrapnel est grande, et plus les balles conservent leur forme ronde.

§ 60. L'expérience apprend que la différence d'effet est plus grande entre les fragments qu'entre les balles de plomb. — (Voir § 118).

§ 57. Un fort chargement aura sur la trajectoire des balles une influence à peine plus grande qu'un faible chargement. Dans le développement du gaz, tout l'espace vide dans l'intérieur de l'obus se remplit de gaz d'égale tension ; la pression contre chaque balle est donc la même de tous côtés ; les forces qui agissent sur elle se détruisent mutuellement et ne peuvent avoir aucune influence sur leur changement de position dans l'espace. Lors de l'explosion, le gaz se met en équilibre avec l'air atmosphérique, tandis que les balles poursuivent leur trajectoire sans obstacle. Mais la rupture violente de l'obus changera certainement plus ou moins la position des balles, que le chargement soit considérable ou faible.

Il faut encore ici remarquer que la largeur de l'œil peut avoir à circonstances égales, une influence notable sur la force du chargement.

§ 133, p. 110. Il y a une faute d'impression; il faut lire : plus pour des angles de tir petits que grands; c'est pour cela que, pour les trajectoires tendues des obus, l'influence de la rotation est plus considérable que pour les trajectoires molles; et, pour les obus, encore plus grands que pour les bombes à tir élevé.

P. 11, ligne 4, en remontant. Après, etc , il faut insérer ceci : De la position de chaque balle dans le projectile.

P. 129. Outre 1 et **2**, il faut encore ajouter qu'au moment de l'explosion les balles se trouvent en outre, par suite de la rotation, dans un mouvement qui n'est pas régulier, elles se pousseront donc irrégulièrement les unes contre les autres, et frotteront contre les parois intérieures du projectile, et par conséquent après qu'elles seront devenues libres , elles continueront leur trajet dans des directions diverses.

§ 184, p. 150. L'explication espérée pourrait seulement s'appliquer aux fragments, et non aux balles de plomb.

P. 127, c. La différence entre a et c pourrait , dans ce cas, eu égard à l'intervalle, être égale seulement à la longueur du tube, et par conséquent être assez médiocre.

P. 168, 1re période. A raison de la grande violence avec laquelle la fusée brûle, ni le courant d'air, ni la rotation, ne peuvent avoir une grande influence sur le temps de la combustion.

§ 221, p. 174, seconde période. Dans des obus enduits de poix, la poix liquide peut fermer bien tous les pores.

P. 260, n° 7. Il est plus vraisemblable que la fusée aura été poussée dans l'obus par l'impulsion de la charge, car le plomb n'offre qu'une faible résistance.

P. 260, n° 8. Jusqu'à une portée de 1000 pas, et avec une charge de 2 livres, le projectile le plus léger pourrait bien avoir une plus grande vitesse que le plus lourd (?) et, par conséquent, moyennement donner une plus grande portée pour la même hausse (Je me permets de révoquer ceci en doute. D.)

III.

Je renouvelle au lecteur bienveillant la prière de me communiquer toutes les observations fondées, ou sur des expériences, ou sur le raisonnement ; je les recevrai avec reconnaissance, et je les conserverai soigneusement pour pouvoir les publier dans un Supplément.

De mon côté, je ne laisserai échapper aucune occasion de me procurer de bons renseignements ; de cette manière, et tous agissant avec le même zèle, il sera peut-être possible d'obtenir la solution si désirée du problème des shrapnels ; je suis convaincu que si on était entré dans cette voie il y a plus d'un siècle, bien des points de l'artillerie seraient mieux connus. Ce n'est que l'échange public des idées, exempts d'égoïsme, de préjugé, d'exagération, qui peut faire progresser la science, et alors que chacun aura obéi à l'exhortation du célèbre Kant, que nous avons prise pour épigraphe de cet ouvrage :

« Aie le courage de te servir de ta propre raison. »

Alors le but sera infailliblement atteint.

EXTRAIT

DU MILITAIRE SPECTATOR ; SEPTEMBRE 1846.

*Extrait du procès-verbal des épreuves de shrapnel faites près
de Stockholm en 1845. (De Militaire Spectator, sept. 1846,
p. 50.)*

Ces épreuves, ordonnées par le ministre de la guerre le 1er juillet 1845, ont eu lieu l'automne de la même année, sous la direction d'une commission présidée par M. le colonel Silfverstolp, et
composée des capitaines de Normann et Helling; du capitaine Wes-
terling, chargé des préparations pyrotechniques, et du premier
lieutenant Flygare, professeur d'artillerie à l'École d'artillerie de
Marieberg.

On s'est servi de shrapnels fabriqués d'après la méthode du
capitaine hanovrien Siemens, qui avaient donné de bons résultats
dans des épreuves précédemment faites à Hanovre, et auxquelles
M. de Normann avait assisté.

On a fait venir le capitaine Siemens, qui a toujours *réglé* les
fusées.

Le champ d'épreuves, situé près de Stockholm, est un
terrain légèrement accidenté au commencement de la ligne de tir,
et très uni et très ferme, dans toute l'étendue et surtout près des
cibles, ce qui est favorable aux ricochets.

Trois cibles, placées les unes derrière les autres, à 80 aunes
(47 m. 5)* d'intervalle, étaient en planches de bois de sapin

---

* L'aune suédoise = 0 m. 593 ; 1 pied = 0 m. 297 ; 1 pas = 0 m. 749 ;
1 livre = 0 k. 425 ; 1 lood. = 0 k. 0133.

rouge, hautes de 9 pieds (2 m. 67), chacune longue de 42 aunes (24 m. 93), à la distance de tir de 1000 aunes (593 m.) ; mais pour la distance de 1500 aunes (889 m.) les cibles avaient :

	aunes.	mètres.	
La première	28	16,62	⎫
La deuxième	42	24,93	⎬ de longueur.
La troisième	56	33,24	⎭

Pour apprécier les intervalles et les hauteurs d'explosion, on a planté des pieux de 20 pieds (5 m. 94) de hauteur, à 80 aunes (47 m. 5) devant et autant après les cibles. A la moitié de la hauteur, à dix pieds au-dessus du sol, ces pieux étaient munis de flammes pour pouvoir mieux comparer les hauteurs d'explosion. Des deux côtés de ces pieux, il y avait des emplacements pour couvrir les officiers et les soldats chargés d'observer les coups. On entre ici dans de grands détails qu'il est inutile de reproduire, sur la manière de bien observer les intervalles et les hauteurs, et sur les précautions à prendre pour mettre les observateurs à l'abri d'accidents. On a relevé le nombre des boulets qui ont frappé, tous les cinq coups. Le tableau suivant donne le résultat des épreuves.

Récapitulation des coups tirés avec les shrapnels de 12 liv. et

Calibre.	Distance de la cible en pas.	Nombre de coups.	Charges en livres.	Hausses en parties décimales du pouce.	Durée de combustion de la fusée en secondes.	Temps du trajet jusqu'à l'explosion.	Hauteur d'explosion.	Obus éclatés. Distances moyennes et extrêmes en pas, de la pièce.	de la cible. (intervalle)	Différence maximum des intervalles en pas.
Canon de campagne, de 12.	792	5	4	1,3	1 4/16	1″-4‴	3,26	475 583 665	317 209 127	190
		20	„	„	1 6/16	1—33	2,37	625 683 799	167 109 —7	174
	1187	15	„	2,7	2 7/16	2—36	5,34	966 1031 1085	221 156 102	119
		10	„	2,75	2 9/16	2—53	4,45	997 1135 1219	190 52 —32	222
		10	„	„	2 11/16	2—49	4,45	1013 1114 1179	174 73 8	166
		15	„	„		2—51	3,56	1092 1135 1266	95 52 79	174
		5	„	„	2 2/16	2—52	3,26	1068 1138 1195	119 49 —8	127
	1583	13	„	4,2	4	3—59	7,42	1344 1435 1520	269 148 63	206

rangés d'après le temps de combustion des fusées.

Coups qui ont porté dans chacune des cibles.				Nombre d'éclats d'obus compris dans *a* et *b*.	Valeur de *a*, *b*, *c*, *d*, rapportée à 100.					Observations.
a ont traversé	*b* sont restés dans la cible	*c* ont frappé sans pénétrer	*d* total.		*a*	*b*	*c*	total.	Éclats d'obus	
1. 42,8	0,3	0,8	43,9	4,8	19,1	0	1,0	50,1	6,1	Les obus remplis avec 78 balles de 14 à la livre.
2. 13,8	0,5	3,5	17,8	1,6	16,2	0,1	4,5	20,8	2,2	
3. 6,2	0,6	1,0	8,3	0,4	7,5	0,7	1,9	10,1	0,5	
62,8	1,4	5,8	70,0	6,8	72,8	0,8	7,4	81,0	8,8	
1. 33,9	0,9	1,1	35,9	2,8	40,3	0,7	1,4	42,4	3,6	1 obus a éclaté entre la première et la seconde cible.
2. 20,8	0,9	3,6	25,3	1,4	25,1	0,8	4,6	30,5	1,8	
3. 11,5	2,0	4,8	18,3	0,8	13,9	2,4	6,2	22,5	1,1	
66,2	3,8	9,5	79,5	5,0	79,3	3,9	12,2	95,4	6,5	
"	"	"	"	"	"	"	"	"	"	Les obus n'étaient pas chargés de poudre. Il n'y a pas eu d'obus brisé.
1. 17,4	1,1	2,4	20,9	2,7	19,6	0,6	3,1	23,3	3,5	1 obus a frappé à 65 pas devant la première cible et ensuite a sauté à 8 pas. devant cette cible : un autre obus a éclaté entre la première et la seconde cible.
2. 31,8	1,1	1,0	33,9	2,4	38,5	0,7	1,3	46,5	3,0	
3. 20,4	1,8	2,3	24,5	2,3	24,1	1,4	2,9	28,4	3,0	
69,6	4,0	5,7	79,3	7,4	82,2	2,7	7,3	92,2	9,5	
1. 28,3	0,2	2,2	31,0	2,2	34,1	0	2,8	36,9	2,8	1 obus a éclaté très près du sol.
2. 12,3	0,9	3,8	17,0	1,5	14,1	0,9	4,9	19,9	1,9	
3. 3,6	1,8	1,6	7,0	1,2	3,8	1,5	2,1	7,4	1,6	
44,5	2,9	7,6	55,0	4,9	52,0	2,4	9,8	64,2	6,3	
1. 17,6	1,9	5,8	25,3	2,3	20,3	1,8	7,4	29,5	2,9	1 obus a éclaté entre la première et la seconde cible, et un entre la seconde et la troisième.
2. 32,5	1,9	2,5	36,9	2,3	39,5	1,7	3,2	44,4	3,0	
3. 20,7	3,1	5,6	29,4	2,1	24,6	3,2	7,2	35,0	2,7	
70,8	6,9	13,9	61,6	6,7	84,5	6,7	17,8	108,9	8,6	
1. 15,0	2,2	12,4	29,6	3,1	16,3	1,8	15,9	34,0	4,0	1 obus a éclaté entre la première et la seconde cible.
2. 27,6	2,4	5,4	35,4	2,7	32,7	2,3	6,9	41,9	3,5	
3. 18,0	3,6	11,6	33,2	2,6	20,8	3,6	14,9	39,2	3,3	
60,6	8,2	29,4	98,2	8,4	69,8	7,7	37,7	115,1	10,8	
"	"	"	"	"	"	"	"	"	"	1 fusée n'est pas partie.

Suite de la récapitulation des coups tirés avec les shrapnels de 12 liv. et l[...]

Calibre.	Distance de la cible en pas.	Nombre de coups.	Charges en livres.	Hausses en parties décimales du pouce.	Durée de combustion de la fusée en secondes.	Temps du trajet jusqu'à l'explosion.	Obus éclatés			Différence maximum des intervalles en pas.
							Hauteur d'explosion.	Distances moyennes et extrêmes en pas,		
								de la pièce.	de la cible. (intervalle)	
Obusier de 12.	792	30	2	1,7	2	2" 19'''	3,86	618 / 703 / 784	174 / 89 / 8	166
	1487	9	//	3,5 / 3,15 / 3,2	3 4/16	3 — 40	5,94	1005 / 1040 / 1060	182 / 147 / 127	55
		6	//	3,2	3 7/16	3 — 41	5,34	1029 / 1092 / 1156	158 / 95 / 31	127
		15	//	//	3 9/16	3 — 49	4,16	1060 / 1118 / 1163	129 / 67 / 24	103

rangés d'après le temps de combustion des fusées.

Coups qui ont porté dans chacune des cibles.				Nombre de fragments compris dans *a* et *b*.	Valeur de *a*, *b*, *c*, *d*, rapportée à 100.					Observations.
a	*b*	*c*	*d*		*a*	*b*	*c*	total.	Nomb d'ec	
ont traversé	sont restés dans la cible	ont frappé sans pénétrer.	total.							
1. 20,9	1,1	1,4	23,4	2,6	24,0	0,9	1,8	26,7	3,3	
2. 15,0	1,4	4,1	20,5	1,7	17,5	1,4	5,2	24,1	2,1	
3. 7,1	1,0	4,2	12,3	0,4	8,6	1,2	5,4	15,2	0,5	
43,0	3,5	9,7	56,2	4,7	50,1	3,4	12,4	66,0	6,0	
"	"	"	"	"	"	"	"	"	"	2 fusés ont sauté et l'obus n'a pas éclaté.
"	"	"	"	"	"	"	"	"	"	
1. 12,5	0,1	3,0	15,6	1,3	14,5	0,1	3,7	18,4	1,6	
2. 6,5	2,3	4,3	13,1	1,1	7,1	2,8	5,5	15,4	1,5	
3. 5,4	2,1	2,8	10,3	0,7	6,4	2,3	3,6	12,3	0,9	
24,4	4,5	10,1	39,0	3,1	28,0	5,2	12,8	46,1	4,0	

Il ressort de cette récapitulation :

1° Le nombre des coups s'est élevé à 153, savoir :

Distance en pas.	Canon de 12.	Obusier de 12.
792 (597 m.)	25	30
1187 (889 m.)	55	30
1583 (1185 m.)	13	»
	93	60

Sur ce nombre, il n'y a qu'un seul coup où l'on n'est pas sûr que la fusée ait pris feu ; c'est à la distance de 1187 pas qu'un projectile a frappé le sol à 120 pas en avant du but ; il est possible que la fusée ait été jetée dehors ; au total, le résultat, quant aux fusées, a été très favorable.

2° Pas un seul shrapnel n'a éclaté dans la pièce, canon ou obusier ; résultat qu'on doit regarder comme extrêmement favorable, en le comparant avec ce qui a lieu ordinairement, et en ayant égard au poids de la charge avec laquelle les projectiles ont été tirés dans lesdites bouches à feu.

3° Dans le canon, la charge a été constamment de 4 livres (1 k. 7) ou $\frac{2}{7}$ du poids du boulet ; vu que les shrapnels avaient pour la plupart un poids presque égal à celui du boulet plein, on peut en conclure que cette charge, dans ce tir, n'a pas d'effet destructif sur la pièce.

On s'est tenu à la charge de 2 livres dans l'obusier, parce que le poids du shrapnel approche suffisamment de celui de la plus lourde cartouche tirée avec cette charge.

On se sert généralement, avec les shrapnels, d'une charge de guerre moindre que pour les projectiles ordinaires ; et cela, d'après la construction du shrapnel, et dans la crainte qu'il n'éclate dans la pièce, et en même temps que les projectiles ne soient déformés. On peut donc regarder comme un avantage les shrapnels à la Siemens, de ce qu'on peut sans inconvénient faire usage des charges de guerre usitées.

Les fortes charges donnent des coups plus roides, une moindre dispersion, et une plus grande force de pénétration.

En comparant les deux bouches à feu, on voit combien les résultats obtenus avec la charge de 4 liv. surpassent ceux de 2 liv., surtout dans le tir à la distance de 1187 pas.

Comparant les temps de trajet, relativement aux deux charges, on trouvera que la différence de vitesse est sensible, et qu'ensuite, dans l'explosion, la plus grande vitesse surpasse l'autre de $\frac{1}{7}$, et que la force avec laquelle la cible est frappée est aussi différente.

Les différences entre les *intervalles* sont à considérer comme une chose essentielle, parce qu'elles servent de base aux jugements à porter sur la justesse des fusées, quant à la manière de les *régler*. Ainsi qu'on l'a déjà remarqué, il eût été à désirer qu'on n'eût pas si souvent changé le *réglement* de la fusée, et qu'on eût tiré un plus grand nombre et une même quantité de coups avec la même fusée, les résultats auraient présenté plus d'uniformité.

4° Les moyennes ont été déduites, tantôt de 20 coups, tantôt de 50 coups, de sorte qu'on ne peut pas les comparer entre elles. Il en est de même des intervalles pendant lesquels les shrapnels ont éclaté.

L'inégalité des intervalles peut être généralement attribuée :

(*a*) A l'imperfection des fusées.

(*b*) Dans le défaut d'exactitude du point où l'on s'est arrêté pour régler la fusée, selon le temps voulu.

(*c*) Dans ce qu'on n'a pas bien réglé le temps pour communiquer le feu à la composition.

(*d*) Dans la différence des vitesses avec lesquelles les shrapnels ont parcouru leur trajectoire.

(*a*) Ce point mérite le plus d'attention, parce qu'il se lie aussi à la construction des fusées ; mais ceci appartient au secret de l'inventeur. Toutefois, on peut exiger que la fusée ne soit pas trop compliquée, et puisse être faite et remplie de manière à obtenir la plus grande égalité possible dans le temps de la combustion, et que ni l'air, ni la température ne puisse avoir de l'influence. D'après les assurances données par le capitaine de Normann, les fusées remplissent parfaitement ces conditions.

(*b*) Avec la charge de 4 livres, les shrapnels éclatèrent moyennement, en les réglant, à $1\frac{5}{16}$ de seconde, à une distance de 583 pas, et par $1\frac{6}{16}$ de seconde à 683 pas; de sorte que le shrapnel, après l'explosion, avait encore le plus souvent conservé une vitesse de 400 pas. Si l'on suppose maintenant que la composition réglée à 1 seconde avait 1 centimètre de longueur, alors une erreur de 1 à 2 millimètres peut introduire une différence notable dans les résultats.

On règle la fusée au moyen d'un creux fait à l'aide d'un petit instrument en pointe, renfermé dans un étui et attaché à l'habit, et qu'on porte sur la poitrine. Après que l'ouverture est faite dans le tube, la composition en trop est enlevée avec l'instrument; or, il ne faut pas négliger d'opérer toujours uniformément : une différence dans la grandeur de l'ouverture, dans le percement plus ou moins profond de la composition, aura nécessairement de l'influence sur la combustion de la fusée.

Selon le dire de M. Siemens, l'opération si simple du percement de la fusée est satisfaisante pour faire prendre feu à la composition par le feu de charge, nommément lorsque le vent du projectile n'est pas trop petit, et dans ce dernier cas, il est arrivé plusieurs fois dans les épreuves de Hanovre que les fusées n'ont pas brûlé. Pour prévenir en tous cas ce danger, le lieutenant Siemens a introduit hermétiquement le bout d'une mèche dans le plat de la fusée, et qui est découvert en réglant la fusée. On ne peut savoir si par cette précaution l'inflammation est accélérée, il suffit qu'aucune fusée n'ait raté.

Puisque la circonstance a lieu, que les fusées ne prennent pas toutes feu immédiatement (c'est-à-dire sans le moyen prescrit), il faut qu'il en résulte nécessairement une différence, même assez importante dans les intervalles ; car il faut ici un temps, quelque petit qu'il soit, pour communiquer le feu.

Le lieutenant Siemens a aussi fait l'observation que les obus n'étaient pas bien calibrés, et que les vents de plusieurs étaient trop petits. De là, il n'est pas invraisemblable qu'il faut attribuer en partie à cela les différences si grandes d'intervalles, en les comparant avec les épreuves qui ont eu lieu en Hanovre.

(*d*). L'inégale vitesse avec laquelle les projectiles ont parcouru leurs trajectoires doit avoir naturellement influé sur les distances d'explosion. Aux mêmes temps de combustion correspondent alors des espaces inégaux parcourus. Cette cause de différence d'intervalle peut se trouver dans l'inégalité du vent des projectiles, dans les différences de poids, dans l'inégale position des centres de gravité, et l'inégalité dans les bandelettes du projectile et dans leur affermissement ; inégalité de poids, de qualité, de forme de la charge de poudre. Quand on prend en considération combien sont nombreuses les causes qui donnent lieu à des inégalités dans les distances d'explosion, il ne faut nullement être surpris de trouver des divergences aussi grandes dans les épreuves ci-dessus rapportées, et on doit vraiment s'étonner de l'uniformité que les épreuves ont eu à Havre, en août 184..... (Voir l'état ci-joint.)

Cette uniformité nous montre qu'on a fait une attention particulière à tout ce qui peut procurer cette uniformité.

En comparant les différences d'intervalles obtenues à Stockholm avec les résultats que Decker indique comme les meilleurs, ces différences ne peuvent d'aucune manière être regardées comme défavorables ; mais les expériences de Hanovre prouvent qu'on peut encore obtenir mieux.

On voit aussi que ces différences n'augmentent pas avec les distances auxquelles les shrapnels ont éclaté, comme aussi que les différences sont moindres avec des petites qu'avec de grandes charges.

Quant au dernier point, on ne croit pas superflu de faire observer que le tir avec le canon de 12, à 3 livres de charge, exécuté à Stockholm, a fourni de meilleurs résultats que le tir avec le même canon, à 2 livres de charge dont parle Decker, ce qui plaide encore en faveur de la construction de Siémens.

Les divers coups que les épreuves ont livrés prouvent en certain sens, également pour et contre les dispositions que le lieutenant Siemens a faites aux shrapnels ; car autre chose est de donner aux projectiles une construction convenable et autre, autre d'en faire un tel usage qu'ils donnent les meilleurs effets désirés ; nous nous sommes d'abord occupés du premier point. Ensuite quand on veut comparer ce tir suédois avec le meilleur qui a eu lieu dans les autres pays, on doit estimer le premier, pris en masse, très favorable, principalement, parce qu'ailleurs on n'a pris les moyennes que parmi les coups qui ont porté, et qu'on n'a pas tenu compte des coups manqués.

On établit ici une comparaison entre les épreuves du Wurtemberg, rapportée dans l'ouvrage de Decker, § 337 ; en prenant les moyennes sur la totalité des coups, le résultat est favorable aux épreuves de Stockholm. Dans le relevé des coups d'épreuves à Stockholm, nous avons eu occasion de nous convaincre que les projectiles ont conservé leur forme ronde. Le *réglement* des fusées, toujours exécuté, comme il a été dit, par le lieutenant Siemens, ne paraît offrir aucune difficulté ; et après quelques exercices, on a pu abandonner les fusées aux sous-officiers et caporaux. Cette opération a pris une demi-minute, chaque fois que nons avons fait attention au temps; de sorte qu'on peut charger ce projectile, avec une promptitude suffisante, surtout pour les distances auxquelles ce projectile est destiné. On peut toujours admettre que le bon usage des shrapnels commence où celui des boîtes à balles ordinaires cesse de donner un bon effet. Les shrapnels ensabotés ont la même forme extérieure que les obus ordinaires, excepté que la poudre est placée plus en avant et que le sabot est attaché au projectile au moyen de bandelettes de lin. Ainsi ce projectile n'occupe pas un plus grand espace dans le caisson de munition, que le boulet ensaboté de même calibre; la partie excédante de poudre est trop faible pour rendre nécessaire un changement dans les compartiments du caisson.

Ainsi qu'on l'a déjà dit, on remplissait les shrapnels de manière à avoir même poids que le boulet plein de 12; et comme les deux ont la même cartouche, on peut donc, sans augmenter le poids des munitions, remplacer les boulets par des shrapnels. Pour placer la poudre, on faisait usage d'un refouloir, dont la tête était creusée, afin que la poudre ne fut pas touchée. Cette précaution ne nous paraissait pas superflue, parce que la mèche vide découverte pourrait être endommagée, soit par la pression, soit par une affluence de saletés. Il résulte de là que l'usage des shrapnels rend nécessaire quelque changement dans les assortiments; ce qu'on ne doit pas regarder comme bien pénible, puisque le refouloir, ainsi changé, peut encore servir à charger les boulets ordinaires. Autant que nous avons pu voir, il n'y a pas lieu à craindre que les shrapnels puissent être endommagés dans le transport par les chocs réitérés; tandis que, d'après ce que nous connaissons de la construction de ces projectiles, nous pouvons assurer que leur conservation dans le caisson n'est soumis à aucun danger d'explosion, et même moins que les obus ordinaires. Après ce compte-rendu, le rédacteur hollandais expose ses idées sur l'emploi des shrapnels contre les troupes et aussi sur les inconvénients de ce tir; il est d'accord en ce point avec ce qu'on a lu dans l'ouvrage de Decker. Mais nous devons consigner ici, d'après la même feuille, les conclusions d'un mémoire couronné, en 1839, par l'Académie militaire de Suède, sur cette question : « Quelle utilité l'artillerie a-t-elle à attendre de l'emploi des shrapnels en comparaison avec les boîtes à balles en usage ? et si on trouve ces projectiles convenables, dans quelle proportion faut-il les faire entrer dans les approvisionnements de campagne ? »

L'auteur de ce mémoire est le premier lieutenant Flygare, membre de la Commission ci-dessus citée. Decker n'a pas eu connaissance de ce travail.

COMPARAISON ENTRE LES EFFETS D'UN SHRAPNEL DE 6 LIV. ET D'UN BOULET DE 6 LIV.

Contre des troupes en lignes fermées.

Suivant les expériences faites, on peut compter sur un plus grand effet lorsque les obus sont remplis avec des balles à pistolet que lorsqu'ils sont remplis avec des balles à carabine *, et qu'ainsi il faut préférer les premières aux dernières ; et l'on a adopté ainsi, pour faire les comparaisons, les shrapnels avec des balles de pistolets. Pour être plus sûr de ne pas porter trop haut l'effet produit, nous ne ferons usage que des résultats obtenus sur un terrain où les boulets n'ont pas ricoché, et nous admettrons en même temps que chaque boulet qui frappe met hors de combat trois fantassins et deux cavaliers. Le tableau suivant est dressé d'après ces principes.

---

* Le projectile ovoïde de 6 liv. peut contenir 55 balles de pistolet et 33 de carabine.

Distances.		Probabilité de toucher avec le boulet.		Effet probable avec le boulet.		Effet probable des shrapnels.		Rapport entre l'effet probable des shrapnels et celui du boulet.	
Aunes.	Pas de 0 m. 75.	Infanterie.	Cavalerie.	Infanterie.	Cavalerie.	Infanterie	Cavalerie	Infanterie.	Cavalerie.
1000	792	0,42 à 0,73	0,59 à 0,90	1,3 à 2,2	1,2 à 1,8	8,1	12,5	3,8 à 6,4	7,0 à 10,4
1200	950	0,34 à 0,61	0,49 à 0,81	1,0 à 1,8	1,0 à 1,6	7,7	11,6	4,3 à 7,7	7,2 à 11,6
1600	1266	0,20 à 0,39	0,30 à 0,46	0,6 à 0,2	0,6 à 0,9	5,9	8,8	4,9 à 9,8	9,8 à 14,6
2000	1513	0,09 à 0,17	0,13 à 0,26	0,27 à 0,52	0,26 à 0,52	5,3	4,9	6,3 à 12,8	9,8 à 19,0

Nota. — Dans les colonnes qui contiennent deux nombres, le premier se rapporte au terrain défavorable au ricochet, le se-
au terrain favorable.

Il est plus difficile d'estimer les distances avec des shrapnels qu'avec des boulets, parce que, avec les premiers, on ne peut pas observer ceux qui réussissent.

Cependant la connaissance exacte des distances est d'un plus grand poids pour les shrapnels, parce que de là dépend la probabilité de toucher avec l'axe du cône de dispersion et le lieu convenable d'explosion. Il faut aussi plus de temps pour charger dans le tir à shrapnel.

Malgré cela, on voit que la probabilité d'effet des shrapnels est si prépondérante, qu'à toute distance, contre des lignes serrées, ils ont un avantage décisif ; ce qui est d'autant plus important, que les premiers ont encore un effet à des distances ou les chances d'atteindre avec les boulets cessent entièrement.

Contre des colonnes d'infanterie.

Nous admettons avec le lieutenant-colonel Borkenstein qu'un bataillon en colonne a en profondeur 50 hommes, et qu'un boulet frappant la tête de la colonne, met 8 hommes hors de combat, et que le tir du shrapnel ne prend pas plus de temps que le tir à boulet ; de plus, nous égalisons la probabilité d'effet du shrapnel à celui qui a lieu contre une ligne d'infanterie ; et nous l'admettrons comme égal au $\frac{2}{3}$ de l'effet trouvé contre un but de 9 pieds de hauteur. Il est vrai que l'effet des shrapnels contre des colonnes est plus grand que contre des lignes, parce qu'une partie des projectiles, qui passe par-dessus les premiers hommes, peuvent frapper les suivants. Ceci a lieu aussi pour des boulets ; c'est pourquoi nous n'avons tenu compte que des corps qui atteignent seulement la tête de la colonne : outre cela, c'est un avantage du tir à boulets qu'ils produisent encore leur effet, en atteignant la colonne très près des flancs ; tandis que ce cas n'a jamais lieu avec les shrapnels. Il est aussi plus commode d'approcher des distances avec des boulets ; et dans tous les cas, l'omission de ces derniers est de moindre importance que dans le tir à shrapnel. Le tableau suivant indique les rapports.

Distances.		Probabilités de toucher avec le boulet.	Effet probable avec le boulet.	Effet probable avec le shrapnel.
Aunes.	Pas de 0 m. 75.			
1000	792	0,42 à 0,73	6,7 à 11,7	8,1
1200	950	0,34 à 0,61	5,0 à 9,8	7,7
1600	1266	0,20 à 0,39	3,2 à 6,2	5,9
2000	1583	0,09 à 0,17	1,4 à 2,7	3,3

Ainsi l'effet des shrapnels tient le milieu entre les effets du boulet sur un terrain favorable au ricochet et sur un terrain qui ne permet pas le ricochet, excepté pour la distance de 2000 aunes (1600 pas) où les shrapnels ont l'avantage dans les deux cas ; mais on peut probablement aux distances ci-dessus augmenter l'effet obtenu par des coups roulants, élever assez le tir à boulet, pour qu'il puisse équivaloir à celui du tir du shrapnel. On voit, en outre, que plus la distance est petite et plus grand est l'effet du boulet relativement au shrapnel, et quoiqu'on ne puisse aller à une distance au-dessus de 700 aunes (550 pas), on peut pourtant admettre qu'on parviendra bientôt à une distance où la chance de tir avec le boulet devient égale à l'*unité* ; et, au contraire, l'effet des shrapnels ne surpassera jamais beaucoup celui qu'il obtient à 700 aunes ; conséquemment l'effet probable du boulet, pour la distance ou la chance d'atteindre est 1 comparé à celui du

shrapnel, est à peu près dans le rapport de $16 : \frac{2}{3}$ (18,3), ou 16 :
12, 2. Ainsi l'effet du boulet surpasse sensiblement celui du
shrapnel.

Si l'on pèse bien ce qui ressort de cette comparaison, et tout ce
qu'on a dit ci-dessus sur les difficultés d'estimer les distances, et
qu'on prenne en considération l'influence que peut entraîner une
négligence dans l'opération, et avec quelle exactitude les hommes
doivent procéder dans ce genre de tir, chose très difficile à obtenir sur le champ de bataille , alors on nous permettra de croire
que le tir à shrapnel, n'importe la distance, ne doit jamais être
employée contre des colonnes d'infanterie que l'on peut prendre
d'enfilade.

Nous sommes parvenus ici à un résultat opposé à celui du lieutenant-colonel Borkenstein, et qui provient de ce qu'il a porté
trop bas la chance de tir du boulet. Il a calculé les chances de tir,
comme Scharnhorst, dans l'hypothèse que les angles de chute et
de relèvement sont doubles de l'angle de tir, et il a partagé également les coups des boulets qui ont touché entre les extrêmes.
Nous, au contraire, nous n'avons fait aucune supposition ; mais
nous avons calculé sur des épreuves complètes méritant toute confiance (50 coups par distance), et nous avons employé la méthode
exposée dans ce mémoire ; il nous est donc permis de penser que
notre calcul fournit des résultats plus exacts.

Contre des colonnes de cavalerie.

Les shrapnels y sont encore moins convenables que contre des
colonnes d'infanterie , principalement parce que les colonnes de
cavalerie se meuvent plus vite, que les distances sont encore plus
difficiles à apprécier, et qu'il faut encore charger avec plus de
romptitude.

Contre l'artillerie.

Lorsqu'on peut prendre en flanc l'artillerie, il n'y a nul doute

que les boulets sont les projectiles les plus convenables, il en est de
même pour le tir de front, lorsque la distance n'est pas trop grande,
pour que la chance d'atteindre les pièces ou les affûts ne devienne
pas trop faible. A la distance de 1000 aunes (1600 pas), les boulets n'auront plus d'avantage ; dans ce cas, les shrapnels peuvent
être très utiles pour atteindre hommes et chevaux.

On peut admettre que le rapport d'effet à celui du boulet est le
même que dans le tir contre des troupes en ligne.

COMPARAISON ENTRE LES EFFETS DES SCHRAPNELS DE 6 LIV. ET LES BOÎTES A BALLES ORDINAIRES DE MÊME CALIBRE.

Nous nous bornons ici aux résultats que fournit le tir contre
une cible de 9 pieds de hauteur ; car il sera uniquement question
d'effet contre des troupes en lignes, et les cibles ont la hauteur
d'un cavalier ; l'effet sur l'infanterie peut être regardé comme égal
aux deux tiers de celui sur la cavalerie. Il s'ensuit que le rapport
des effets des deux projectiles d'espèce différente reste le même
pour les deux troupes.

Dans la table suivante, les valeurs inégales pour la même probabilité d'effet répondent à deux terrains, l'un favorable et l'autre défavorable au ricochet. Comme on n'a pas fait d'épreuves en
Suède sur des terrains sans ricochets, nous avons, pour ce cas,
fait usage des épreuves faites en Norwège. Celles-ci montrent que
dans le tir à obus, à la distance de 700 aunes (550 pas), et avec
des balles de 2 loods (0 k. 027), l'effet n'est qu'environ le tiers,
et à la distance de 800 aunes (633 pas), avec des balles de 6 loods
(0 k. 079), que de $\frac{1}{6}$ de celui qu'on obtient sur un terrain favorable au ricochet ; on n'a pas d'épreuves pour les distances de
900 aunes sur des terrains qui ne permettent pas le ricochet. Le
poids des balles, à la distance de 700 aunes, est de 2 loods (0k.027),
et pour 800 et 900 aunes, de 6 loods (0.079).

Distances.		Effet probable avec trois boîtes à balles.	Effet probable avec un shrapnel.
Aunes.	Pas de 0 m. 75.		
700	550	28,5 à 72,2	13,9 à 18,3
800	633	6,5 à 38,8	13,6 à 17,7
900	713	33,3	13,1 à 17,1

Pour des distances moindres que 700 aunes (415 m.), les boîtes à balles ont un avantage évident ; nous n'avons pas jugé nécessaire d'établir une comparaison.

La table montre que là où le terrain était favorable au ricochet, les boîtes à balles ont un avantage marqué à toutes les distances, et même lorsque le terrain n'est pas favorable, à la distance de 700 aunes ; mais à partir de 800 aunes, et pour ce genre de terrain, l'avantage est du côté des shrapnels. Toutefois, même pour ce cas, notre opinion est qu'il faut préférer les boîtes à balles, parce que, avec celles-ci, on peut charger plus promptement, l'estimation des distances est moins importante, etc.

A 900 aunes il ne faut pas employer les boîtes à balles sur un terrain défavorable aux ricochets; il faut choisir alors entre les boulets et les shrapnels ; et, dans ce cas, comme il a été dit, ressortiront les avantages de ces derniers projectiles.

Considérant le grand avantage des shrapnels sur les boulets, contre des troupes en ligne et à toute distance ; le bon effet qu'on peut vraisemblablement en attendre dans d'autres circonstances, comme, au loin, contre l'artillerie, contre des batteries, dans l'attaque des villages, contre des colonnes qu'on ne peut battre de flanc, dans l'attaque des retranchements, etc., et principalement la propriété qu'ont les shrapnels d'augmenter l'efficacité de l'artillerie dans les grandes distances ; dès-lors une armée qui en est proche à moins à craindre de l'artillerie ennemie que dans le cas contraire ; tout ceci nous porte à exprimer le désir que

Le shrapnel de 6 liv. soit introduit dans l'artillerie de campagne.

Quant à la pièce de 12, quoique nous manquions d'éclaircissements, de données sûres, cependant c'est presque une certitude que cette pièce se comporte, relativement aux shrapnels, comme la pièce de 6 liv., parce que la vitesse du projectile près du but, est généralement plus grande. D'ailleurs la pièce de 12, destinée de préférence à être pièce de position, restant longtemps à la même place, n'a pas besoin d'être chargée promptement.

On paraît donc être autorisé à admettre que

Les shrapnels doivent être aussi admis pour la pièce de 12 liv.

Des épreuves seules peuvent décider s'il faut ou non employer ces projectiles avec l'obusier. Les épreuves faites en Suède avec l'obusier de 12 liv. ne sont pas assez complètes pour en déduire les données, d'où l'on puisse conclure la probabilité d'effet ; et principalement en ce qu'elles font conjecturer que l'angle du cône de dispersion varie avec les distances ; et c'est cet angle qui doit déterminer le rapport d'effet dans un calcul exact de l'effet probable.

Les épreuves en Norwège ont été faites dans la suposition que, même à de grandes distances, 10 à 12 coups suffisent pour déterminer l'effet ; mais comme, à notre avis, et par les raisons ci-dessus rapportées, il faut pour cette détermination un plus grand nombre de coups, nous ne croyons pas que les résultats de ces épreuves puissent être regardés comme satisfaisants.

Attendu donc qu'il n'existe pas d'épreuves concluantes, nous ne pouvons apporter aucun argument, soit pour, soit contre l'usage des shrapnels avec l'obusier, quoique d'ailleurs les épreuves en

Suède et en Norwège aient montré que ces projectiles conviennent à cette bouche à feu.

Nous croyons avoir bien établi qu'avec la pièce de 6 liv. les boîtes à balles, toutes les fois qu'on peut s'en servir, doivent être préférées aux shrapnels. De là suit que les shrapnels ne doivent pas être introduits aux dépens du nombre des boîtes à balles.

Il reste donc à diminuer le nombre des coups à boulets. Dans quel rapport? L'expérience de la guerre peut seule répondre à cette question. Toutefois, si on veut décider cela sans attendre l'expérience, et s'il faut ainsi déterminer provisoirement un certain nombre, il paraît qu'on ne peut mieux faire qu'en suivant l'exemple de ceux qui se sont servis de ces projectiles dans une guerre sérieuse, savoir : les Anglais; c'est aussi l'avis du lieutenant-colonel Borkenstein. Nous croyons même qu'au commencement il est prudent d'adopter un nombre moindre. L'opinion exagérée qu'on avait d'abord de l'effet des shrapnels a eu une grande influence sur le rapport d'approvisionnement adopté par les Anglais; il paraît que l'expérience subséquente les a portés à diminuer considérablement ce rapport; on s'était beaucoup mépris, puisqu'on a fait un changement si notable après un temps assez court.

Nous croyons aussi devoir nous déclarer pour un nombre moindre que celui des Anglais; parce que nous pensons, avec beaucoup d'autres, que le boulet est plus efficace contre des colonnes que des shrapnels. D'après cela, et encore pour d'autres motifs, nous concluons qu'en fixant un nombre trop grand pour les shrapnels, on ira souvent du mieux au pis ; et, dans le cas contraire, du pis au mieux, vu que l'expérience apprécie qu'il est plus commode, dans cette occurence, d'augmenter un nombre trop petit que de diminuer un nombre trop grand.

Chez les Anglais, les shrapnels entrent pour $\frac{1}{4}$ des boulets avec la pièce de 6 ; c'est donc un rapport qu'il ne faut pas dépasser, et il convient même de rester au-dessus et de s'en tenir à $\frac{1}{6}$ ou $\frac{1}{8}$.

Comme nous ne connaissons pas l'effet de la pièce de 12, nous ne pouvons rien dire sur le rapport à admettre ; il doit être probablement plus grand que pour la pièce de 6 liv., et cela, d'après les raisons rapportées ci-dessus , et qui prouvent bien la convenance de ce projectile pour cette pièce de campagne.

Expériences des shrapnels avec la pièce de campagne de 9, près de Hanovre, le 12 août 1845.

(Distance de la première cible, 700 pas.)

Numéros des coups.	Charges en livres.	Angles de tir.	Temps de combustion de la fusée.	Durée du trajet observée.	Point d'explosion.		Nombre de coups ayant traversé.			Observations.
					Distance à la cible en pas.	Hauteurs en pieds.	1re cible.	2e cible.	Total.	
1	3	1°		1″ 3‴	120	14				Cibles longues de 72 p.
2	″	″		1—3	140	8				Hauteur, 10 pieds.
3	″	″		1—3	130	12				Distance entre les deux
4	″	″		1—3	150	12				cibles, 75 pas.
5	″	″		1—3	170	14				Les shrapnels étaient
6	″	″		1—3	125	6				remplis de 50 balles de
7	″	″		1—3	120	12				fusil.
8	″	″		1—3	160	10				
9	″	″		1—3	155	12				
10	″	″		1—3	160	10				
11	″	″		1—2	160	10	26	47	73	Les éclats de l'obus
12	″	″		1—2	160	12	30	19	49	sont comptés.
13	″	″		1—3	140	9	33	24	57	
14	″	″		1—3	165	12	17	11	28	
15	″	″		1—3	130	13	25	21	46	
Total............					2185	166	131	122	253	La plus grande diffé-
Moyennes.........				1″ 3‴	146	11	26,2	24,4	50,6	rence d'intervalle se monte
Nombre pour cent...							52	49	101	à 50 pas.

Expériences des shrapnels avec la pièce de campagne de 9, près de Hanovre, le 12 août 1845.

(Distance de la première cible cible, 1000 pas.)

Numéros des coups.	Charges en livres.	Angles de tir.	Temps de combustion de la fusée.	Durée du trajet observée.	Point d'explosion.		Nombre de coups ayant traversé.			Observations.
					Distance à la cible en pas.	Hauteurs en pieds.	1re cible.	2e cible.	Total.	
1	3	1°		2″ 0‴	90	10				
2	//	//		2—2	70	3				
3	//	//		//	//	//				La charge du shrapnel n'a pas pris feu.
4	//	//		2—2	90	11				
5	//	//		2—3	96	0				
6	//	//		2—1	98	15				
7	//	//		2—1	95	10				
8	//	//		2—1	120	16				
9	//	//		2—1	125	16				
10	//	//		2—3	110	10				
11	//	//		2—1	115	8	18	9	27	Les éclats de l'obus sont compris.
12	//	//		2—2	95	12	41	21	62	
13	//	//		2—1	145	14	19	17	36	
14	//	//		2—2	160	15	26	17	43	
15	//	//		2—0	114	16	29	23	52	
Total.............					1523	156	133	87	220	La plus grande différence d'intervalle se monte à 90 pas.
Moyennes.........				2″ 2‴	109	11	27	17	44	
Nombre par cent...							53	35	88	

Expériences des shrapnels avec l'obusier long de 24, le 2 août 1845.

(1000 pas.)

Numéros des coups.	Charges en livres.	Angles de tir.	Temps de combustion.	Durée de trajet observée.	Point d'explosion.		Coups ayant touché.			Observations.
					Distances en pas.	Hauteurs en pieds.	1re cible.	2e chute.	Total.	
1	2			2″ 7‴	90	18				
2	″			2—6	6	15				
3	″			2—8	30	12				
4	″			″						La charge n'a pas pris feu.
Total............					126	45				
Moyennes..........				2″ 7‴	42	15				

Suite des expériences des shrapnels avec l'obusier long de 24, le 12 août 1845.

(1200 pas.)

Numéros des coups.	Charges en livres.	Angles de tir.	Temps de combustion.	Durée de trajet observée.	Point d'explosion.		Coups ayant touché.			Observations.
					Distances en pas.	Hauteurs en pieds.	1re cible.	2e chute.	Total.	
1	2	2° $\frac{1}{2}$		2" 9'''	75	12				
2	//			2—8	65	15				
3	//	//		2—8	110	15				
4	//	//		2—9	50	10				
5	//	//		2—8	110	15				
6	//	//		2—8	65	16				
7	//	//		2—8	54	0				
8	//	//		2—9	55	14				
9	//	//		2—9	50	22				
10	//	//		2—9	46	10				
11	//	//		2—9	70	0	26	16	44	Les éclats sont compris.
12	//	//		2—9	40	8	51	19	70	
13	//	//		2—9	60	20	14	3	17	
14	//	//		2—9	30	15	//	22	22	
15	//	//		2—9	60	15	14	9	23	
Total............					940	187	107	69	176	La plus grande diffé-
Moyennes.........			2" 9'''		63	12	21	14	35	rence d'intervalle est de 80 pas.

LES SHRAPNELS EN ANGLETERRE.

Decker n'a pas expliqué les épreuves et l'emploi des shrapnels chez les Anglais avec tous les détails que l'on peut désirer ; nous avons dû chercher à y suppléer.

Les Anglais ont, depuis la paix, modifié notablement les shrapnels dont ils faisaient usage dans les guerres de la Péninsule. Ils employaient alors des fusées métalliques qui étaient vissées au projectile, ils ont aujourd'hui des fusées en bois qu'on introduit dans l'œil avec une grande facilité au moment même où l'on veut tirer le projectile.

Les Anglais tirent les shrapnels dans toutes les bouches à feu de campagne et de siége, les obusiers de 12 et de 24 ont les mêmes projectiles que les canons de ces calibres. L'œil du projectile reste exactement le même pour tous les shrapnels, excepté pour celui de 22 c. qui a des dimensions plus grandes que celles des autres. Les épaisseurs des parois varient peu d'un calibre à l'autre ; on s'est efforcé de trouver une fonte qui permît de réduire le plus possible ces épaisseurs, afin que les projectiles pussent contenir plus de balles.

Les quantités de balles et de poudre qui entrent dans les shrapnels ; les poids des obus vides et des obus pleins sont donnés approximativement par le tableau suivant :

	Charge de poudre énoncée.	Nombre de balles.	Poids du shrapnel vide.		Poids du shrapnel plein.	
			liv.	on.	liv.	on.
Canon de 9.	3 1/2	41	4	10	7	11
Canon ou obusier de 12.	4 1/2	63	5	8	10	1
Canon de 18.	5	90	8	8	11	13
Canon ou obusier de 24.	6	130	11	1	20	7
Obusier de 22.	15	375	31	6	58	6

Coulage des projectiles.

On dit que les premiers shrapnels furent coulés avec de la fonte de seconde fusion obtenue dans des cabilots. Mais Shrapnel ayant fait en 1819 des expériences pour rendre le métal plus résistant, parvint à diminuer l'épaisseur des parois en employant de la fonte à canon liquéfiée, avec les précautions voulues, dans un fourneau à réverbère.

Confection des fusées.

Les fusées sont faites en hêtre; on coupe le bois en petits morceaux dont chacun peut donner deux fusées. Il doit être parfaitement sec, sain, de fil et sans nœuds. On ne doit pas le débiter à la scie, il faut le fendre pour lui conserver le fil.

Les fusées mises en place étant très courtes, doivent être tournées avec soin, afin qu'elles joignent bien les parois de l'œil ; en les confectionnant, on leur donne beaucoup plus de longueur qu'elles ne doivent en conserver dans le service ; on leur ménage au fond un massif d'un demi-pouce d'épaisseur, afin qu'elles puissent résister au battage pendant le chargement, et que l'excédent de la fusée étant coupé, le reste puisse offrir plus de chances d'uniformité, sous le rapport de la consistance ou de la dureté de la composition. Les Anglais n'ont que deux modèles de fusées, un pour le calibre de 22 c. et un pour tous les autres calibres. Voir la planche IV, fig. 2 et 3.

En les forant, l'ouvrier doit avoir le plus grand soin de faire le trou parfaitement cylindrique, ce qui exige de sa part une certaine habitude. Si le trou n'était pas bien cylindrique, la quantité de composition varierait et ferait changer le temps de combustion.

Quand le canal qui doit contenir la composition est foré, on marque à l'extérieur, par une raie circulaire, l'épaisseur du massif qui est au petit bout et qui constitue le fond. On emploie ensuite un outil particulier, planche IV, fig. 4, pour former le godet qui doit recevoir l'étoupille et le pulvérin ; cet outil porte un petit cylindre du calibre exact du canal ; il y entre pour servir de guide, on distingue la partie tranchante de l'outil et l'embase qui règle la profondeur du godet. On regarde comme nécessaire que le godet soit plus large à la base, et constitue un tronc de cône renversé, afin que le pulvérin ne puisse tomber accidentellement ; pour lui donner cette forme, on emploie un ciseau représenté par la fig. 6 ; enfin, on pratique encore dans l'intérieur du canal des rainures circulaires, elles ont pour objet de retenir la composition et d'empêcher qu'elle ne tombe par le choc qui résulte du tir. Cette disposition devient nécessaire dans ces fusées, parce que la hauteur de la composition est très petite; celle des fusées A n'est que de 0,2 pouces pour les calibres de 24, 18 et 12, et pour plusieurs autres, elle n'est que de 0,35 pouce. Pour faire ces rainures on se sert d'une espèce de peigne en acier, fig. 5, dont les dents sont espacées de $\frac{1}{10}$ de pouce. L'ouvrier doit avoir soin d'exercer toujours sur cet outil la même pression qui d'ailleurs ne doit pas être plus forte à l'un des bouts qu'à l'autre, afin que les rainures soient uniformes dans toutes les fusées. Après que les tubes des fusées sont achevés, on les examine soigneusement, on les mesure à l'intérieur et à l'extérieur et on les rebutte pour le moindre défaut.

La composition avec laquelle les Anglais chargent les fusées est de :

Salpêtre.	5 k. 260
Soufre	1 620
Pulvérin.	4 353
	11 k. 233

Ces trois ingrédients sont passés séparément par un tamis de soie très fin, pesés et mêlés ensuite.

Les instruments employés pour charger les fusées sont :

Un bloc de bois sur lequel s'opère le battage.

Une boîte qui contient la composition.

Une petite mesure en cuivre.

Une règle de cuivre jaune pour égaliser la composition dans la mesure.

Un petit cylindre ou mandrin en cuivre ayant le diamètre du canal de la fusée.

Un maillet de bois.

L'artificier assis devant le bloc de bois, prend la mesure pleine de composition, l'égalise avec la règle, la verse dans la fusée, saisit d'une main le mandrin et de l'autre le maillet et donne treize coups avec le plus d'uniformité possible ; pour cet effet, il doit agir avec légèreté, et ne pas frapper fort. Il répète cette opération jusqu'à ce que la charge monte à 0,2 pouce de l'extrémité du canal ; il la donne ensuite à un autre homme qui fait à l'extrémité un trait correspondant à ce point.

Dans cet état les fusées sont remises au tourneur, qui achève de les graduer extérieurement. Les raies circulaires qu'il y fait sont espacées de 0,2 pouces; il emploie pour cet objet un outil qui a le nombre des dents voulu, en sorte que la graduation se fait en une seule opération; les deux dents extrêmes de l'outil étant appliquées contre les deux raies qui existent déjà sur la fusée. Le même ouvrier pratique ensuite dans le godet quatre trous par lesquels on passe plus tard l'étoupille.

Pour achever la fusée il ne s'agit plus que de remplir de pâte de pulvérin le calice, et de passer deux brins d'étoupille de deux pouces de longeur par les quatre trous dont nous avons parlé. On les arrête avec une corde à boyau très fine. L'amorce ou la pâte de pulvérin se fait avec la poudre pulverisée, humectée avec de l'esprit de vin et réduite en pâte épaisse. On en remplit le godet, on presse la matière légèrement et on l'égalise avec un couteau. On la saupoudre avec un peu de pulvérin et on la laisse sécher. Quand elle est parfaitement sèche, on réunit les brins d'étoupilles en une cravate, on place sur le calice un morceau de papier huilé, on couvre le tout avec une toile fine qui a reçu deux couches de peinture, et qu'on attache sur le bois avec de la ficelle ordinaire.

C'est dans cet état que les fusées sont conservées en magasin, mais immédiatement avant de les expédier pour les employer à la guerre, on les coupe en trois longueurs différentes et on les marque aux lettres A, B, C. Ensuite on réduit la charge des fusées aux longueurs déterminées par une table de tir que nous donnerons plus loin. On enlève l'excédant de composition au moyen d'un foret représenté sur la planche IV.

On emballe ensuite les fusées dans des caisses d'étain,

colorées en blanc pour A portée de 650 yards
—   rouge — B — 900 —
—   noir — C — 1100 —

Chaque shrapnel est approvisionné de quatre fusées, trois sont désignées par les lettres *A*, *B*, *C*, et une quatrième reste entière. Ces dernières sont emballées dans un sac de toile.

La composition des fusées est extrêmement dure et il faut bien qu'elle tienne solidement dans le tube puisqu'elle résiste au choc du tir avec 0,02 et même 0,01 pouce de hauteur. On a éprouvé longtemps à cet égard des difficultés, qu'on n'est parvenu à vaincre qu'en 1814. Le pulvérin qui entre dans la composition est fait avec la meilleure poudre. La régularité et l'uniformité nécessaires sous le rapport des dimensions des fusées, des matières employées et du battage, exigent les plus grands soins. On ne prépare à la fois que la quantité de composition qu'on peut employer dans la journée, et l'on tâche de travailler toujours dans les mêmes circonstances. Une fusée d'un pouce de longueur met cinq secondes à brûler, quand elle est parfaitement sèche et qu'elle a été confectionnée par un temps sec; si au contraire elle a été remplie par un temps pluvieux, elle ne brûle pas tout-à-fait aussi vite, parce que la composition absorbe l'humidité de l'atmosphère, ce qui influe sur la rapidité de la combustion, lors même que la fusée est à l'état de siccité complète.

La confection des fusées de shrapnels est un objet fort délicat. Tout le succès du tir dépend de leur parfaite uniformité. Aussi les Anglais croient-ils nécessaire de confectionner toutes les fusées pour shrapnels dans un même établissement et le plus possible par les même ouvriers.

Expériences de 1814 et 1819.

C'est à ces deux époques que la fabrication et le tir des shrapnels ont été perfectionnés. On croit que depuis ce temps ils n'ont plus éprouvé la moindre modification.

En 1814 on a commencé à Mont's-Bay une série d'expériences avec des pièces de campagne, pour se faire une idée plus précise de la portée et de l'écartement des balles et des éclats. On a choisi une plage sablonneuse pour champ de tir ; afin qu'il fût plus facile de constater les marques laissées par les balles après leur chute. Par ce moyen on a pu connaître non-seulement les portées et les écartements des balles, mais aussi l'effet produit sur un point donné par un tir continu. On a été très satisfait des résultats.

Expériences de Mont's-Bay en 1814.

Canon de 12 léger, pesant 612 kilogrammes; la charge de poudre était de 1 kil. 1/2; le shrapnel contenait 55 balles et 5 onces de poudre.

Lettres des fusées.	Longueur de la composition	Angles de tir.	Portées des balles et des éclats.		Espace frappé par les balles.
	po.		Depuis yards.	Jusqu'à yards.	yards.
A	0,1	1 °	350	680	330
B	0,2	1 3/8	540	840	300
C	0,3	1 7/8	700	980	280
D	0,4	2 3/8	840	1100	260
E	0,5	2 7/8	965	1210	245
F	0,6	3 1/2	1075	1310	235
G	0,7	4	1175	1400	225
H	0,8	4 5/8	1275	1490	215
I	0,9	5 1/4	1365	1570	205
K	1,0	6	1455	1655	200
L	1,1	6 1/2	1540	1730	190
M	1,2	7 1/2	1620	1800	180
N	1,3	7 5/8	1700	1870	170
O	1,4	8 1/4	1780	1940	160
P	1,5	8 7/8	1855	2010	155
Q	1,6	9 5/8	1925	2070	145
R	1,7	10 1/4	1990	2130	135
S	1,8	11	2065	2190	125
T	1,9	11 5/8	2130	2250	120
V	2,0	12 3/8	2190	2300	110

Canon de 9, pesant 675 kilogrammes; la charge de poudre était de 1 k. 1/2;
le shrapnel contenait 35 balles et 4 onces de poudre.

Fusées.	Longueur de composition	Angles de tir en degrés.	Portées des balles et des éclats.		Espace frappé par les balles.
	po.		Depuis yards.	Jusqu'à yards.	yards.
A	0,1	1°	460	780	320
B	0,2	1 3/8	640	920	280
C	0,3	1 7/8	800	1060	260
D	0,4	2 1/4	930	1180	250
E	0,5	2 3/4	1050	1290	240
F	0,6	3 1/4	1160	1390	230
G	0,7	3 3/4	1260	1480	220
H	0,8	4 3/8	1360	1570	210
I	0,9	5 1/8	1455	1655	200
K	1,0	5 3/4	1550	1740	190
L	1,1	6 3/8	1640	1820	180
M	1,2	7	1725	1895	170
N	1,3	7 5/8	1805	1965	160
O	1,4	8 1/4	1885	2035	150
P	1,5	8 3/8	1960	2100	140
Q	1,6	9 3/8	2030	2160	130
R	1,7	10	2095	2215	120
S	1,8	10 3/4	2165	2275	110
T	1,9	11 3/8	2220	2320	100
V	2,0	12	2260	2370	90

Canon de 6 léger, pesant 300 kilogrammes ; la charge était de 0,75 kilogr. ;
le shrapnel contenait 22 balles et 3 onces de poudre.

Fusées.	Longueur de la composition	Angles de tir.	Portées des balles et des éclats.		Espace frappé par les balles.
	po.		Depuis yards.	Jusqu'à yards.	yards.
A	0,1	1°	380	640	260
B	0,2	1 3/8	570	800	230
C	0,3	1 7/8	720	930	210
D	0,4	2 3/8	845	1045	200
E	0,5	2 7/8	955	1145	190
F	0,6	3 1/2	1060	1240	180
G	0,7	4	1160	1330	170
H	0,8	4 5/8	1255	1415	160
I	0,9	5 1/4	1345	1500	155
K	1,0	6	1430	1580	150
L	1,1	6 1/2	1510	1655	145
M	1,2	7	1585	1725	140
N	1,3	7 5/8	1655	1785	130
O	1,4	8 1/4	1720	1840	120
P	1,5	8 7/8	1780	1890	110
Q	1,6	9 5/8	1835	1940	105
R	1,7	10 1/4	1885	1980	95
S	1,8	11	1935	2020	85
T	1,9	11 5/8	1980	2055	75
V	2,0	12 3/8	2025	2090	65

Canon de 6 lourd, pesant 600 kilogrammes; la charge était de 1 kilogram.;
le shrapnel contenait 22 balles et 3 onces de poudre.

Fusées.	Longueur de la composition	Angles de tir.	Portées des balles et des éclats.		Espace frappé par les balles.
	po.		Depuis yards.	Jusqu'à yards.	yards.
A	0,1	1°	440	720	280
B	0,2	1 3/8	630	880	250
C	0,3	1 7/8	780	1010	230
D	0,4	2 3/8	910	1120	210
E	0,5	2 7/8	1025	1225	200
F	0,6	3 3/8	1130	1320	190
G	0,7	4	1325	1410	180
H	0,8	4 5/8	1415	1495	170
I	0,9	5 1/4	1500	1575	160
K	1,0	6	1580	1655	155
L	1,1	6 1/2	1655	1730	150
M	1,2	7	1685	1795	140
N	1,3	7 5/8	1725	1855	130
O	1,4	8 1/4	1795	1915	120
P	1,5	8 7/8	1860	1970	110
Q	1,6	9 5/8	1925	2000	105
R	1,7	10 1/4	1935	2080	95
S	1,8	11	2045	2130	85
T	1,9	11 5/8	2100	2175	75
V	2,0	12 1/4	2150	2215	65

Les chiffres indiquant l'étendue des portées des balles doivent être considérés comme exprimant les résultats moyens de plusieurs coups.

Les shrapnels employés dans ces expériences, avaient l'œil taraudé. On y trouva des inconvénients et l'on a depuis abandonné ce mode. On reconnut dans ces expériences que le tir des shrapnels devait s'arrêter à certaines distances, au-delà desquelles les balles ne conservent plus assez de force. La plus grande distance du tir est fixée à 1,100 ou au plus à 1,200 yards ; c'est-à-dire de 1,000 à 1,080 mètres.

On voulut chercher ensuite à augmenter les effets de ces projectiles, en diminuant les épaisseurs des parois, afin qu'un plus grand nombre de balles pût y être renfermé. C'est là ce qui donna lieu à des expériences faites en 1819 à la fonderie de Carron et à l'arsenal de Wolwich.

Avant 1819 les shrapnels de 12 ne contenaient que 55 balles, et celui de 6 seulement 35, on est parvenu par le changement de fonte à augmenter la capacité de manière à renfermer 63 balles dans le premier, et 41 dans le second. On diminua aussi les charges de poudre des projectiles, le taraudage fut supprimé comme inutile, et devenu difficile à cause de la nature particulière de la fonte adoptée. On s'appliqua à bien tourner les fusées, et l'on vit qu'il suffisait alors de quelques coups de maillet pour les faire tenir parfaitement, on s'assura même qu'en campagne il suffisait d'enfoncer la fusée, en la heurtant contre un moyeu ou un flasque.

Enfin on simplifia le service, et l'on arrêta la table de tir suivante, qui est, dit-on, en usage aujourd'hui.

Table de tir pour les shrapnels en usage aujourd'hui dans l'armée anglaise.

Pièces.	Calibres.	Charge de la pièce.	Nombre de balles	Poids de la charge de l'obus.	Fusées.	Angles de tir.	Longueur de composition.	Distances.	
		liv.		onc.			po.	yards.	mètres
Obusiers.	12	1 1/4	63	4 1/4	A	2,15	0,3	650	591
					B	3,30	0,55	900	819
					C	5,15	0,8	1100	1001
	24	2 1/2	130	6	A	2,15	0,35	650	591
					B	3,45	0,6	900	819
					C	4,30	0,75	1100	1001
	8 po.	4	377	15	A	2,45	0,35	650	591
					B	3,30	0,6	900	819
					C	6	1,0	1100	1001
Canons.	9	3	41	3	A	1,15	0,29	650	591
					B	1,45	0,4	900	819
					C	2,30	0,6	1100	1001
	12	4 1/2	63	4	A	1,15	0,2	650	591
					B	1,45	0,4	900	819
					C	2,30	0,57	1100	1001
	18	4 1/2	90	5	A	1,15	0,2	650	591
					B	2	0,4	900	819
					C	3	0,57	1100	1001
	24	6	130	6	A	1,15	0,2	650	591
					B	1,45	0,35	900	819
					C	2,30	0,50	1100	1001

La charge de poudre des canons de campagne, est du tiers du poids du boulet, et celle des canons de siége du quart seulement.

Le nombre des fusées qui doivent être transportées, est fixé, au lieu de sept, à quatre pour chaque projectile. Une est entière et trois sont de longueurs réduites. Chacune de ces fusées correspond aux portées gravées sur les hausses ; à côté des trois portées 650, 900 et 1,100 yards, on a gravé sur les hausses les lettres A, B, C incrustées sur les fusées qui leur correspondent. Ces chiffres et ces lettres sont encore inscrits sur les trois boîtes d'étain, de couleurs différentes. On a pris ainsi toutes les précautions possibles pour éviter les erreurs et simplifier le service.

Emploi des shrapnels.

Les shrapnels transportés en campagne sont ensabottés et contiennent leurs balles, mais ils sont fermés par un bouchon de liége et ne renferment pas leur chargement de poudre ; nous reviendrons plus tard sur ce fait.

Les fusées coupées sont renfermées dans trois boîtes d'étain, et les fusées entières sont placées avec deux tire-bouchons et deux forets dans un des coffrets de l'avant-train de la pièce. Ce foret (planche IV), sert à enlever l'excédent de longueur des fusées s'il y a lieu. Il se compose d'une mêche d'acier, d'un manche, d'une virolle, dont une surface porte des graduations en dixièmes de pouce, d'une règle fixée à un petit cylindre en cuivre jaune, qui peut glisser sur la mèche, et qu'on arrête au point voulu par une visse de pression ; ce cylindre sert d'embase au foret, et règle la profondeur de la matière à enlever. Quand le petit cylindre est descendu en entier, l'indicateur de la règle marque zéro, et le foret dépasse la virolle d'un pouce; si l'on se servait de l'instrument dans cet état, la composition serait réduite à la hauteur de zéro. On comprendra maintenant comment les chiffres gravés sur la virole du cylindre indiquent en dixièmes de pouce, les hauteurs auxquelles on veut réduire les charges et non pas les longueurs de composition à enlever.

La graduation de cet instrument ne peut servir commodément

que pour les fusées entières, dont la composition a une longueur
de 1 pouce.

On ne doit faire usage du foret et des fusées entières que si les
fusées coupées manquent ou se trouvent détériorées, mais alors le
tir est nécessairement ralenti.

Les Anglais ont conservé les boîtes à balles pour s'en servir
dans les limites ou leur tir reste efficace, les shrapnels servent à
en prolonger les effets. Au-delà de 1000 mètres ils n'emploient
plus que les boulets ou les obus ordinaires ; la fusée entière n'a
donc pas d'emploi régulier.

Quand l'ennemi qu'on veut battre se trouve entre deux des
trois distances 591, 819 et 1,001 mètres, on se sert de la fusée qui
convient à la plus petite des deux distances, parce que les balles
se répandent dans tout l'espace compris entre les deux, et si on
ne tire pas un coup isolé mais qu'on fasse un feu vif, il n'y aura
pas de point qui ne soit battu.

On dit que pour l'armée de la compagnie des Indes, les shrapnels sont envoyés tout chargés et munis de leurs fusées. On
signale plusieurs inconvénients.

La poudre mêlée avec les balles pendant le transport se pulvé-
rise et perd de sa force.

On peut épuiser une des trois sortes de projectiles marqués
A, B et C, et ne plus avoir celui dont on a besoin, tandis qu'il en
reste beaucoup des deux autres.

Voici les approvisionnements adoptés en Angleterre et la proportion des divers projectiles.

Approvisionnements de campagne.

	Boulets ou obus.	Shrapnels.	Boites à balles.
Obusier de 5° 1/2.	56	72	12
Obusier de 4° 2/5.	84	116	12
Canon de 12.	114	50	14
Id. 9.	114	30	19
Id. 6 lourd	174	34	22
Id. 6 léger	171	29	20

Le nombre des shrapnels est, comme on le voit, plus grand que celui des obus ; pour les canons il n'en est pas de même que pour les obusiers, et le nombre des shrapnels est moindre que celui des boulets ; il est néanmoins plus grand que le nombre des boîtes à balles.

Les shrapnels entrent aussi dans les approvisionnements de siége et de place.

Siéges.

	Boulets ou obus.	Shrapnels.
Obusier de 10°.	600	"
Id. 8°.	300	300
Canon de 24.	1000	100
Id. 12.	1200	100

Dans les places.

	Boulets ou obus.	Shrapnels.	Boites à balles.
Obusier de 10°.	400	"	60
Id. 8°.	600	300	75
Id. 24.	750	350	95
Canon de 24.	600	40	40
Id. 18.	760	50	50
Id. 12.	800	55	60
Id. 9.	1000	60	100
Id. 6.	1200	60	150

Ces tableaux donnent la mesure du degré d'importance que les Anglais attachent à ce nouveau projectile.

Boulets creux remplis de plomb.

Les Anglais font usage d'autres projectiles qui ne sont employés, du moins que nous sachions, dans aucune autre artillerie, et dont les shrapnels ont pu leur donner l'idée. Ils remplissent des projectiles creux de peu d'épaisseur de plomb coulé, pour s'en servir comme de boulets ordinaires. Ce procédé peut présenter des avantages notables, et nous paraît mériter d'être étudié et expérimenté. En remplissant de plomb une enveloppe de fonte on obtient un projectile plus lourd que le boulet de même calibre, dans lequel la densité est plus grande au centre qu'à la circonférence.

Le plomb fondu a une densité de 11,352, tandis que celle de la fonte est de 7,207. Il en résulte qu'on peut, en employant ce procédé, augmenter notablement la densité moyenne des projectiles pleins. Il est de toute évidence que, dans cet ordre d'idées, il faudrait chercher à augmenter le plus possible cette densité, en réduisant au minimum l'épaisseur des parois de l'enveloppe de plomb. Cette enveloppe devrait avoir quelques saillies intérieures pour empêcher le plomb de tourner dans le projectile pendant le trajet. Ces projectiles ne pourraient être employés contre des corps durs, tels que la maçonnerie ; mais ce n'est là aujourd'hui qu'un usage très exceptionnel de l'artillerie ; et cet inconvénient, ne nous paraît pas être de telle nature qu'il doive faire renoncer à tirer aucun parti de cette idée.

L'adoption de ces projectiles, c'est-à-dire leur emploi dans les canons, nécessiterait probablement des changements notables dans les bouches à feu et dans leurs affûts ; ce n'est donc pas une innovation que l'on puisse faire sans des épreuves nombreuses ; néanmoins il nous semble qu'il y a lieu d'espérer des avantages assez grands pour qu'il soit convenable d'entreprendre les expériences.

Pour montrer la nature des avantages que l'on peut espérer de ces projectiles, nous supposerons que l'on puisse arriver à donner le poids du boulet de 12 au boulet du calibre de 8. Alors ce boulet devra, pour avoir la vitesse initiale actuelle du boulet de 12, être tiré avec une charge de poudre un peu plus grande probablement que celle qui est employée pour le boulet de 8 ; mais moindre, sans aucun doute, que celle du boulet de 12. Le projectile et la charge, tirés dans le calibre de 8, se trouvant d'un poids plus considérable que ceux qui sont employés actuellement, il faudrait probablement augmenter les épaisseurs de la pièce et le poids de l'affût ; mais, cependant, le système de la pièce de 8 et de son affût resterait beaucoup moins lourd que ne l'est celui du canon de 12. Ainsi, déjà, il y aurait avantage notable pour la légèreté, c'est-à-dire pour la mobilité, la qualité la plus désirable, la plus importante de l'artillerie.

Ce nouveau boulet, du calibre de 8, parti avec la vitesse initiale du boulet de 12 ayant le même poids, et possédant, par conséquent, la même quantité de mouvement, en perdra beaucoup moins par l'effet de la résistance de l'air ; sa trajectoire sera donc plus rasante ; sa justesse de tir, considérée surtout au point de vue de la chance de toucher dans la pratique, en sera notablement accrue, et, de plus, la portée du projectile sera considérablement augmentée. La pénétration du nouveau projectile, comparée à celle du boulet actuel de 12, sera aussi plus grande dans tous les milieux qui, comme les terres, ne seront pas assez durs pour le briser.

En résumé, on peut espérer des projectiles en plomb à enveloppe de fonte un accroissement de mobilité en même temps qu'une augmentation d'effet pour l'artillerie, c'en est assez pour légitimer tous les essais que l'on pourrait faire sur ce sujet.

EXPÉRIENCES BELGES.

On a pu voir d'après plusieurs passages de notre traduction que Decker révoque en doute les résultats des expériences belges et qu'il n'accorde aucune confiance au témoignage de M. Bormann. Mais un officier français qui est resté longtemps au service de la Belgique, M. le chef d'escadron d'artillerie Jacques, affirme comme témoin oculaire, que les résultats ont été tels que les a donnés M Bormann, à l'égard duquel Decker a dès-lors eu des torts graves, qu'il reconnaîtrait sans doute lui-même, et que nous nous faisons un devoir de proclamer. Voici la note qui nous a été communiquée par M. Jacques.

NOTE SUR LES EXPÉRIENCES FAITES EN BELGIQUE.

On a peine à s'expliquer pourquoi M. le général Decker accorde peu de confiance aux expériences dont M. Bormann a rendu un compte sommaire dans son mémoire, intitulé : *Considérations et expériences sur le tir des obus à balles.*

Cet officier général déclare, il est vrai, que les résultats annoncés dépassent tout ce qu'on connaissait encore de l'effet des shrapnels ; mais plus loin, page....., il cite des expériences faites près de ...., en 183... (on présume qu'il s'agit de celles entreprises près de Gémund, en 1838, par l'artillerie wurtembergeoise), sans en mettre en doute les résultats ; et néanmoins il trouve que, comme les premiers, ils ont été au-delà de toute prévision ; que quelques coups même touchent à l'incroyable ; ces résultats sont donc venus confirmer ceux dont on était déjà redevables à M. Bormann.

Pourquoi dès-lors cette hésitation de M. le général Decker à reconnaître l'authenticité des faits proclamés par un officier de l'artillerie belge? Nous ne pouvons vraiment attribuer cette partialité chez un écrivain militaire aussi distingué que l'était M. le général Decker, qu'à l'influence exercée sur lui, à son insu, par les préventions politiques que les puissances du Nord ont nourries si longtemps contre la Belgique après 1830.

Cette partialité perce en plusieurs endroits de l'ouvrage, et souvent de manière à frapper le lecteur le moins attentif, elle va jusqu'à attribuer, § 306, (p. 222 de l'édition allemande) à M. Bormann des chiffres qui ne sont pas dans le mémoire où on déclare les avoir copiés.

Nous avons dit que le prétexte mis en avant pour tenir comme non avenus les résultats publiés par M. Bormann, n'était pas fondé, puisque le général Decker admet ensuite lui-même l'existence de faits du même genre.

Nous ajouterons que M. le général Decker ne s'aperçoit point qu'en concédant si peu d'autorité aux expériences de Brasschaet, ce n'est pas M. Bormann qu'il attaque, c'est le corps de l'artillerie belge, car de telles expériences, ainsi que chacun le sait, ne sont pas l'œuvre d'un individu ; elles sont dirigées par des commissions, elles exigent le concours de nombreux officiers, et par suite les résultats qui en sont déduits doivent être comptés à l'égal de ceux sur lesquels toute autre artillerie peut appuyer ses théories.

Ces considérations suffiront sans doute pour que le lecteur maintienne au mémoire de M. Bormann la valeur scientifique que lui conteste M. le général Decker.

Nous n'entendons pas les corroborer en déclarant que nous avons été témoin des essais tentés en Belgique sur le tir des obus à balles, mais nous espérons qu'à ce titre on nous permettra de consigner ici un résumé succinct des travaux de M. Bormann sur cette question.

M. Bormann n'a été appelé à servir dans l'artillerie belge qu'en 1832, il appartenait auparavant à l'artillerie saxonne.

Dès 1822, déjà préoccupé du parti qu'on pourrait tirer des shrapnels, il avait abordé ce sujet dans une note mise à la traduction en allemand de l'ouvrage publié à Londres, en 1819, par sir John May sur les siéges de Ciudad-Rodrigo, de Badajoz et de Saint-Sébastien.

En 1833, M. Bormann présenta la proposition, qui fut accueillie, de commencer en Belgique l'étude du tir des obus à balles ; et un premier essai eut lieu en effet, cette même année, au polygone de Brasschaet, en armant les obus d'une fusée du système anglais.

C'est à la suite de cet essai que M. Bormann, peu satisfait des fusées qui avaient été employées, proposa un modèle nouveau, sa fusée métallique, en expliquant dans un mémoire daté du 1er avril 1835, les avantages qu'il lui attribuait.

On fit usage de la nouvelle fusée dans les expériences qui eurent lieu au polygone de Brasschaet, en 1835, et qui ont amené la publication des *Considérations et expériences sur le tir des obus à balles*. Bruxelles, 27 juillet 1836.

Nous avons vu ces expériences être renouvelées pendant les années 1836, 1837, 1838, 1839, 1840, et, si nous sommes bien informé, elles ont été continuées en 1841, 1842, 1843, 1844 et 1845.

Dès 1835, les effets obtenus dans le tir des obus à balles étaient des plus remarquables, puisque M. le général Decker se refusait à y croire : l'expérience acquise successivement dans le cours de dix années n'a pas manqué, on peut bien le penser, de faire apprécier de plus en plus la puissance de ce tir et d'apprendre à le mieux diriger.

Mais à côté de la question générale de l'emploi du projectile dont l'idée est due au général Shrapnel, il y avait la question plus spéciale de la fusée proposée par M. Bormann.

Celle-ci n'a pas été résolue moins heureusement que la première, car, après les tâtonnements inséparables de toute invention, nous croyons que l'artillerie belge a définitivement adopté, en 1845, la fusée de M. Bormann pour les projectiles de campagne.

Nous ne pouvons nous dispenser ici de relever une assertion matériellement inexacte insérée au n° 5 de mémorial de l'artillerie, où il est dit, page 28, en parlant de la fusée de M. Bormann :
« Cette fusée, d'ailleurs assez compliquée, exige que l'œil des pro-
« jectiles soit taraudé. »

La fusée de M. Bormann n'a jamais été filetée non plus que l'œil de l'obus qui la reçoit n'a été *taraudé*. La fusée et l'œil de l'obus portent seulement deux rainures ou gorges, qui s'obtiennent dans la coulée, et qui ont pour objet de donner plus de prise au plâtre qui sert à fixer la fusée dans l'œil.

Quant au reproche de complication adressé à la fusée il semble manquer de justesse, si l'on remarque que la complication est seulement dans les formes du moule qui donne les fusées ; or le nombre des pièces composant le tour sur lequel on prépare la fusée ordinaire en bois n'est pas attribué d'ordinaire à défaut à celle-ci.

La fusée métallique de M. Bormann a plusieurs propriétés, qu'il serait difficile de lui contester.

Elle ne fait saillie ni à l'extérieur ni à l'intérieur de l'obus.

La composition y est à l'abri de toutes les influences atmosphériques.

La composition y brûle avec la plus grande régularité.

La durée de la fusée peut se prêter à tous les besoins du service *, puisqu'on peut la faire varier par huitièmes de se-condes.

Enfin la fusée résiste parfaitement dans le tir : on en a la preuve par les obus de 12 centimètres tirés dans le canon de 12 ; avec une charge de 2 kilog, c'est-à-dire de plus du tiers du poids de l'obus, 5k.590.

On se convaincra par cet exposé que l'artillerie belge s'est li-vrée à des recherches multipliées sur le tir des obus à balles, et qu'elle a reçu de M. Bormann une fusée qui mérite une attention particulière.

La fusée est pour l'obus à balles un élément essentiel ; car sans une bonne fusée, sans une fusée propre à faire éclater l'obus pour ainsi dire à point nommé, l'obus à balles n'est plus qu'un obus ordinaire, qui aurait alors l'inconvénient d'être beaucoup trop dis-pendieux.

Il ne suffit pas, il est vrai, pour assurer l'efficacité du tir des obus à balles, que la fusée permette de faire éclater le projectile à point nommé ; il faut de plus et d'abord pouvoir diriger le pro-jectile sur ce point.

Autrement, il faut arriver dans le tir des obus à balles à un de-gré de justesse qui n'est pas ordinaire au tir des projectiles creux.

M. Bormann a également porté ses investigations de ce côté, et avec succès, mais nous n'avons pas à divulguer la marche qu'il a suivie, puisqu'il a lui-même jusqu'à présent gardé le silence à cet égard.

Nous nous bornerons à noter que cette circonstance donne peut-être l'explication de l'incrédulité manifestée par M. le géné-ral Decker, attendu que l'artillerie prussienne estime avoir singu-lièrement amélioré le tir des projectiles creux, ce qui est la pre-

---

* A l'appui de cette assertion, nous présentons les données que nous avons rassemblées dans une excursion en Belgique, sur un tir exécuté en 1843 avec l'obusier de 15 c. et à la charge de 1 kil. Voir le tableau, p. 292.

mière condition de réussite dans le tir des obus à balles ; et on comprendrait que M. le général Decker ne voyant rien de semblable signalé pour la Belgique, en ait conclu qu'on ne pouvait y avoir obtenu aucun effet sûr avec les shrapnels.

Nous ne nous arrêterons pas sur les applications diverses que peut recevoir le tir des obus à balles, et qu'il est facile de pressentir ; elles n'ont pas échappé à la sagacité de M. Bormann. Cet officier supérieur fera sans doute un jour communication au public militaire de ses tentatives dans de nouvelles directions, et complètera ainsi sa publication de 1836.

24 janvier 1847.

Tableau des resultats obtenus dans un tir de 600 coups.

Distance à la cible.	Nombre de coups tirés	Projectiles		Projectiles ayant éclaté en avant de la cible.					Projectiles ayant éclaté au-delà.	
		Qui n'ont pas éclaté.	Avant éclaté au sortir de la pièce	A 50 pas.	A 100 pas.	A 150 pas.	A 200 pas.	A 250 pas.	A 50 pas.	A 100 pas.
600 pas ou 450 mèt.	60	2	//	25	15	3	//	//	15	//
800 — 600 —	60	//	//	33	13	2	//	//	12	//
1,000 — 750 —	60	//	//	40	17	1	//	//	2	//
1,200 — 900 —	60	//	//	46	3	//	//	//	11	//
1,500 — 1,125 —	60	//	//	37	11	7	1	//	4	//
	300	2	//	181	59	13	1	//	44	//
		2		254					44	

On voit par le témoignage de M. le commandant Jacques, que Decker n'a pas exposé avec impartialité les résultats des expériences belges qui méritent une grande considération ; c'est ce qui nous engage à y revenir pour donner une description détaillée de la fusée Bormann.

Voici d'abord comment, dans ses *considérations et expériences sur le tir des obus à balles*, M. Bormann a envisagé la partie du problème qui regarde la fusée.

« Si l'on veut obtenir du feu des obus à balles tout l'effet dont ils sont susceptibles, il faut avant tout pouvoir déterminer l'explosion de l'obus au moment opportun.

« Il faut aussi que cette fusée ait une forme telle, que la durée de combustion soit déterminée par une opération simple, prompte, facile, pour qu'elle puisse être exécutée dans la batterie pendant l'action.

« Il faut encore que cette opération se fasse sur la fusée déjà fixée à l'obus, pour ne pas amener un retard nuisible dans le tir.

« Il faut, en un mot, que la fusée qui remplira les conditions nouvelles exigées pour le tir des obus à balles, n'introduise point dans les batteries de sujétion plus grande que celle à laquelle on s'astreint déjà, de décoiffer la fusée.

« Tel est le problème que nous nous sommes posé, et que nous croyons avoir résolu.

« La fusée ordinaire, en usage pour les projectiles creux, ne peut évidemment convenir aux obus à balles.

« Mais les fusées qui, à notre connaissance, ont été substituées aux anciennes pour ce cas particulier, s'en rapprochent toujours cependant plus ou moins, et consistent en définitive en un cylindre de composition, dirigée suivant l'axe de l'œil de l'obus, c'est encore cette forme qui est indiquée dans le travail récent du capitaine Helling.

« Or, cette disposition emporte nécessairement deux graves inconvénients. Le premier, c'est que la longueur du cylindre de composition ne peut plus être modifiée, quand une fois il est fixé à l'obus. Ces fusées doivent donc être amenées dans les batteries séparées des projectiles, pour être placées au moment du tir, ce qui occasione tout au moins un retard, quelque procédé ingénieux que l'on adopte pour simplifier la pose du cylindre de composition.

« Le second inconvénient, plus grave peut-être que le précédent, consiste en ce que la fusée ne doit saillir, ni sur la surface intérieure, puisque l'obus doit être rempli, ni sur la surface extérieure, pour garantir l'âme de la pièce. La hauteur étant ainsi limitée par l'épaisseur du métal du projectile, il s'en suit : 1° qu'on ne peut faire usage que d'une composition très lente, afin que la durée totale de la fusée soit suffisamment longue ;

2° Que les subdivisions, sur la longueur de la fusée, étant très petites, rendent l'opération de la raccourcir très délicate.

« On ne parvient à remédier que très imparfaitement à ce mal, en donnant à l'œil de l'obus un renflement en métal intérieur ou extérieur, pour pouvoir employer une fusée un peu plus longue.

« Ce sont sans doute de tels embarras qui ont porté tant d'artilleurs à considérer les obus à balles comme des projectiles d'un effet trop incertain pour pouvoir être employés.

« Nous les avons nous-même éprouvés, et c'est ce qui nous a engagé à chercher une fusée fondée sur un principe tout-à-fait nouveau.

« Celle que nos expériences nous ont conduit à adopter consiste en un prisme de composition parfaitement homogène, et disposé autour de l'œil de l'obus, de sorte qu'il se développe dans toute sa longueur sur la surface extérieure de l'obus.

« La durée totale de cette composition est telle que l'exigent les plus grandes portées de nos pièces de campagne.

« La plus simple opération suffit pour décoiffer la fusée au point que l'on juge convenable, d'après la distance du but à frapper.

« Une échelle nette et distincte permet de faire varier la durée de la combustion par huitièmes de secondes.

« Le corps de la fusée est en métal, ce qui donne plusieurs avantages notables :

« 1° Il remplace la partie de métal enlevée pour former l'œil ;

« 2° Il devient lui-même un projectile, lors de l'explosion de l'obus ;

« 3° Il préserve d'une manière sûre la composition de la fusée, et la charge de l'obus, de toute influence atmosphérique.

« La confection de cette fusée n'offre d'ailleurs aucune difficulté et son prix n'est pas plus élevé que celui des fusées ordinaires en bois.

« Le seul changement à apporter au mode actuel du tir des obus, consiste dans la manière de décoiffer la fusée, qui est différente; nous ne parlons pas de la plus grande élévation à donner à la pièce pour une même distance, et qui résulte de la différence du poids des projectiles.

« Qu'on nous permette d'ajouter que la fusée dont nous venons de laisser pressentir la disposition nouvelle , n'est pas seulement un projet, mais qu'elle a été éprouvée et a pleinement répondu à ce qu'on en attendait.

« Nous pensons être autorisé, d'après cela, à déclarer :

« 1° Que les obus chargés de balles sont susceptibles de produire des effets de destruction particuliers et très étendus ;

« 2° Que ces effets peuvent être réalisés dans la pratique, puisqu'on a le moyen de les faire éclater au moment reconnu le plus convenable. »

Maintenant que nous avons exposé les idées qui ont dirigé l'auteur, nous allons donner la description de la fusée, et son mode de confection tel que, d'après le témoignage de M. le commandant Jacques, il était pratiqué en 1837 : nous avons lieu de croire que la fusée a reçu depuis quelques modifications.

Fusée Bormann.

Le corps de la fusée est coulé en plomb, dans un moule en cuivre jaune ; il a la forme indiquée (fig. 1, 2, 3 et 4, planche IV).

La fusée terminée est représentée fig. 1 et 2.

Dans la figure 2, *a* est la chambre supérieure où se met l'amorce.

b c représente une petite épaisseur de métal au-dessous de laquelle est comprimée la composition ; elle forme un prisme qui se développe dans toute cette longueur, sur laquelle sont marquées des divisions. Dans la fusée terminée, le prisme de composition communique, d'une part, à la chambre *a*, où l'amorce reçoit le feu pour le transmettre au prisme, lequel brûle dans toute sa longueur, et communique à son extrémité, par un petit canal intérieur appelé *lumière*, avec la chambre inférieure *d* (fig. 4), qui donne le feu à la charge de l'obus.

Chargement de la fusée.

Pour charger la fusée, on commence par introduire dans la lumière *e* (fig. 4), qui, comme nous l'avons dit, communique avec la chambre intérieure, un brin de mèche de communication qui doit boucher presque entièrement la lumière, et aboutir, par un bout, dans le canal, et, par l'autre, dans la chambre inférieure.

Cette chambre est alors chargée de poudre, et couverte d'une forte plaque circulaire. Le bord de la chambre est refoulé sur cette plaque pour la fixer.

La composition de la fusée consiste dans une quantité constante de pulvérin qui est pesée dans une balance très juste et très sensible. On verse la composition dans le canal, et on a soin de l'égaliser pour en former une couche d'une épaisseur uniforme ; on la couvre d'une virole en plomb qui doit entrer un peu à force dans le canal.

La composition est alors comprimée par l'action d'un balancier.

Pour cela, la fusée est placée dans un moule en acier fondu, disposé de manière à convenir à cette destination.

Ce moule est composé de deux parties : l'une, inférieure, pour le dessus de la fusée ; l'autre, supérieure, pour le dessous. La partie inférieure porte l'échelle des divisions, qui se grave sur la surface annulaire *b c*. La profondeur jusqu'à laquelle la saillie de la partie supérieure du moule entre dans le canal, est constante, et réglée par expérience.

Le balancier ayant agi, et la composition étant comprimée sous la virole en plomb qui la recouvre, on saupoudre la partie du canal restant vide, et le bord de la chambre inférieure, avec de la colophane pulvérisée, et on remplit incomplètement le canal de plomb fondu.

On gratte les bords du canal, et on y applique une forte couche de soudure ordinaire, alliage de parties égales de plomb et d'étain, de manière qu'il soit hermétiquement fermé ; alors la partie inférieure de la fusée est terminée, il reste à préparer la partie supérieure.

Jusqu'à présent, il n'existe pas de communication entre la chambre supérieure a et le prisme de composition comprimée b c. Pour établir cette communication, on enlève la petite saillie f (fig. 2) qui existe dans l'intérieur de cette chambre ; on y place alors trois ou quatre brins de mèche de communication d'un fil très fin ; on remplit le reste du vide de pulvérin, on applique dessus une plaque circulaire en plomb de peu d'épaisseur; et, de même que pour la chambre inférieure, on refoule les bords sur la plaque, et on met par-dessus une couche d'huile blanche.

Pour rendre l'échelle de division bien visible, et pour la mieux conserver, on la recouvre d'un vernis transparent ; alors la fusée est achevée, et peut se conserver longtemps sans aucune détérioration.

Placement de la fusée dans l'œil de l'obus.

On peut remarquer que la partie de la fusée qui doit être mise en contact avec les parois de l'œil, est formée en partie par des rainures; elles ont pour objet de fournir des moyens d'adhérence. On enduit d'abord les rainures de la fusée avec une couche de mastic ; puis on les remplit de fils de chanvre, de manière que les vides en soient comblés , et que pourtant la fusée puisse encore entrer dans l'œil sans difficulté. On ajoute alors une couche de mastic sur le chanvre , et la fusée est telle qu'on l'introduit dans l'œil de l'obus.

L'obus employé en Belgique, pour le tir des shrapnels, est l'obus ordinaire de 15 c. Seulement on modifie l'œil, qui, dans une partie de sa profondeur, est élargi et muni de rainures analogues à celles qui existent sur la fusée.

Les dimensions de la partie élargie doivent permettre à la fusée d'entrer facilement jusqu'au fond, et d'y être placée de telle sorte que la surface de l'échelle soit au-dessous du niveau de la partie supérieure de l'œil, et que cependant la partie supérieure de la fusée dépasse un peu la surface du projectile.

Il est indispensable au succès du tir que le métal qui reste au-dessous de l'élargissement pratiqué à l'œil de l'obus ne soit pas trop mince.

L'obus étant chargé du plus grand nombre possible de balles d'infanterie (environ 130 de $16^{mm},5$, qui sont de 38 au kilogramme) ; et de 200 grammes de poudre mêlée avec les balles ; on met près de l'œil quelques brins de mèche et, avant d'introduire la fusée, on fait subir à l'œil du projectile une préparation.

Pour cela on compose avec du sulfate de chaux pulvérisé et humecté de vinaigre un mastic dont on remplit les rainures de l'œil de l'obus en prenant des précautions pour ne pas humecter la mèche qui est à la partie supérieure de l'obus.

Cela fait, on place avec soin la fusée de manière que son axe soit exactement confondu avec l'axe de l'œil, et on l'enfonce à l'aide du chasse-fusée jusqu'à ce qu'elle porte sur la saillie ménagée dans l'œil pour lui servir de support.

Le projectile étant ainsi muni de sa fusée, il est bon d'attendre, avant de l'employer, que le mastic se soit durci.

Ensabottage de l'obus-shrapnel.

Le projectile est ensabotté de manière que l'axe de la fusée, fasse avec celui du sabot un angle de 30°.

Placement dans l'âme.

On place le projectile dans l'âme de telle‾sorte , que la chambre supérieure de la fusée *a* se trouve dans la partie supérieure ; en d'autres termes : que le centre de cette chambre *a* soit en haut et dans le plan vertical qui passe par l'axe de la pièce.

Ce mode de placement de la fusée a pour but d'assurer l'inflammation de la fusée, nous dirons plus loin que nous sommes porté à croire qu'il y a probablement encore à cela un autre but dont on fait mystère.

Décoiffer la fusée.

Pour décoiffer la fusée de manière qu'elle ait la plus grande durée possible, il suffit d'enlever la plaque de plomb qui recouvre la chambre *a*, et de faire sortir la mèche. Mais quand il s'agit de tirer à une distance moindre que la plus grande , l'opération ne s'exécute plus de même.

D'après la distance à laquelle on suppose l'ennemi , et où l'on veut tirer, on sait le nombre de divisions de l'anneau de composition *b c* qui doivent brûler pour produire l'éclatement à cette distance ; les divisions sont marquées sur l'anneau *b c*, à partir du point final *b* ; dès-lors il ne s'agit plus que de découvrir la composition au numéro de l'échelle déterminé par la distance. Cette opération se fait avec un ciseau en bronze que l'on appuie dans la partie basse *o*, et qu'il suffit de pousser vers l'extérieur de la fusée, de telle manière que l'angle droit du ciseau corresponde au point de division déterminé par la distance. La couche de plomb est précisément d'une épaisseur assez mince pour que cette opération mette à nu la composition.

Inconvénients que nous paraît présenter la fusée Bormann.

On a pu voir, d'après la description que nous venons de donner, comment cette fusée repose sur l'idée heureuse de développer horizontalement la composition placée habituellement dans un tube vertical. La fusée Bormann est la seule qui, étant placée à l'avance dans le projectile, puisse être réglée fort juste pour faire éclater ce projectile à la distance que l'on veut.

Nous sommes très disposé à admirer dans cette fusée, bien plus encore les moyens d'exécution que l'idée première. La fabrication de cette fusée est en quelque sorte un art complet, et l'inventeur a dû avoir à vaincre des difficultés sans nombre avant de la voir réussir dans la pratique ; surtout avant d'arriver, au point d'obtenir, comme on assure, une confection peu coûteuse et nullement dangereuse.

Cette fusée est donc très ingénieuse, et peut avoir beaucoup d'avenir ; mais elle offre cependant deux graves inconvénients.

Enlever avec le ciseau de bronze une certaine étendue du plomb qui recouvre la composition, n'est pas, en soi, une opération bien difficile ; mais l'enlever juste au point indiqué demande un grand sang-froid et une certaine adresse qui nous paraissent peu compatibles avec l'émotion du combat. Ajoutons que s'il fait froid, il doit devenir difficile, même à un homme exercé, d'enlever le métal au point juste où il convient. Du reste, il vaudrait bien mieux, suivant nous, tracer sur la fusée les mêmes signes que sur la hausse, en imitant en cela la pratique des Anglais, que d'employer la division par temps de combustion , qui exige de la réflexion, du calcul, et qui, par suite, peut entraîner beaucoup d'erreurs.

Le second inconvénient, inhérent à la fusée Bormann, consiste en ce que l'amorce de cette fusée ne sert que dans le cas où la fusée doit avoir sa plus grande durée ; dans tous les autres cas, la composition doit prendre feu directement, et sans amorce, par une petite surface d'une matière très comprimée. Il nous paraît, à cause de cela, devoir se produire beaucoup de ratés. Pour les éviter, on dit que M. Bormann commence toujours par décoiffer la chambre *a* de la fusée, sauf à faire ensuite l'incision à la distance convenable. Sans doute ce moyen peut être bon pour éviter que le projectile n'éclate pas du tout ; mais il ne doit pas produire les avantages que l'on cherche dans la graduation. Du reste, il ne nous paraît pas impossible que cette fusée puisse être, sous ce rapport, perfectionnée, et que l'on parvienne à amorcer les parties de la composition mises à découvert.

Si nous comparons l'opération pratique de la fusée en Belgique, avec ce qu'elle est en Angleterre , nous voyons que les Anglais ont, sur le champ de bataille, à ôter un bouchon de liége , à mettre la poudre dans l'obus , et à placer la fusée ; tandis que les Belges n'ont qu'à décoiffer la fusée, et à enlever une faible épaisseur de plomb au point correspondant à la distance présumée de l'ennemi. La pratique belge est plus simple que celle des Anglais, mais elle exige beaucoup plus de précision et devient, par suite, beaucoup plus difficile à exécuter exactement ; en supposant toutefois que le placement de la fusée anglaise soit une opération aussi facile qu'on le dit. Si la fusée belge offre l'avantage de faire varier les distances d'explosion beaucoup plus que ne peuvent le faire les trois ou quatre fusées anglaises , elle nous paraît avoir l'inconvénient de rendre probablement l'erreur plus fréquente.

A quoi il faut ajouter la chance plus grande des **ratés** , ou au moins d'une explosion intempestive. En résumé, dans l'état actuel des choses telles que nous les savons, les fusées anglaises, éprouvées dans toutes les bouches à feu, et pour tous les calibres, nous paraissent offrir plus de sécurité et de garantie d'un bon service, que la fusée belge , qui n'a été employée qu'à un nombre plus restreint d'expériences exécutées dans des bouches à feu du même calibre , l'obusier de 15 c.

D'après cela nous serions d'avis, pour les expériences à exécuter en France, de commencer par s'assurer les résultats obtenus en Angleterre, sauf à faire ensuite des essais avec la fusée Bormann, qui nous paraît devoir donner, avec quelques perfectionnements, de très bons résultats.

Moyen d'obtenir plus de justesse dans le tir. — Centrage des projectiles.

On a pu voir précédemment que Decker s'appuie. pour révoquer en doute les résultats des expériences de Brasschaët, sur l'extraordinaire justesse de tir qui s'y rencontre. D'un autre côté, on n'a peut-être pas perdu de vue que Decker dit lui-même que l'artillerie prussienne est arrivée, depuis quelques années, à lancer des obus avec une précision extraordinaire.

En rapprochant ces faits , nous avons été conduit à prendre quelques informations qui nous ont amené à des conjectures que nous ferons connaître, parce qu'elles pourraient devenir en France la base d'essais qui ne seraient peut-être pas sans importance.

Le moyen employé par M. Bormann pour obtenir dans le tir des shrapnels une justesse remarquable , moyen dont il n'a pas parlé , pourrait bien être le même que celui dont l'artillerie prussienne fait, dit-on, un grand mystère. Ce procédé paraît consister dans le centrage des projectiles, tel que l'a inventé et pratiqué en France, il y a plus de vingt ans, et pour des expériences balistiques, M. le colonel Aubertin. On pose le projectile sur un bain de mercure; il s'y place de manière que son centre de gravité soit au-dessous du centre de figure; et si l'on marque le point qui, dans cette position, forme le sommet du projectile, on a son *pôle léger*; le *pôle lourd* est à l'autre extrêmité de ce diamètre, sur lequel se trouve le centre de gravité.

On connaît le moyen de mesurer la distance du centre de gravité au centre de figure, en plaçant au pôle léger un poids tel, que le diamètre mentionné reste horizontal pendant que le projectile est soutenu sur le mercure. Cela est connu, et nous n'avons pas besoin de le décrire; mais ce que nous pouvons dire, c'est qu'il paraît que les Prussiens, sachant comme nous depuis longtemps que la rotation des projectiles dans l'air est la principale cause de leurs déviations, déviations fort irrégulières, parce que la rotation a lieu dans des sens variables d'un projectile à l'autre, ont entrepris de fixer cette rotation, et même de l'utiliser en déterminant, comme nous l'avons dit, le centre de gravité, et en le plaçant toujours de la même manière dans l'âme. On conçoit combien cela est facile, puisqu'il suffit de marquer le pôle léger, d'avoir l'attention de le placer toujours de la même manière dans l'ensabottage, et de l'indiquer par un trait fait sur le sabot.

Nous ignorons, du reste, comment les artilleurs prussiens placent ce centre de gravité. Mettent-ils *l'axe* du projectile dans le sens de l'axe de la pièce? ou ne le placent-il pas plutôt dans le plan vertical de tir? Nous ne le savons pas, et nous n'avons pas l'intention de rechercher ici, à l'aide de la théorie, ce qui doit sembler plus avantageux, l'expérience pouvant seule devenir entièrement concluante.

On dit aussi qu'au lieu de chercher, comme on l'a fait par le passé, à diminuer l'excentricité du projectile, on est parvenu à utiliser cette excentricité, et que cela a même conduit à l'augmenter.

Ainsi, il paraît qu'on a fixé une certaine masse de plomb sur un des points de la circonférence intérieure de l'obus ou de la bombe, de manière à accroître beaucoup l'excentricité, et à la régulariser pour tous les projectiles de même calibre. On place ensuite le projectile dans l'âme, afin que le diamètre sur lequel est situé ce centre de gravité soit dans le plan vertical de l'axe de la bouche à feu. On augmente ou l'on diminue les portées, suivant qu'on met le centre de gravité en bas ou en haut ; et cela, d'une manière si notable, qu'on peut, à ce qu'on assure, obtenir ainsi, non seulement des portées plus régulières, mais des portées doubles des portées moyennes actuelles, c'est-à-dire de celles que l'on obtient quand le projectile ne reçoit aucun mouvement de rotation.

Que ce soit de cette manière ou autrement que les Prussiens aient obtenu la justesse, qu'on dit très remarquable, du tir de leurs obusiers courts avec de petites charges, le centrage des projectiles tel que nous venons d'en donner l'idée, nous paraît, dans tous les cas, un sujet d'expériences très intéressant. Il n'offrirait pas, après tout, une grande complication ; et, si l'on y trouvait des avantages suffisants, on pourrait probablement l'effectuer dans les forges, sans que le service usuel en devînt ni plus difficile, ni plus compliqué qu'il n'est aujourd'hui.

Quelques expériences sur des projectiles excentrés d'après la méthode que nous venons d'expliquer ont été faites à Metz, en 1840, par M. le général Paixhans, et ont eu, dit-on, un heureux succès.

De la marche à suivre dans les recherches relatives au tir des shrapnels.

Maintenant que le lecteur connaît toutes les difficultés qu'il faut surmonter pour arriver à pratiquer d'une manière efficace le tir des shrapnels, nous dirons quelques mots de la marche qu'il nous semble convenable de suivre pour profiter des notions acquises et arriver de la manière la plus sûre à un résultat utile.

Aucune artillerie n'est parvenue à rendre la confection et l'usage des shrapnels aussi simples et aussi faciles que cela a lieu chez nous pour les projectiles ordinaires. Ne vouloir introduire aucune complication particulière, même dans les essais, ce serait peut-être renoncer à connaître des effets qu'on ne pourrait pas produire sans cela. Il faut donc consentir à accepter d'abord toutes les difficultés qui résultent chez les étrangers de la pratique de ce tir, et quand on sera parvenu à reproduire tous les résultats qu'ils ont obtenus, il restera à voir si ces résultats compensent les inconvénients d'un service exceptionnel et compliqué, et ensuite à chercher s'il n'est pas possible de simplifier ce tir et de le faire rentrer sous les lois de simplicité et d'uniformité qui régissent aujourd'hui notre artillerie.

Nature du métal.

La première question qui se présente est celle de savoir quelle est la nature du métal qui convient le mieux au shrapnel. Nous avons vu que les Anglais ont fait sur ce sujet de nombreuses recherches qui pourront peut-être abréger les nôtres. Ils emploient actuellement une fonte qui leur permet de donner au projectile une très faible épaisseur, de sorte qu'il contient un grand nombre de balles, et résiste néanmoins à l'action d'une charge très forte. Or, on sait que le nombre et la vitesse des balles sont les

deux éléments qui constituent la puissance de l'effet du projectile.
La nature du métal est donc un objet d'une grande importance,
et l'on ne devra pas se tenir pour satisfait tant qu'on ne sera pas
parvenu à trouver une fonte qui résiste aussi bien que celle des
Anglais.

Il importe à cause de cela de soumettre la réception de ces
projectiles à des épreuves particulières, et plus sévères que celles
des obus ordinaires.

Forme de l'obus.

Les artilleries qui ont tiré des shrapnels ont modifié la forme
des obus ordinaires. Decker a passé en revue toutes les formes
employées, et nous ne voulons pas y revenir. Nous dirons
seulement que la saillie intérieure pratiquée autour de l'œil
des shrapnels, comme on le fait en Angleterre, nous paraît avoir
un autre usage que celui qu'on lui attribue. Decker pense que
cette saillie sert seulement à prolonger l'œil pour augmenter la
surface de contact de la fusée ; nous croyons que ce prolongement remplit un autre objet plus important : son effet principal
est de supporter le choc des balles lorsque le projectile est frappé
par les gaz de la poudre, et d'éviter à la fusée ce choc auquel la
fusée anglaise ne pourrait pas résister, puisqu'elle est introduite
dans l'œil par un faible effort. Nous attachons quelque importance
à cette observation, parce qu'elle nous paraît nécessaire pour gui-
der dans la recherche des modifications à introduire dans la forme
de l'obus.

Introduction des balles dans l'obus.

Nous n'avons pu nous procurer aucun renseignement sur la
manière dont cette opération se pratique, soit en Angleterre, soit
chez les puissances qui sont les plus avancées dans l'art des shrapnels.

Tout ce que nous savons, c'est que les Anglais y apportent des soins particuliers, et que cette opération a une influence sur le succès définitif.

Il importe beaucoup que les balles laissent le moins de vide possible, et qu'elles soient très serrées dans l'obus, non-seulement parce qu'un plus grand nombre de balles produit plus d'effet, mais aussi parce que le mouvement des balles dans l'obus devient moindre. Or, ce mouvement occasione plusieurs accidents, et peut déformer les balles, chasser la fusée, faire éclater le projectile, nuire à la régularité du tir de l'obus, et à l'effet des balles, par suite de leur déformation.

Pour remédier à ces inconvénients, on a quelquefois employé, dans chaque projectile, des balles de diverses grosseurs. Dans les calibres très forts, dans ceux des obusiers de 16 et de 22 centimètres, il paraît que le tir produit toujours une déformation considérable pour un grand nombre de balles ; il pourrait peut-être dès-lors y avoir de l'avantage à les soumettre dans ce projectile à une pression considérable qui, en les déformant un peu à l'avance, et en permettant d'en introduire un plus grand nombre, donnerait peut-être, après le tir, une déformation moindre que celle qui a lieu.

Quelle que soit, au reste, la valeur de cette idée, à laquelle nous n'attachons pas d'importance, nous signalons comme un des points importants pour la pratique, l'introduction dans les shrapnels du plus grand nombre possible de balles, parce que nous pensons que que cet objet mérite d'attirer l'attention, et d'exciter les recherches.

Poudre à mettre dans l'obus.

Decker nous a dit, à l'occasion des expériences faites dans le Wurtemberg, que l'on n'était parvenu à éviter complètement les éclatements des projectiles dans l'âme de la pièce qu'en mettant dans le shrapnel une poudre moins inflammable que la poudre ordinaire.

Il paraît en effet certain que, dans les projectiles de gros calibre principalement, le frottement des balles à l'intérieur, soit l'une contre l'autre, soit contre les parois, produit une chaleur suffisante pour enflammer la poudre ordinaire. Cet effet doit se produire d'autant plus, que la charge de la pièce est plus forte, et que le calibre est plus gros. Les artilleries qui n'ont essayé le tir des shrapnels que dans les petits calibres, et avec des charges faibles, ont pu ne pas éprouver ces accidents, qui sont devenus fréquents toutes les fois qu'on a tiré des shrapnels de gros calibres, comme sont ceux de 16 et de 22 centimètres.

On a vu que les Anglais tirent des shrapnels dans leurs plus gros calibres ; ils les tirent dans toutes leurs pièces de campagne et de siége avec des charges plus fortes que celles qui sont employées ailleurs ; ils ont, par conséquent, dû rencontrer et surmonter cette difficulté Nous rappellerons que les Anglais n'introduisent la poudre dans le shrapnel qu'au moment de le tirer. Du reste, bien que faisant un grand mystère de tout ce qui concerne ces projectiles, ils ont eux-mêmes fourni beaucoup de renseignements sur ce sujet ; seulement, ils n'ont jamais laissé supposer qu'ils pussent mettre dans le projectile autre chose que la poudre ordinaire, et il a fallu des expériences nombreuses sur le continent pour faire soupçonner ces faits. Tout cela nous porte à croire que les Anglais, comme les Wurtembergeois, mettent dans les shrapnels une autre composition que celle de la poudre ordinaire. Mais quelle peut être cette composition ?

Quoique les Wurtembergeois aient sur cet objet gardé le secret, on dit en Allemagne qu'ils ont seulement modifié les proportions de la poudre ordinaire, et qu'ils emploient dans les shrapnels, ou une composition de salpètre et de charbon sans soufre, ou peut-être une composition des trois substances dans laquelle il entre très peu de soufre.

Si l'on veut faire des expériences sur des poudres binaires, composées de salpêtre et de charbon, ou des poudres dans lesquelles le soufre entre en petite quantité, on peut consulter les mémoires de Proust, sur la poudre à canon ; on y voit que l'emploi du charbon de chanvre offre de grands avantages sur le charbon ordinaire, et aussi que la composition de 1 de salpêtre et $\frac{1}{9}$ de charbon réussit assez bien, mais exige quelques précautions particulières, et que cette poudre s'altère assez facilement par l'humidité.

Fusées.

Les fusées en usage en France, pour les projectiles creux, ne conviennent nullement aux shrapnels, et les expériences qui ont été faites sur la fusée Parisot nous persuadent que nos fusées ne pourront guère, quelque modification qu'on leur fasse, s'adapter à ce genre de tir. Il nous paraît tout-à-fait nécessaire de recourir à un autre moyen de communiquer le feu, moyen qui, pour remplir son objet, doit être plus perfectionné, et, par suite, peut être beaucoup plus compliqué. Nous sommes aujourd'hui presque les seuls en Europe qui ayons conservé, pour le tir ordinaire des obus, une fusée placée à l'avance, et dont la longueur ne varie jamais avec la distance du but, avec la position de l'ennemi. Notre pratique, plus simple que toutes les autres, nous donnera-t-elle à la guerre, des résultats meilleurs que ceux des autres artilleries? nous ne le pensons pas ; et tout ce que nous avons vu sur ce sujet nous fait croire que l'état actuel des fusées de nos projectiles creux appelle une réforme radicale. Nous n'avons donc qu'à nous réjouir d'être en quelque sorte contraints à expérimenter d'autres fusées que les nôtres.

Nous serions assez d'avis de faire des essais sur toutes les fusées qui ont été précédemment décrites ; mais cependant, comme il est ici tout particulièrement question du tir des shrapnels, nous ferons observer que les Anglais ont là-dessus une expérience bien supérieure à celle des autres ; ils sont les seuls qui tirent des shrapnels de tous calibres ; aussi pensons-nous que ce sont leurs fusées que nous devons expérimenter d'abord. C'est pour faciliter ces épreuves que nous avons donné de nombreux détails sur la fabrication de ces fusées. Malheureusement, leur pratique s'éloigne beaucoup de la nôtre, soit pour la construction, soit pour le service ; mais il ne faut pas oublier que le seul moyen sûr d'arriver à un résultat meilleur que celui de nos voisins, c'est de partir du point où ils sont, avant de chercher à aller au-delà. Ne nous laissons donc pas détourner de ces essais par ce qui nous paraît étrange et défectueux dans des habitudes différentes des nôtres ; rappelons-nous d'ailleurs que les shrapnels exigent peut-être , comme on l'admet en Angleterre, la mise en œuvre de l'industrie la plus perfectionnée. Quant nous connaîtrons bien les conditions attachées à leur emploi, nous serons libres d'en faire usage ou d'y renoncer, tandis que jusque-là nous ne pouvons pas juger avec connaissance de cause, des effets que nous ne savons pas produire.

Pour imiter les Anglais dans la construction de leurs fusées, il faut renoncer à les faire construire par des hommes peu exercés ; il faut y employer longtemps les mêmes ouvriers, et les ouvriers les plus habiles.

Charges de tir.

Nous savons combien il importe de tirer les shrapnels avec la plus forte charge possible. Deux considérations limitent cette charge : celle du projectile, qui doit résister avec une faible épaisseur ; puis celle de la pièce et de son affût, qui peuvent, quand ce sont des obusiers, avoir à souffrir du tir, à forte charge , d'un projectile beaucoup plus lourd que l'obus ordinaire.

But que l'on doit se proposer dans les expériences. —
Disposition des panneaux.

Decker ne nous paraît pas avoir envisagé sous son véritable
point de vue le but que l'on doit se proposer dans les expériences
sur le tir des shrapnels. En agissant comme Decker le prescrit, on
déterminerait pour chaque distance la hausse et la longueur de
fusée qui donnent le maximum d'effet , soit contre une troupe
en colonne, soit contre une troupe en ligne , et l'on s'efforcerait
d'augmenter ce maximum. Ce n'est pas là, à notre avis, se rappro-
cher, autant qu'on le peut, de la pratique ; car, en supposant qu'on
ait très bien réussi, on sera arrivé à un résultat qui n'aura pas de
fréquentes applications à la guerre , où la distance est très variable, et où l'on ne la connaît presque jamais exactement. Ajoutons
que les troupes n'y sont pas correctement rangées comme des
panneaux ; les lignes sont formées de plusieurs rangs, quelques hommes sont placés en avant, et d'autres en arrière ; les
lignes, comme les colonnes, sont souvent précédées ou entourées
de tirailleurs ; il s'opère dans cette masse d'hommes, un certain
mouvement. C'est en vue de ces circonstances qu'il serait surtout
utile d'améliorer le tir, et les shrapnels y sont, sous certains rapports, admirablement propres. Les balles, devenues libres , forment une gerbe variable et irrégulière , mais qui peut aller frapper sur un grand espace. Ainsi, quand Decker, après avoir rangé
ses panneaux, regarde comme inutiles les balles qui n'y ont pas
frappé, il est hors de la pratique, puisqu'à la guerre ce pourrait
être celles-là qui auraient atteint l'ennemi. L'effet qu'il faut s'efforcer de produire, c'est que les balles se meuvent de manière à
avoir beaucoup de chance d'atteindre, et il est à désirer, pour
cela, que chacune des balles tombe sur le terrain , sous un angle
fort petit, pour qu'elle puisse atteindre un homme dans une
grande étendue de son parcours. Sous ce rapport, par exemple,
le shrapnel qui éclate peu après avoir touché terre , a certains
avantages, puisque les balles peuvent atteindre un homme, soit
dans leur branche ascendante, soit dans leur branche descendante.

Cette manière d'envisager la question du tir des shrapnels conduit à chercher, non pas à produire un effet maximum sur une ou plusieurs lignes de panneaux , mais à étendre le plus possible, après l'éclatement, l'action de la gerbe des balles. C'est dans ce sens pratique que les Anglais paraissent avoir envisagé le tir des shrapnels dans les expériences exécutées en 1814, sur la plage sablonneuse de Mont's-Bay ; ils distinguaient le point de chute de chaque balle, et, en tirant un certain nombre de coups avec la même hausse, et la même longueur de fusée , ils ont pu reconnaître l'étendue dans lequel ce tir se trouvait efficace, et déterminer le degré d'efficacité dans chacune des parties de cette étendue. C'est ainsi qu'ils sont arrivés à réduire le nombre des fusées dont ils faisaient usage.

Pour améliorer le tir réellement pratique, il faut ne pas perdre de vue qu'à la guerre, il n'y a probablement pas, moyennement, un coup de canon qui porte sur cinquante, et que, si ce nouveau projectile donnait moyennement un homme tué ou blessé, sur vingt coups, il produirait un avantage.

Nous concluons, de tout ce que nous venons de dire, qu'il faut s'efforcer, dans les expériences sur le tir des shrapnels, d'observer les points de chute de toutes les balles. Si l'on ne peut pas les observer sur le sol , il faut placer beaucoup de panneaux, et les disposer de telle manière qu'ils reçoivent le plus grand nombre possible de balles ou d'éclats, afin que l'on puisse se rendre bien compte de leur dispersion et de leur force.

ADDITION CONCERNANT LES EXPÉRIENCES FAITES EN ANGLETERRE.

L'impression terminée , nous avons reçu communication d'épreuves faites en Angleterre en 1814 et 1819, et qui ajoutent beaucoup à ce qu'on lit à ce sujet dans le présent ouvrage. C'est à l'extrême obligeance de M. le colonel Piobert que nous devons ce précieux document, extrait d'un rapport fait à la suite d'une mission confiée à cet officier, en 1826, et remplie avec un talent digne d'une haute réputation.

Boîtes à balles

Table du nombre de coups tirés par chaque pièce d'artillerie, avec la quantité
d'éclats qui ont frappé ou se sont

Calibre des pièces.	Distance en yards (1).	Boîtes sphériques					Nombre de balles lancées.	Balles qui ont touché le premier but.
		éteintes.	éclatés dans l'âme.	éclatés dans la butte.	qui ont réussi.	nombre total.		
24	650	8	1	1	20	30	3840	713
	900	4	4	1	21	30	3840	1204
	1100	8	6	//	26	40	5120	1264
18	650	6	1	3	20	30	2700	792
	900	6	//	1	23	30	2700	862
	1100	8	3	1	23	35	3150	662
12 moyen.	650	4	2	//	24	30	1890	566
	900	8	10	4	23	45	2835	592
	1100	6	10	2	42	60	3780	962
12 léger.	650	3	1	2	24	30	1890	327
	900	3	//	2	25	30	1890	488
	1100	//	3	6	21	30	1890	350
9	650	2	1	3	24	30	1230	335
	900	5	2	//	23	30	1230	405
	1100	3	//	1	26	30	1230	389
6 léger.	650	//	1	//	29	30	810	330
	600	1	//	6	23	30	810	182
	400	1	//	4	25	30	810	140
6 lourd.	650	7	//	4	19	30	810	149
	900	2	//	//	28	30	810	348
	1100	3	1	2	24	30	810	243
3 lourd.	650	4	//	//	26	30	389	91
	900	12	//	//	18	30	420	42
3 léger.	650	3	//	//	12	15	210	50
	900	1	//	//	14	15	210	20

(1) Le yard équivaut à 0 m. 914.

sphériques.

de balles et les effets produits sur les buts, ainsi que le nombre de balles et logés dans ces buts sans les traverser.

Balles qui ont touché le 2ᵉ but.	Proportion de l'effet sur le 1ᵉʳ but.		Proportion de l'effet sur le 2ᵉ but.		Balles qui ont touché les deux buts et s'y sont logées sans traverser.
					sur
1391	pas	1/5	plus de	1/3	209 — 2004 = 0,102
1781	pas	1/3	moins de	1/2	395 — 2985 = 0,132
1986	environ	1/4	moins de	2,5	505 — 3250 = 0,156
1278	pas	1/3	pas	1/2	274 — 2070 = 0,131
1619	presque	1/5	pas	3/5	364 — 2481 = 0,145
1035	plus de	1/5	pas	1/3	320 — 1697 = 0,188
1081	pas	1/3	moins	3/5	219 — 1647 = 0,133
1041	plus de	1/5	plus de	1/3	• 263 — 1633 = 0,161
1648	plus de	1/4	plus de	2/5	491 — 2610 = 0,188
740	plus de	1/6	moins	2/5	164 — 1067 = 0,150
1046	plus de	1/4	pas	3/5	224 — 1534 = 0,145
673	moins de	1/5	plus de	1/3	189 — 1023 = 0,185
718	plus de	1/5	plus de	3/5	114 — 1053 = 0,108
587	environ	1/3	moins	1/2	166 — 992 = 0,167
588	moins de	1/3	pas	1/2	196 — 997 = 0,200
550	plus de	2/5	plus de	2/3	148 — 880 = 0,168
336	moins de	1/4	plus de	2/5	101 — 518 = 0,195
269	plus de	1/6	plus de	1/3	106 — 409 = 0,260
377	moins que	1/5	pas	1/2	68 — 526 = 0,129
331	plus de	2/5	pas	2/3	159 — 679 = 0,234
400	pas	1/3	environ	1/2	126 — 643 = 0,195
160	pas	1/4	plus de	2/5	35 — 251 = 0,135
64	pas	1/10	plus de	1/7	44 — 106 = 0,405
111	pas	1/4	plus de	1/2	23 — 161 = 0,142
52	pas	1/10	plus de	1/4	27 — 72 = 0,375

Désignation des bouches à feu.	Distance de la batterie.	Boîtes à balles sphériques					Nombre de balles lancées.	Balles qui ont touché le 1er but.
		éteintes.	éclatées dans l'âme.	éclatées dans la butte.	qui ont réussi.	qui ont été lancées.		
Caronade de 68	650	//	2	//	13	15	5055	1651
	900	1	//	//	14	15	5094	900
	1100	2	1	//	8	11	5770	868
Caronade de 24	650	//	//	3	12	15	1920	622
	900	//	//	//	5	5	640	56
Obusier léger de 5° 1/2	650	//	//	//	15	15	1920	150
	900	//	//	//	11	11	1408	44
	1100	//	//	1	6	7	896	//
Obusier lourd de 5° 1/2	650	//	1	1	13	15	1920	229
	900	//	4	5	11	20	2560	145
	1100	//	//	6	14	20	2560	55
	1200	//	//	1	4	5	640	3
Obusier de 12 du col. Miller	1200	//	//	1	9	10	630	80
	1100	//	//	//	10	10	630	142
	1100	1	//	//	9	10	630	55
	900	//	1	//	9	10	630	142
	900	//	1	//	5	6	378	184
Obusier de 24 du col. Miller	1200	//	//	//	5	5	640	5
	1200	1	//	4	5	10	1280	113
	1100	//	4	//	11	15	1920	196
	1100	//	//	2	8	10	1280	409
	900	//	8	3	10	21	2688	161
	650	//	1	//	14	15	1920	460
Obusier de 8° du col. Miller	1100	//	1	//	14	15	5655	593
	900	//	//	//	5	5	1885	710
	650	//	//	5	10	15	5655	921

Balles qui ont touché le 2e but.	Proportion de l'effet sur le 1er but.		Proportion de l'effet sur le 2e but.		Balles qui ont frappé les deux buts ou s'y sont logées sans traverser.
					sur
2463	moins de	1/3	plus de	2/5	641 — 4114 = 0,156
1700	plus de	1/2	plus de	1/3	629 — 2600 = 0,241
1818	pas	1/4	pas	1/2	381 — 2686 = 0,141
929	moins de	1/3	moins de	1/2	294 — 1551 = 0,189
119	plus de	1/2	pas	1/3	58 — 175 = 0,332
346	pas	1/6	pas	2/5	223 — 496 = 0,450
96	pas	1/32	moins de	1/14	82 — 140 = 0,585
30			environ	1/30	12 — 30 = 0,400
930	moins de	1/8	pas	1/2	222 — 1159 = 0,192
238	environ	1/18	pas	1/10	108 — 383 = 0,283
191	environ	1/46	plus de	1/13	68 — 246 = 0,276
47	environ	1/213	plus de	1/14	15 — 50 = 0,300
//	plus de	1/8	*un seul but.*		35 — 80 = 0,440
218	moins de	1/4	plus de	1/3	86 — 360 = 0,240
//	plus de	1/4	*un seul but.*		40 — 55 = 0,728
279	moins de	1/4	plus de	2/5	111 — 421 = 0,265
372	pas	1/2	presque tout.		93 — 556 = 0,168
72	pas	1/128	environ	1/9	20 — 77 = 0,260
//	*un seul but.*		*un seul but.*		14 — 113 = 0,124
510	plus de	1/10	plus de	1/4	219 — 706 = 0,311
//	pas	1/3	*un seul but.*		77 — 404 = 0,188
565	plus de	1/17	plus de	1/5	192 — 726 = 0,265
830	plus de	1/4	plus de	2/5	246 — 1290 = 0,206
1013	plus de	1/9	plus de	1/6	656 — 1606 = 0,406
872	pas	2/5	plus de	2/5	435 — 1582 = 0,275
1333	pas	1/6	moins de	1/4	679 — 2254 = 0,303

Table des charges, angles de tir, élévation des pièces et longueur des fusées pour le tir des boîtes à balles sphériques,
d'après l'ensemble des expériences de Woolwich, 1819.

Distance de la batterie	24			18			42 moyen			42 léger			9			6 lourd			6 léger			3 lourd		
	6 p.		130 b.	5		90 b.	4 1/2		63			63	3 p.		41			27			27			11
	charges	angles de tir	longueur des fusées	charges	angles	longueur des fusées	charges	angles	fusées	charges	angles	fusées	charges	angles	fusées	charges	angles	fusées	charges	angles	fusées	charges	angles	fusées
yar.		°	pou.		°	po.		°	pou.		°	po.		°	p.		°	po.		°	"		°	·
650	6	1 1/4	0,2	4 1/2	1 1/4	0,2	4	1 1/4	0,2	3	1 1/2	2,75	3	1 1/4	02.25	2	1 1/2	2,25	1 1/2	1 1/2	0,3	1	1 3/4	0,3
900	—	1 3/4	0,3.5	—	2	0,4	—	1 3/4	0,4	—	2	4,75	—	1 3/4	0,4	—	1 3/4	4,5	—	2	0,5	—	2 1/2	0,6
1100	—	2 1/2	0,5	—	3	0,5.75	—	2 1/2	0,5.75	—	3 1/4	6,5	—	2 1/2	0,6	—	2 3/4	6,5	—	2 3/4	6,5	—	"	"

Distance de la batterie.	3 léger 11			Caronade de 68 377 4			Obusier de 8° du col. Miller 377 2 1/2			Obusier de 5° 1/2 lourd 130 2 1/2			Obusier de 24 du col. Miller 2 1/2			Obusier de 12 du colonel Miller 1/4			Obusier de 5° 1/2 léger			Caronade de 24		
	charges	angles	fusées	charges	angles	fusées	charges	angles	fusées	charges	angles	fusées	charges	angles	fusées	charges	angles	fusées	charges	angles	fusées	charges	angles	fusées
yards.	on	°	pou.		°	pou.		°	pou.		°	pou.		°	pou		°	..		°	pou.			pou.
650	12	2	0,3	4	2 1/2	0,4	4	2 3/4	0,4.5	2	3 1/4	0,4.5	2 1/2	2	0,3	1 1/4	2 1/4	0,3	1	5 3/4	0,6	2	"	0,3.75
900	—	3 1/4	0,6"	—	3 1/2	0,6	—	3 1/2	0,6	—	4 3/4	0,6.5	—	3	0,5	—	3 1/2	0,5.5	—	8	0,9	—	"	0,6
1100	"	"	"	—	5	0,8.5	—	6	1,0	—	6 1/4	0,8.5	—	4	0,7	—	5	0,8	—	10	1,3.5	"	"	"
1200	"	"	"	"	"	"	"	"	"	—	7 1/2	1,1	—	5	0,8	—	5 3/4	0,9	"	"	"	"	"	"

EXPÉRIENCES

Tableau général du tir des

Bouches à feu.	Boites à balles sphériques					nombre de balles lancées
	éteintes	éclatées dans l'âme	éclatées dans la butte	qui ont réussi	nombre total	
Canons.. — en fer — 24............	20	11	2	67	100	12800
18............	20	4	5	66	95	8550
en bronze — 12 moyen....	18	22	6	89	135	8505
12 léger......	6	4	10	70	90	5670
9............	10	3	4	73	90	3690
6 { lourd..	12	1	6	71	90	2430
{ léger..	2	1	10	77	90	2430
3 { lourd..	16	//	//	44	60	809
{ léger..	4	//	//	26	30	420
Caronades.... { 68..........	1	3	//	36	40	14519
{ 24..........	//	//	3	17	20	2560
Obusiers. — en bronze — 5° ½ { lourd..	//	//	1	32	33	4224
{ léger..	//	5	13	42	60	7680
col. Miller { 12....	1	1	2	42	46	2898
{ 24....	1	13	9	53	76	9728
8° en fer, col. Miller	//	6	//	29	35	13195
Total..............	111	74	71	834	1,090	100,108

boîtes à balles sphériques.

Wolwich, 1819.

Balles et éclats		Proportion de l'effet	
qui ont touché le 1er but.	qui ont touché le 2e but.	sur le 1er but.	sur le 2e but.
3181	5158	pas 1/4	plus de 2/5
2317	3932	plus de 1/4	moins de 1/2
2120	3770	1/4	plus de 2/5
1165	2459	plus de 1/5	plus de 2/5
1129	1893	moins de 1/3	plus de 1/2
740	1308	moins de 1/3	plus de 1/2
652	1155	plus de 1/4	moins de 1/2
133	227	presque 1/6	plus de 1/4
70	163	1/6	presque 2/5
3419	5981	pas 1/4	plus de 2/5
678	1048	plus de 1/4	plus de 2/5
194	472	environ 1/21	environ 1/9
432	1406	plus de 1/18	plus de 1/6
603	1004	plus de 1/5	plus de 1/3
1344	2499	pas 1/7	plus de 1/4
2224	3218	pas 1/6	moins de 1/4
20,404	35,693	un peu plus de 1/5	plus de 1/3

Portées des boîtes a balles sphériques dans les canons de campagne.

| Fusées | | 12 moyen | | | 9 | | | 6 lourd | | | 6 léger | | | 3 lourd | | | Obusier de 5° 1/2 lourd | | |
| lettres | longueur | angle de tir | limites de la portée | | angle de tir | limites de la portée | | angle de tir | limites de la portée | | angle de tir | limites de la portée | | angle de tir | limites de la portée | | angle de tir | limites de la portée | |
			de	à		de	à		de	à		de	à		de	à		de	à
	pouces	degrés	yards	yards	degrés	yards	yards	degrés	yards	yards	degrés	yards	yards	degrés	yards	yards	degrés	yards	yards
B	0,2	1 1/4	660	960	1 1/4	640	920	1 3/8	630	880	1 1/4	570	800	1	370	530	2 3/4	330	590
C	0,3	1 3/4	820	1110	1 3/4	800	1060	1 7/8	780	1010	1 5/16	720	900	1 1/2	560	710	3 1/4	438	688
D	0,4	2 1/4	960	1230	2 1/4	930	1180	2 3/8	910	1120	2 1/4	845	1040	2	710	830	4	534	774
E	0,5	2 3/4	1080	1340	2 3/4	1050	1290	2 7/8	1025	1225	2 7/8	955	1145	2 9/16	830	960	4 3/4	622	852
F	0,6	3 1/4	1195	1445	3 1/4	1160	1390	3 7/16	1130	1320	3 3/8	1060	1240	3 1/16	930	1050	5 3/4	704	924
G	0,7	3 3/4	1305	1545	3 3/4	1260	1480	4	1230	1410	4	1160	1330	4	1020	1130	6 1/2	782	992
H	0,8	4 3/8	1415	1645	4 3/8	1360	1570	4 5/8	1325	1495	4 6/8	1255	1415	4 5/8	1100	1200	7 3/8	857	1060
I	0,9	5 1/16	1520	1740	5 1/4	1455	1655	5 1/4	1413	1573	5 1/4	1345	1500	5 1/4	1175	1265	8 1/4	930	1130
K	1,0	5 3/4	1620	1830	5 3/4	1550	1740	"	"	"	5 7/8	1430	1580	"	"	"	9	1002	1197
L	1,1	6 1/2	1720	1920	6 1/2	1640	1820	"	"	"	6 5/8	1510	1655	"	"	"	10	1070	1262
M	1,2	"	"	"	"	"	"	"	"	"	7 1/4	1585	1725	"	"	"	10 3/4	1140	1325

Fusées		12 léger			9			6			6		
lettres	longueur	de 5 pi. 0°, poids de 12 q. 31 l. 55 bal. av. 5 on. de pou.			de 6 pi. 0°, 13 q. 1/2 31. 35 balles et 4 on. de pou.			de 7 pi. 0°, poids de 12 q. 21. 22 balles et 3 on. de pou.			5 pi. 0°, de long. pesant 6 q. 4 l. 1/2 22 bal. et 3 on. de p.		
		angle	limites de la portée		angle	limites de la portée		angle	limites de la portée		angle	limites de la portée	
	pouces	degrés	yards	yards	degrés	yards	yards	degrés	yards	yards	degrés	yards	yards
A	0,1	1	350	680	1	460	780	1	440	720	1	380	640
B	0,2	1 3/8	540	840	1 3/8	640	920	1 3/8	630	880	1 3/8	570	800
C	0,3	1 7/8	700	980	1 7/8	800	1060	1 7/8	780	1010	1 7/8	720	930
D	0,4	2 3/8	840	1400	2 1/4	930	1180	2 3/8	910	1120	2 3/8	845	1045
E	0,5	2 7/8	965	1210	2 3/4	1050	1290	2 7/8	1025	1225	2 1/8	955	1145
F	0,6	3 1/2	1075	1310	3 1/4	1160	1390	3 3/8	1130	1320	3 1/2	1060	1240
G	0,7	4	1175	1400	3 3/4	1260	1480	4	1325	1410	4	1160	1330
H	0,8	4 5/8	1275	1490	4 3/8	1360	1570	4 5/8	1415	1495	4 5/8	1255	1415
J	0,9	5 1/4	1365	1570	5 1/8	1455	1655	5 1/4	1500	1575	5 1/4	1345	1500
K	1,0	6	1455	1655	5 3/4	1550	1740	6	1580	1655	6	1430	1580
L	1,1	6 1/2	1540	1730	6 3/8	1640	1820	6 1/2	1655	1730	6 1/2	1510	1655
M	1,2	7 1/8	1620	1800	7	1725	1895	7	1685	1795	7	1585	1725
N	1,3	7 5/8	1700	1870	7 5/8	1808	1965	7 5/8	1725	1855	7 5/8	1655	1785
O	1,4	8 1/4	1780	1940	8 1/4	1885	2035	8 1/4	1795	1915	8 1/4	1720	1840
P	1,5	8 7/8	1855	2010	8 3/8	1960	2100	8 7/8	1860	1970	8 7/8	1780	1890
Q	1,6	9 5/8	1925	2070	9 3/8	2030	2160	9 5/8	1925	2030	9 5/8	1835	1940
R	1,7	10 1/4	1990	2130	10	2095	2215	10 1/4	1985	2080	10 1/4	1885	1980
S	1,8	11	2065	2190	10 3/4	2165	2275	11	2045	2130	10 5/8	1935	2020
T	1,9	11 5/8	2130	2250	11 3/8	2220	2320	11 5/8	2100	2175	11	1980	2055
V	2,0	12 3/8	2190	2300	12	2270	2360	12 1/4	2150	2215	12 3/8	2025	2090

Composition pour la fusée : { 5, 26 salpêtre. 1, 62 soufre. 4, 35 pulverin.

TABLE DES MATIÈRES.

FIN DE LA TABLE.

Imprimerie hydraulique de Giroux et Vialat, à Lagny.

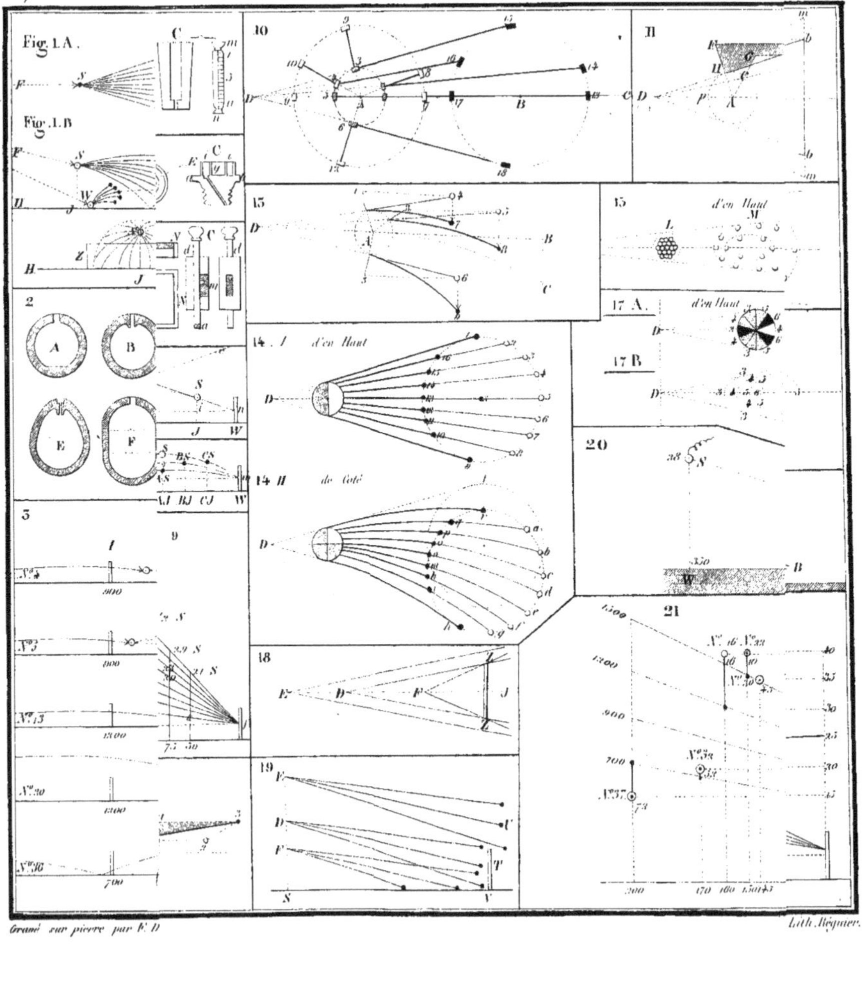

Fig. 1 A.
Fig. 1 B.
C
10
11
13
15
15
d'en Haut
M
L
17 A.
d'en Haut
17 B.
14 . I   d'en Haut
14 H   de Coté
20
2
A
B
E
F
3
9
18
19
21
N.º
N.º 16 N.º 33
N.º 30
N.º 34
N.º 37
Grané sur pierre par F. D
Lith. Réguier.

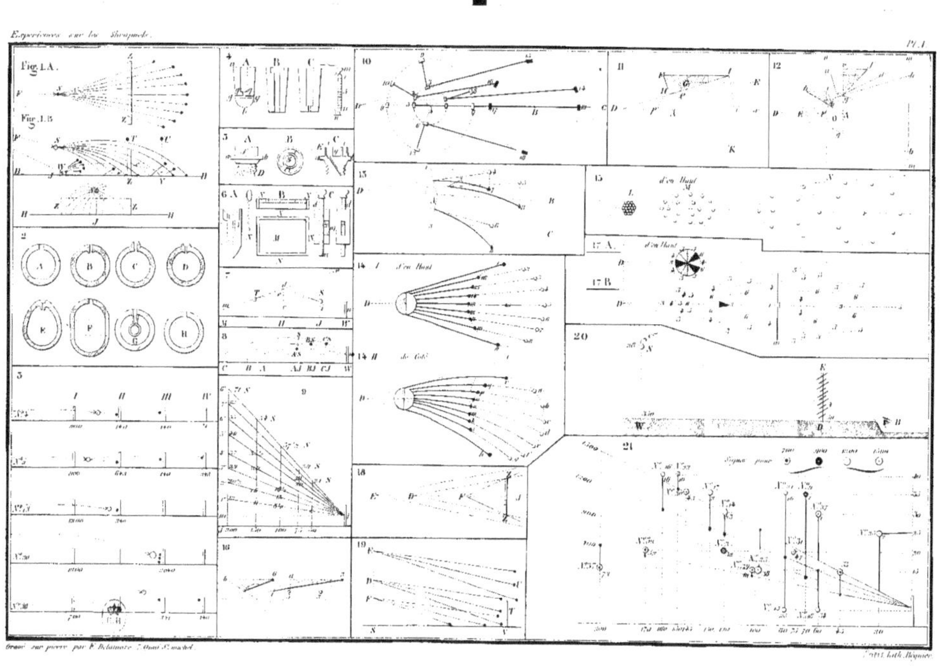

Canon de 12.

à 700 pas.

N.°	passes	longueur de fusée	700ᵐ	750ᵐ	800ᵐ	850ᵐ	balles ayant traversé	touchant	total	N.°	hauteur pouces	longueur de fusée pouces	sol
32	1 4	0.33					59	38	97	1	2'0	0.50	
33	1 4	0.33					115	37	142	2	2'4	0.45	29
34		0.50					3	0	3	3	2'0	0.45	
35		0.33					2	0	2	4	2'4	0.50	38
36	1 4	0.33					36	5	41	5	2'8	0.475	31
37	1 4	0.33					105	31	136	6	2'8	0.475	
38	1 4	0.30					0	3	3	7	2'8	0.475	
39	1 4	0.33						36	147	8	2'8	0.475	
							241	139	370	9	2'8	0.475	

Salve de trois Canons.

N.°										N.°			
40 41 42	1 4	0.33					336	56	392	10	2'4	0.45	
43 44 45	1 4	0.33					177	54	231	11	2'4	0.45	
							513	110	623				

Cible en bois de sapin de 90 pieds de long, 9 de hauteur.

A

B

Pl. II

Canon de 12

balles

à toute portée

à toute portée

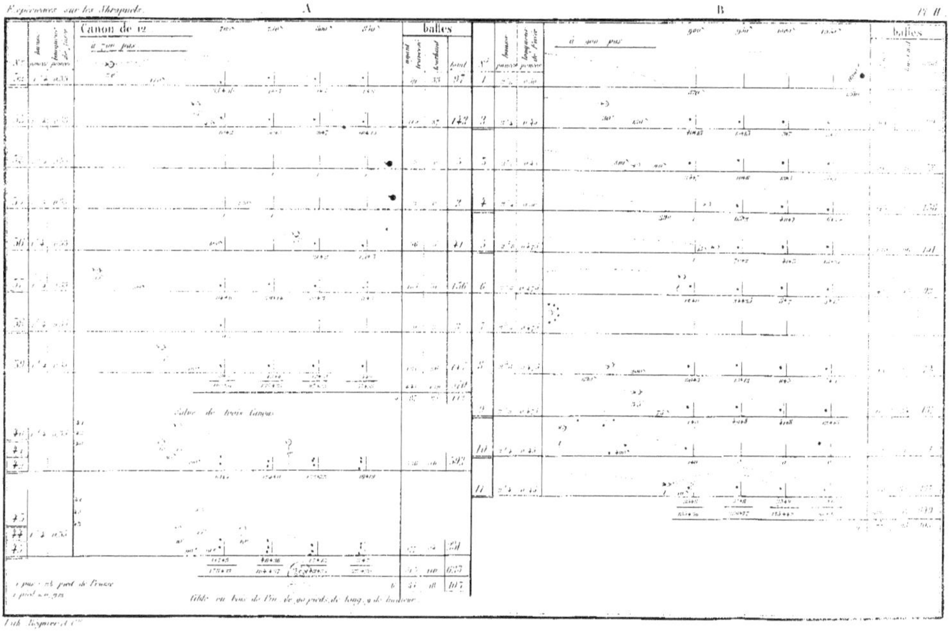

Expériences sur les Shrapnels.

N°	hauteur (pouces)	longueur de la fusée (pouces)	à 1200 pas	balles — ayant traversé	frappé le But	total	N°	hauteur (pouces)	longueur de la fusée (pouces)
12	[illegible]	0.70		46	30	72	25	5 1/4	0.95
13	[illegible]	0.70		41	10	51	26	5 1/4	0.95
14	[illegible]	0.70		32	15	47	27	5 1/4	0.95
15	[illegible]	0.70		26	24	50	28 *	5 1/4	0.95
16	[illegible]	0.70		56	46	102	50	5 1/4	0.9[illegible]
17	[illegible]	0.70		19	14	33	51	5 1/4	0.9[illegible]
18	[illegible]	0.70		28	37	65			
19	[illegible]	0.70		26	23	49			
20	[illegible]	0.70		63	63	75			
21	[illegible]	0.70		24	43	67			
				585	[illegible]	613			
				56	5	61			
22	5 1/4	0.90		13	36	58			
23	5 1/4	0.90		42	31	75			
24	[illegible]	0.90		38	53	90			

Annotations (right margin):

N° 20 éclaté / 28 à 1000 [illegible]

Pièce légère

à 700 pas / en troupe — 46-57 — 1 3/4 0.5[illegible]

à 1000 pas / en troupe — 58-69 — 3'' [illegible] 0.57

à 1500 pas / en troupe — 70-81 — 5 1/4 0.90

balles

balles

E. Tir d'Épreuve a 700, 1000, 1300 pas

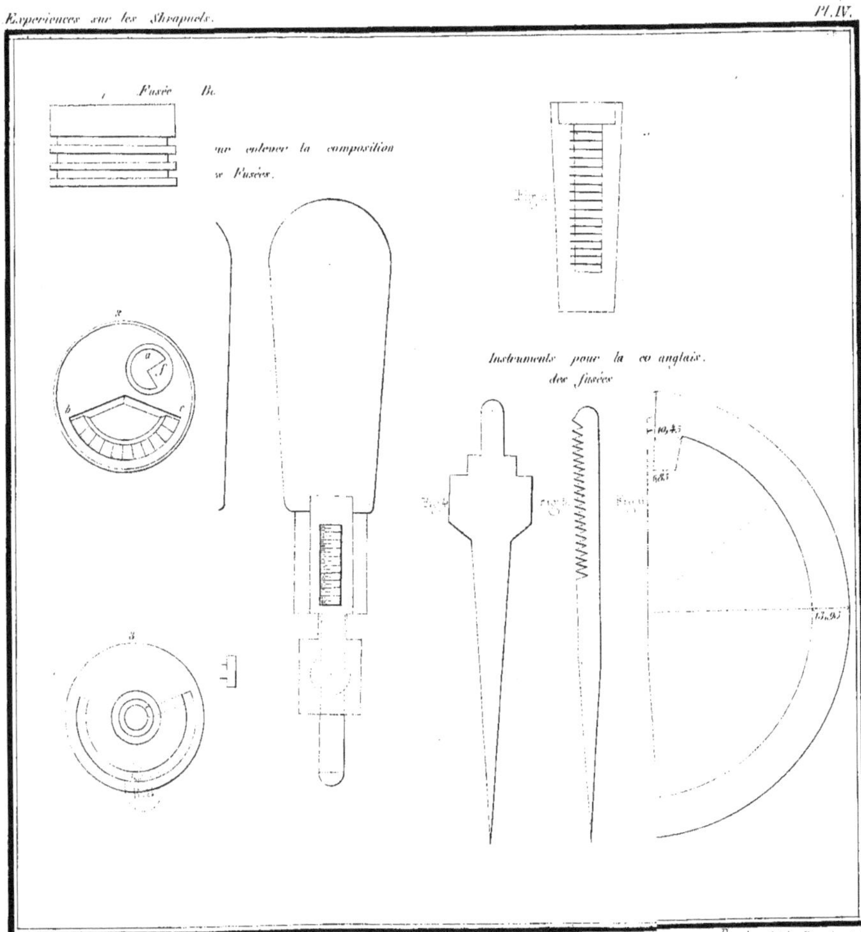

Gravé sur pierre, par F. Delamare.

Paris, Lith. Regnier et Cie.

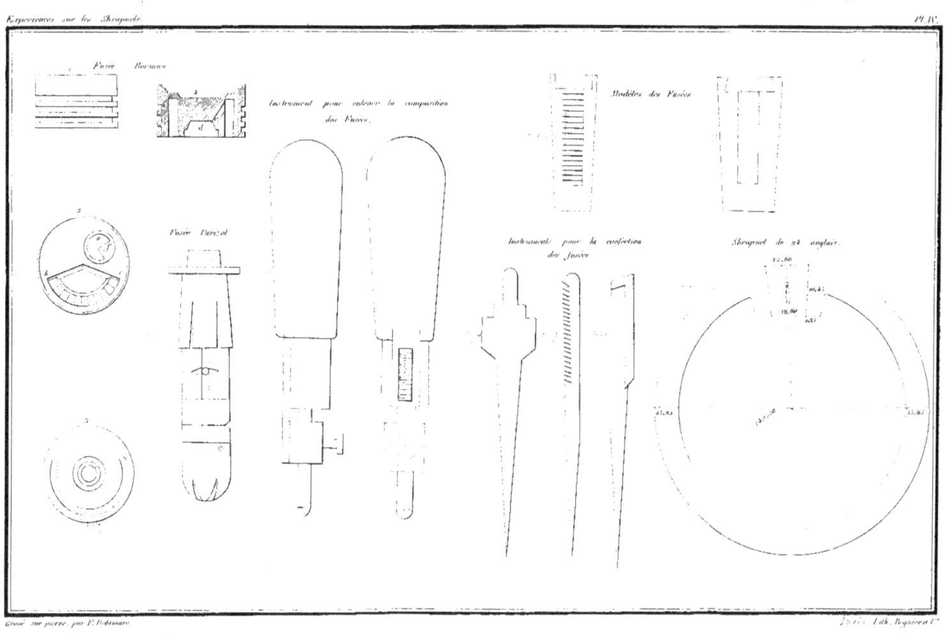
Fusée Bormann.
Instrument pour enlever la composition des Fusées.
Modèles des Fusées.
Fusée Parizel.
Instruments pour la confection des Fusées.
Shrapnel de 24 anglais.